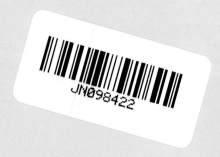

一問一答
Q&A
で疑問スッキリ!

知識ゼロからわかる
「超入門」

つみたて NISA & iDeCoの始め方

図解でパッと
わかる!

お金の不安も
これ1冊で
解決!

酒井富士子
Sakai Fujiko

二見書房

マンガでわかる!

つみたてNISAとiDeCoで積立投資を始めよう!

子どもが生まれた時のことも考えて、ちゃんと資産形成しなきゃって思ってるところ！
夫は自営業だしね
えっ
そうなの？俺は貯金も危ういくらいだよ
それはさすがにマズくない？
うっ……
夜——
つみたてNISAが初心者にはオススメっぽいけど、iDeCoってのも別にあるのか？
どう違うんだ？どう始めればいい？
モクモク
モクモク
このままじゃマズいけどああ～もうねむい今日は寝よう
ん？

あなたの疑問
わたしが解決
しましょう!
うわぁ!?
ボワン!
あなたは?
お金のことで
悩んでいる人を
放っておけない
通りすがりの者です
お金のプロ
フジコさん
ここ俺の
家ですけど?
まぁまぁ
こまかいことはいいから・・・
銀行預金と
投資の比較
定期預金0.002%
投資利回り3%
投資利回り5%
2496万7000円
1748万2000円
1080万3000円
0年目 3年目 6年目 9年目 12年目 15年目 18年目 21年目 24年目 27年目 30年目
月3万円を30年間積み立てた時の例
まずは
これを見て!

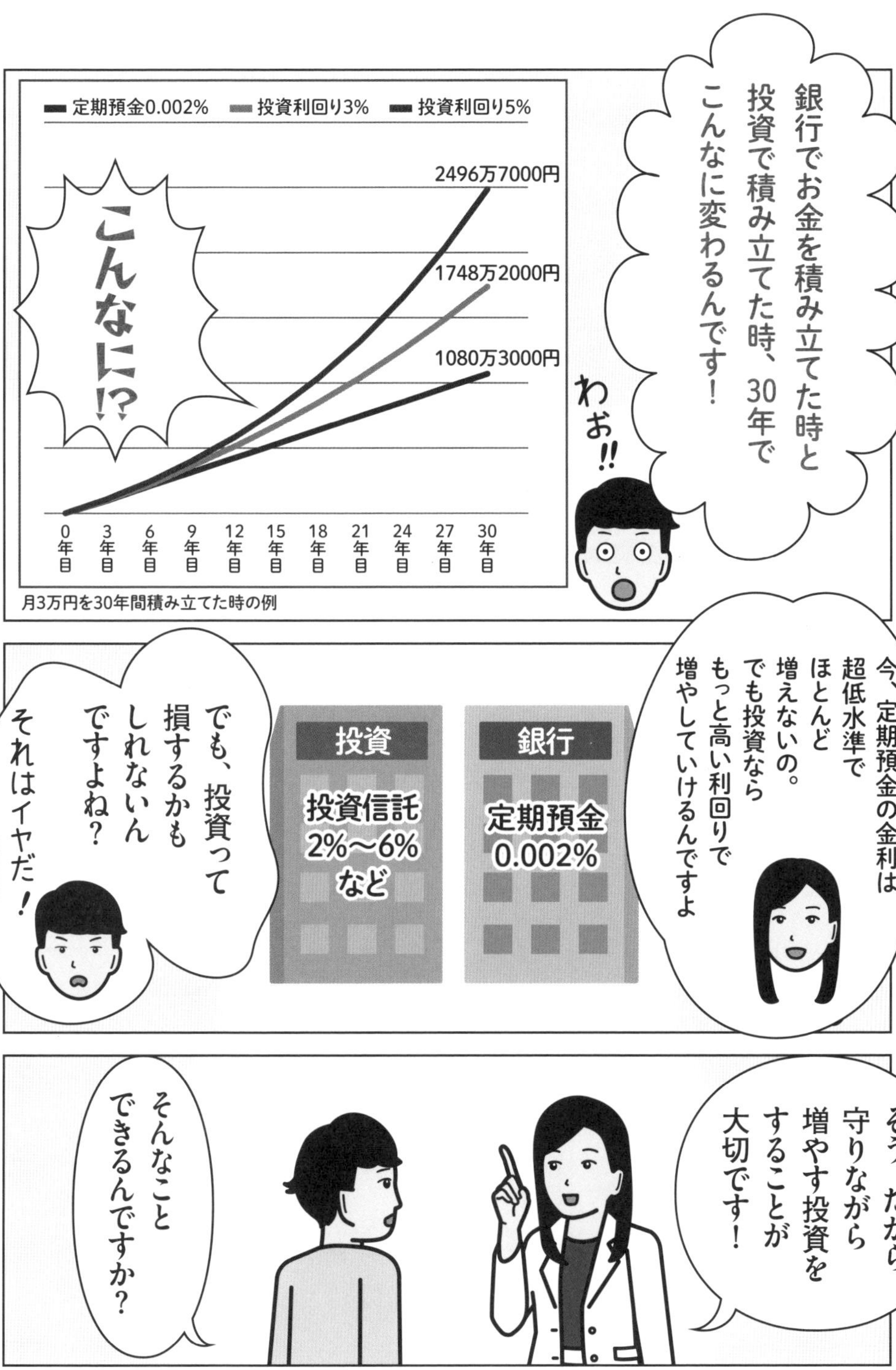
銀行でお金を積み立てた時と投資で積み立てた時、30年でこんなに変わるんです！
わぉ!!
定期預金0.002%
投資利回り3%
投資利回り5%
2496万7000円
1748万2000円
1080万3000円
こんなに!?
0年目 3年目 6年目 9年目 12年目 15年目 18年目 21年目 24年目 27年目 30年目
月3万円を30年間積み立てた時の例
今、定期預金の金利は超低水準でほとんど増えないの。でも投資ならもっと高い利回りで増やしていけるんですよ
銀行
定期預金 0.002%
投資
投資信託 2%～6% など
でも、投資って損するかもしれないんですよね？
それはイヤだ！
そう、だから守りながら増やす投資をすることが大切です！
そんなことできるんですか？

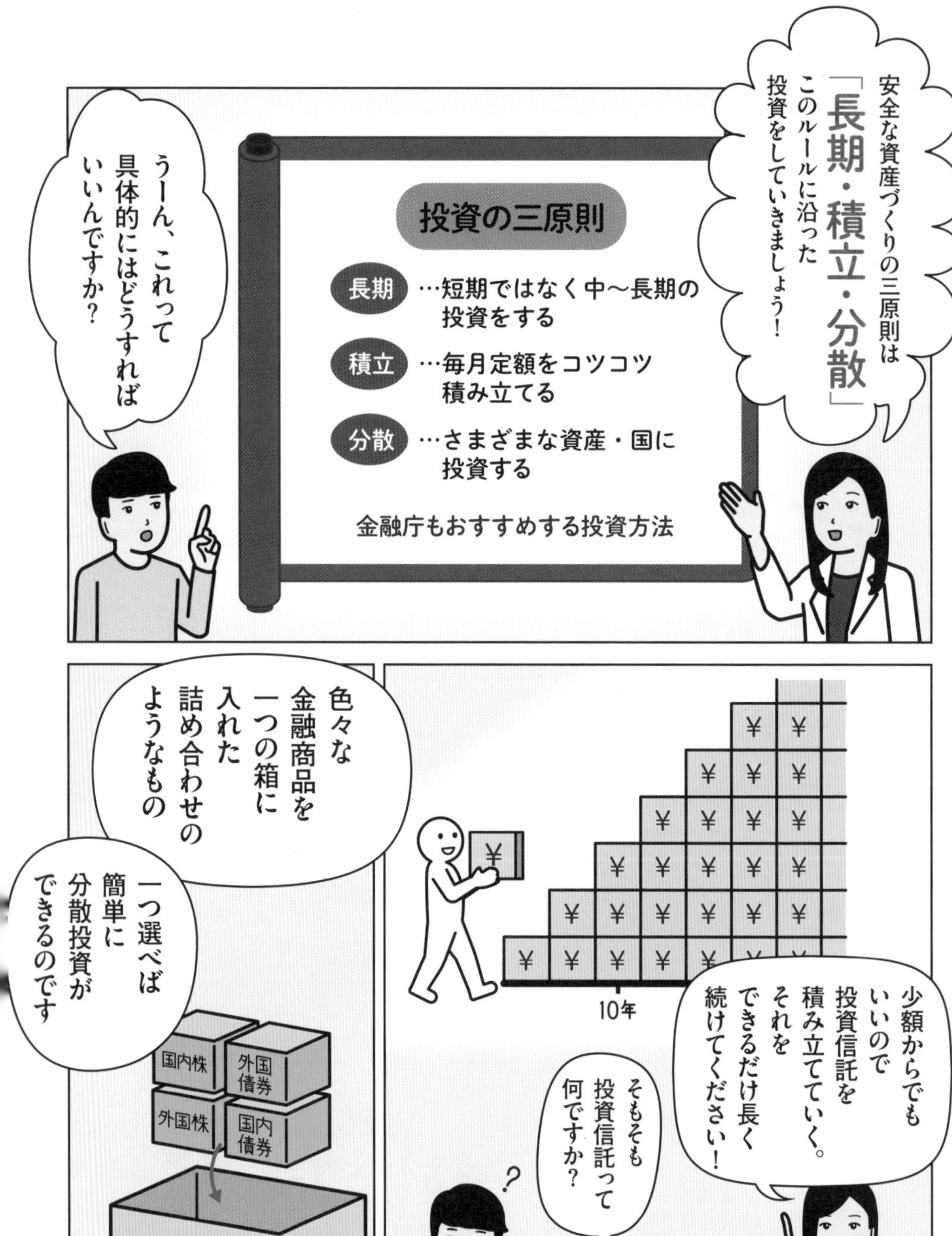
安全な資産づくりの三原則は「長期・積立・分散」このルールに沿った投資をしていきましょう！
投資の三原則
長期 …短期ではなく中〜長期の投資をする
積立 …毎月定額をコツコツ積み立てる
分散 …さまざまな資産・国に投資する
金融庁もおすすめする投資方法
うーん、これって具体的にはどうすればいいんですか？
少額からでもいいので投資信託を積み立てていく。それをできるだけ長く続けてください！
10年
だから早くやった方がいいのよ！
そもそも投資信託って何ですか？
色々な金融商品を一つの箱に入れた詰め合わせのようなもの
一つ選べば簡単に分散投資ができるのです
国内株
外国債券
外国株
国内債券
投資信託

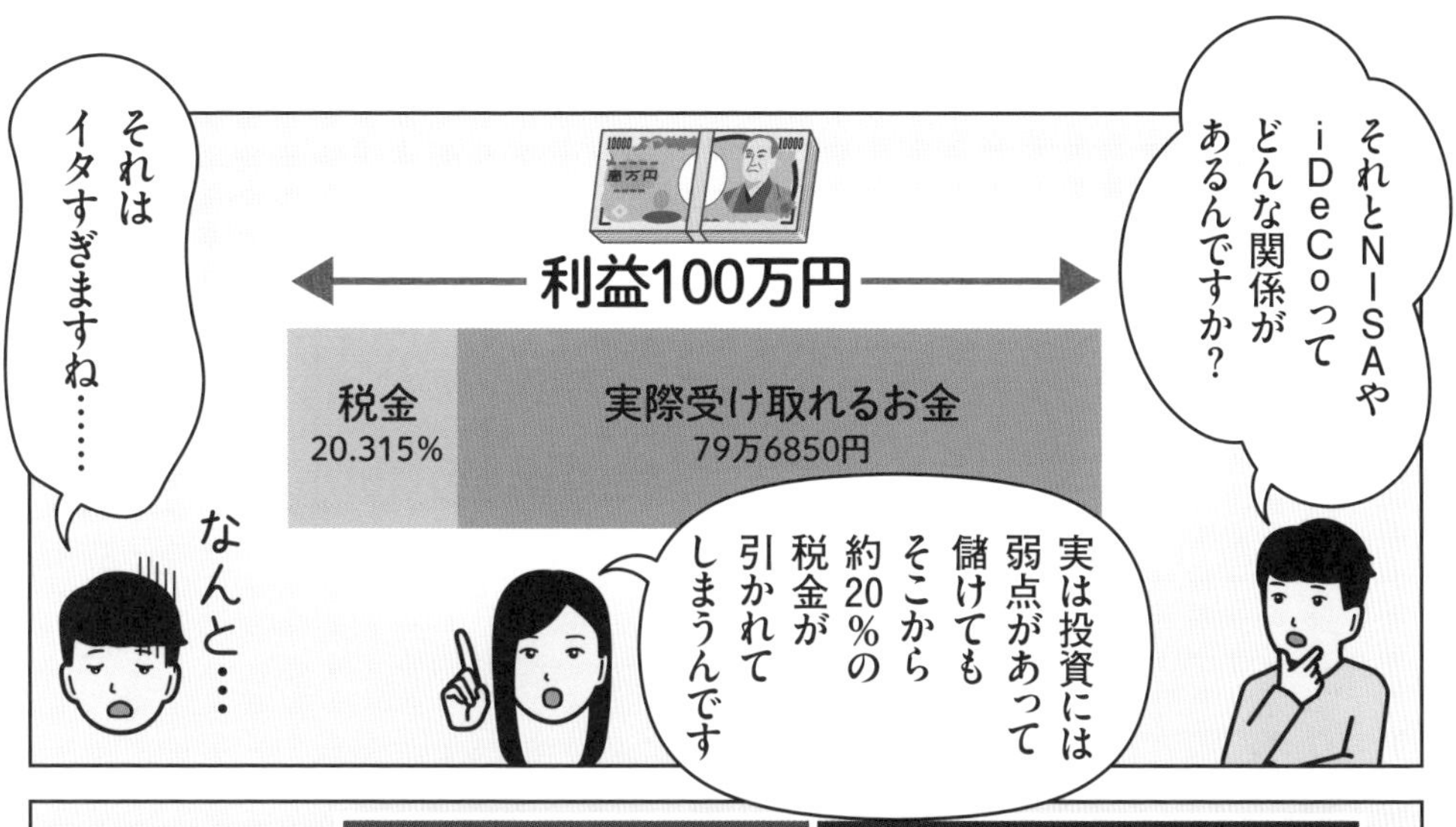

それとNISAやiDeCoってどんな関係があるんですか？
利益100万円
税金
20.315％
実際受け取れるお金
79万6850円
実は投資には弱点があって儲けてもそこから約20％の税金が引かれてしまうんです
なんと…
それはイタすぎますね……

	iDeCo 個人型確定拠出年金	つみたてNISA 非課税制度
対象になる人	20歳以上65歳未満（2025年から69歳未満に）	18歳以上
最長投資期間	65歳まで（運用は75歳まで）（2025年から拡大見込み）	20年間（2024年から無期限に）
投資可能額	条件に応じて 年14万4000円～81万6000円	年40万円まで（2024年から年120万円＋成長投資枠）
運用商品	投資信託、定期預金、保険	一定の条件を満たした投資信託（ETF含む）

＊NISA制度は2024年から改正される

でも、つみたてNISAやiDeCoを使えば一定額まで税金がかからなくなるんです！
なるほど、節税できてお得ですね！
だから注目されているんだ！
投資をするならこの二つの制度はぜったい使わないとソンですよ！

つみたてNISAで積み立てたお金はいつでも引き出せるからいろいろな目的に使えます
つみたてNISA
運用益が非課税になる
100円など少額投資が可能
簡単申し込みですぐ始められる
分散投資が簡単にできる
いつでもお金を引き出せる
2024年に制度が拡充してもっと使いやすくなりますよ
申し込みも簡単だし、運用する投資信託も絞られていたりと投資初心者にぴったり！
iDeCoは老後向けの制度で、60歳まで引き出せない。でも強制力があるからこそしっかり資産がつくれます
iDeCo
3段階の税制優遇がある
20歳から老後資金をつくれる
引き出しは老後になってから
定期預金なども選べる
転職・退職後も続けられる
確かに、老後2000万円問題とか心配…
この2つの制度は併用できるから上手に使い分けましょう！

それはよかった!!
なるほど!すぐにやってみたくなりました
でも、投資の基礎は学んでからにしましょうね
はい
朝
ハッ!
あれ……夢か?
通勤時
おはよう つみたてNISAとiDeCoのことちょっとわかったよ
夢の中で!
夢?
私も昨日の夜少し調べて、すぐやろうと思った!
まだわからないことがあるから勉強して将来のために資産づくりするぞ!
私もそうする!
皆さんもこの本で疑問をスッキリさせて、ぜひ投資を始めてみましょう!
思い立ったらすぐ行動!

知識ゼロからわかる「超入門」
一問一答 Q&Aで疑問スッキリ!
つみたてNISA&iDeCoの始め方

CONTENTS

投資信託っていったいどんなものですか？
投資初心者にオススメの理由がいっぱい！

第2章　つみたてNISA編

第3章 iDeCo編

第4章 投資実践編

【具体的な投資例】

【参考資料】
・「つみたてNISA早わかりガイドブック」(金融庁)
・「iDeCo公式サイト」(国民年金基金連合会)
・『マンガと図解でよくわかる つみたてNISA&iDeCo&ふるさと納税 ゼロからはじめる投資と節税入門』(インプレス)
・『知りたいことがぜんぶわかる!つみたてNISA&iDeCoの超基本』(学研プラス)

※本書の内容は、原則として2023年1月時点の情報に基づいています。特に2024年1月のNISA改正は、実際に実施されるタイミングまでに変更される可能性があります。金融庁のホームページなどで最新情報をご確認ください。

かんたん＆お得に投資

老後資金づくりのための 年金制度 iDeCo《イデコ》 個人型確定拠出年金		使い道が自由な 非課税制度 つみたてNISA《ニーサ》 非課税制度
拠出・運用・受け取りの 3段階でお得な税制優遇が 受けられる	最大の メリット	運用時の利益が 非課税になる
積立・一括	投資方法	積立のみ
20歳以上65歳未満 （2025年から69歳未満になる見込み）	対象になる人	18歳以上
65歳まで（運用は75歳まで） （2025年から拡大見込み）	最長投資期間	20年間 （2024年からは無期限に）
条件に応じて 年14万4000円～ 年81万6000円	投資可能額	年40万円 （2024年からは年120万円＋ 成長投資枠240万円）
投資信託、定期預金、保険	運用商品	一定の条件を満たした 投資信託（ETF含む）

つみたてNISAとiDeCoは節税しながら投資ができるお得な制度。2024年から、つみたてNISAの大幅な拡充が決まるなど、まさに今が始め時です！

2つの税制優遇制度で

●本気でお金を貯めたい人は始めている！

着実に認知度を上げている2つの制度。
賢くお金を貯めている人は、もう両方とも始めています。

iDeCoの加入者数	つみたてNISAの口座開設数
273万6944人	684万3858万口座 （一般NISA：1068万7394口座・ジュニアNISA：93万2219口座）
2022年11月の1カ月で約5万人が新規加入	3つのNISAを合わせると1846万口座突破

※NISAは2022年9月、iDeCoは2022年11月時点

●お得な制度を使って賢く増やそう

お金の置き場所は目的に応じて変え、先々使うお金は
効率良く増やしていくことが大切です。

すぐ使うお金	少し先に使うお金	だいぶ先に使うお金
「生活を守るお金」 病気などによる 収入減への備え、 冠婚葬祭の出費など	車や住宅の購入、 結婚資金、 子どもの教育費、 海外旅行代など	老後の生活費 介護費用など

銀行預金 （一部つみたてNISAも可）	つみたてNISA	つみたてNISA iDeCo

最新情報 2024年から NISAはこう変わる！

投資上限額の引き上げ＆非課税期間の無期限化で
ますますお得に使いやすくなります

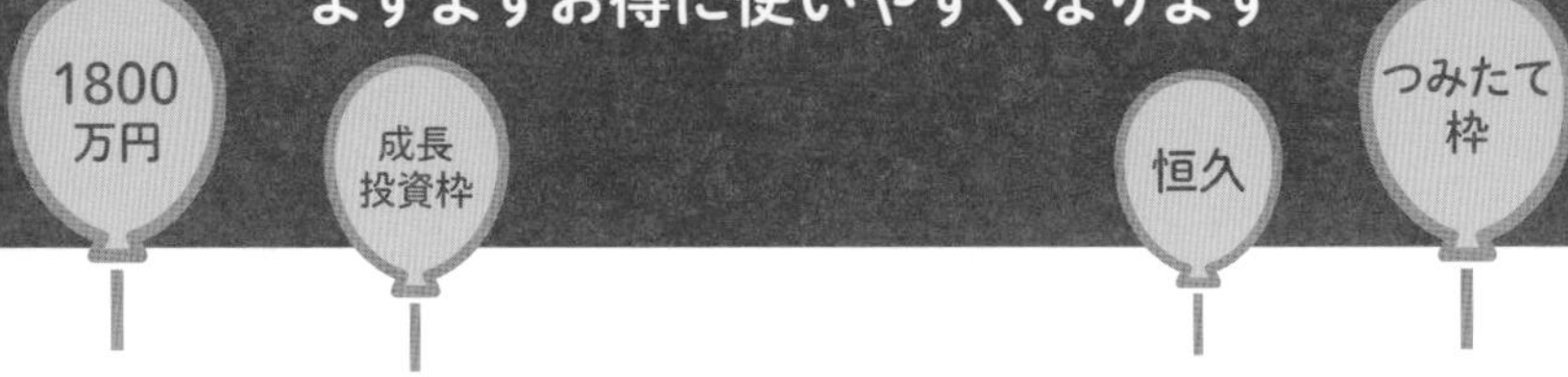

最大１８００万円まで投資利益が非課税に

２０２２年11月、岸田政権は日本経済の好循環を生み出すために「資産所得倍増プラン」の実施を明言。その１つがＮＩＳＡ制度の拡充です。

２０２３年現在、ＮＩＳＡには「つみたてＮＩＳＡ」、「一般ＮＩＳＡ」、「ジュニアＮＩＳＡ」の３種類あり、これらの利用で得た利益は一定額まで非課税になります。

２０２４年１月からは、**従来のつみたてＮＩＳＡが「つみたて投資枠」に、一般ＮＩＳＡが「成長投資枠」に置き換わり、大幅に非課税枠が拡大。**それぞれ年１２０万円、年２４０万円が上限となり、合計年３６０万円の投資分まで非課税に。**生涯の上限は１８００万円に設定され、非課税期間もこれまで有期だったものが無期限**になります。

ここまで急ピッチで制度改正が決定した理由は、日本人が抱え込んでいる２０００兆円ともいわれる個人金融資産を市場に回し、企業の成長を促すため。株価の上昇や配当の拡大を通

資産所得倍増プランとは？

個人が持つ資産を「貯蓄から投資」に向かわせる
↓
企業に資金が回り企業価値が向上する
↓
家計の金融資産所得は更に拡大
↓
成長と資産所得の好循環が実現する

2024年1月からNISA制度を抜本的に拡充
NISAの総口座3400万口座、
投資額56兆円を目指す

●NISA制度の変更点

【従来制度】2023年末まで

	運用期間	非課税期間（最長）	非課税枠（上限）	非課税枠（総額）	運用商品
つみたてNISA	2042年まで	20年間	年40万円	800万円	条件を満たした投資信託
一般NISA	2027年まで	5年間	年120万円	600万円	株式、投資信託など
ジュニアNISA	2023年まで	5年間	年80万円	400万円	株式、投資信託など

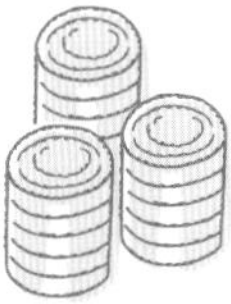

【新制度】2024年1月からスタート

	運用期間	非課税期間（最長）	非課税枠（上限）	非課税枠（総額）	運用商品
つみたて投資枠	無期限	無期限	年120万円	生涯上限1800万円（うち成長投資枠1200万円）	条件を満たした投資信託
成長投資枠	無期限	無期限	年240万円		株式、投資信託など
ジュニアNISA	廃止（引き出し制限は解除）				

※2023年末までに投資した分は従来制度での取り扱いで別管理になる

じて、私たちの家計が潤うことも期待できます。超低金利で銀行預金ではお金が増えないことからも、「投資は常識」という時代はもう目前に。改正の内容を把握して、しっかり活用しましょう。

ここが変わる1

2023年までの非課税枠とは別に、新たに投資枠が付与

●2023年からつみたてNISAを始める場合

〈非課税投資枠〉

2023年の1年間の投資分（最大40万円）
→従来のつみたてNISA枠での取引になる

＋

2024年からの投資分　つみたて投資枠　年120万円
（成長投資枠と併せて生涯上限1800万円）
→「新NISA」枠での取引になる

2023年のどこかでつみたてNISAを始める場合、年40万円まで非課税で投資できます。そして**2024年になれば、それと別枠で「つみたて投資枠」の年120万円＋成長投資枠が使える**ようになります。2024年から制度拡大と聞くと、「それまで始めるのを待った方がいい？」と悩むかもしれませんが、その必要はないということ。思い立ったらすぐ始めましょう。

ここが変わる2

18歳〜年齢の上限なしで投資の利益が非課税になる

●つみたてNISAを利用できる年齢＆投資期間

条件の変遷	利用可能年齢・非課税期間
2022年まで	20歳以上・最大20年間
2023年中	18歳以上・最大20年間
2024年以降	18歳以上・無期限

成人年齢引き下げに伴って2023年から18歳以上で取引可能に

つみたてNISAの利用年齢に上限はありませんが、下限は2022年までは20歳以上が条件でしたが、**成人年齢の引き下げに伴い2023年1月から18歳以上に変更**されました。それ以下の年齢だと、現時点ではジュニアNISAが利用できます。ジュニアNISAは2023年で廃止になりますが、代わりに非課税枠が広がるので、親が子どもの分を投資しやすくなります。

ここが変わる 3

つみたてNISAと一般NISAが合体し、使い勝手がアップ

●ひとつの口座で幅広い投資が可能に

これまで

- つみたてNISA　条件を満たした投資信託の積立投資のみ
- 一般NISA　株式、投資信託など

→ 同時併用はできない（1年ごとの変更可能）

↓

2024年以降

- つみたて投資枠　条件を満たした投資信託の積立投資のみ
- 成長投資枠　株式、投資信託など

→ 同時に利用できる　つみたて投資枠は年120万円、成長投資枠は年240万円まで

従来制度では、つみたてNISAと一般NISAは併用できず、切り替えるためには手続きが必要です。株式投資をしたければ一般NISAを選ぶしかありません。しかし2024年からは、つみたてNISAが「つみたて投資枠」、一般NISAが「成長投資枠」という形で併用可能になり、**1つの口座で投資信託・株式投資の両方にチャレンジできる**ようになります。

ここが変わる 4

長期投資の複利&リスク軽減メリットがさらに得やすくなる

●無期限化で20年を超えた投資が可能に

年3%で毎月1万円運用した場合

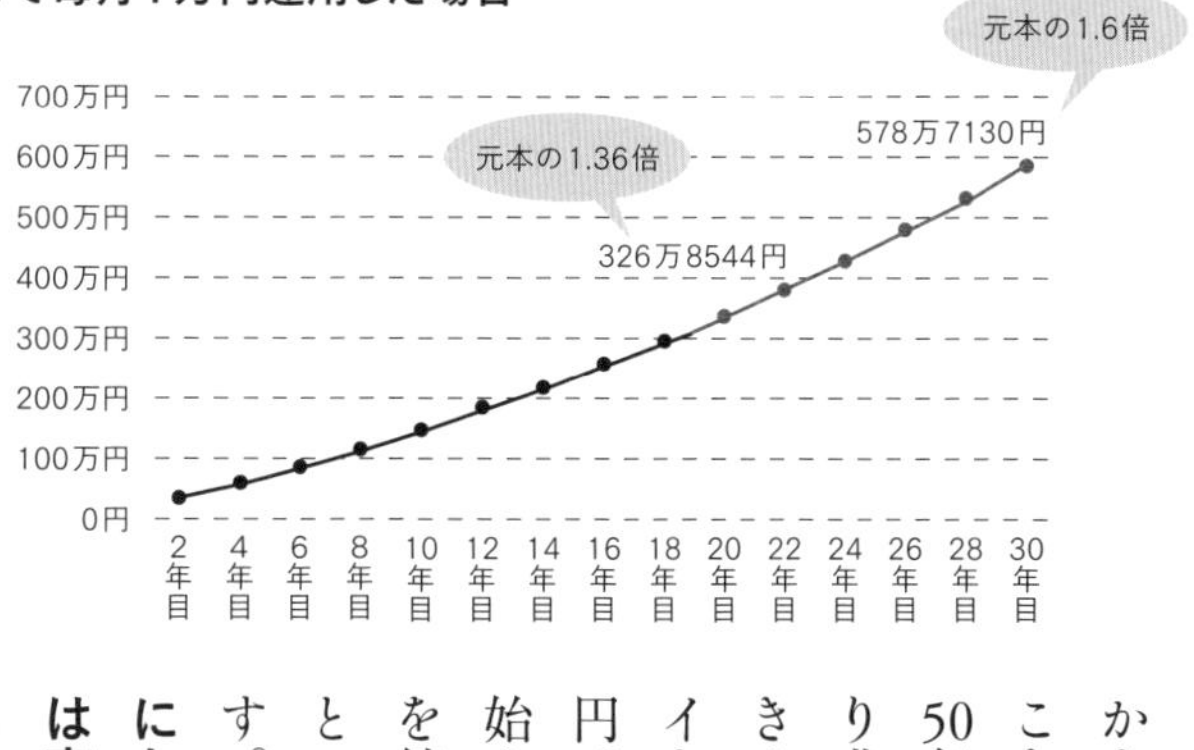

非課税期間が20年から無期限に変わることで、30年、40年、50年と生きている限り非課税で投資ができるように。アルバイト代の月1000円で18歳から積立を始め、老後まで投資を続けるといったことも可能になります。**投資期間が長期になるほど複利効果は高まり、資産が減るリスクの軽減も期待**できます。

ここが変わる 5

お財布事情に合わせて積立のストップ・再開がしやすくなる

●フレキシブルな投資が可能に

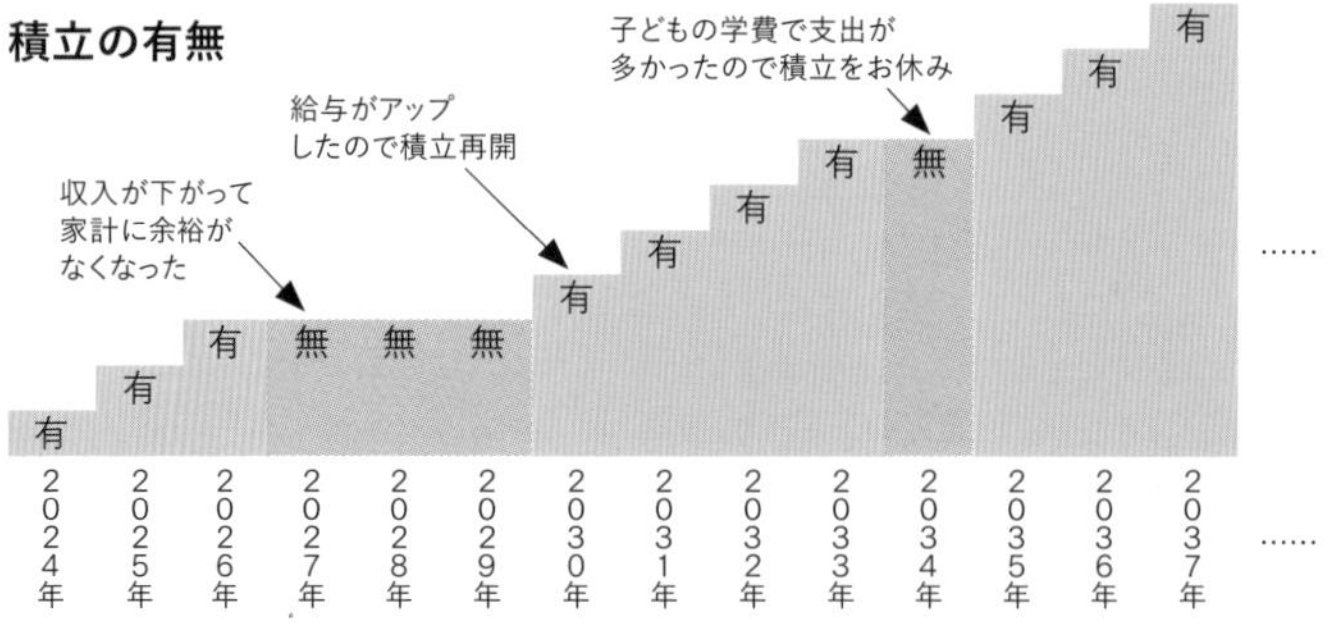

従来は、非課税期間が20年間という時間の中で、制度を最大限活用したほうがよいという感覚がありました。これが**無期限になると、よりマイペースな積立が可能**になります。少額でも積立を続けたほうがよいとはいえ、長い非課税期間を活かして、家計が厳しい時には積立を休止し、余裕が出てきたら再開するといった使い方をしてもよいでしょう。

ここが変わる 6

売却（引き出し）のタイミングをより自由に決められるようになる

●売却時期の考え方はこう変わる

従来制度：非課税期間20年が終了したとき

これまで

含み益が出ていたら売却して利益を確定　または　含み損が出ていたらつみたてNISA口座から課税口座に移して運用を続行し、値上がりを待つ

新制度：非課税期間が無期限化

今後

運用がプラスになったタイミングを見計らえばOK

20年経って非課税期間が終了したら「売却」もしくは「課税口座に移す」のどちらかを選ぶというのが、従来制度での考え方でした。しかし無期限になれば、運用したお金を引き出す期限自体もなくなります。課税口座に移して税金を取られるといったリスクはないので、**運用がプラスのタイミングで引き出すことだけを考えればOK**です。

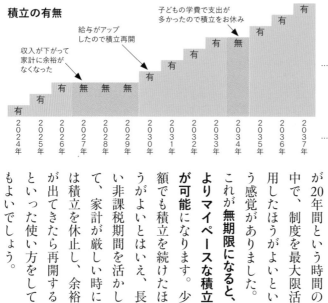

ここが変わる 7

売却すればその分の非課税枠をまた再利用できる

●売却すると非課税枠が復活する

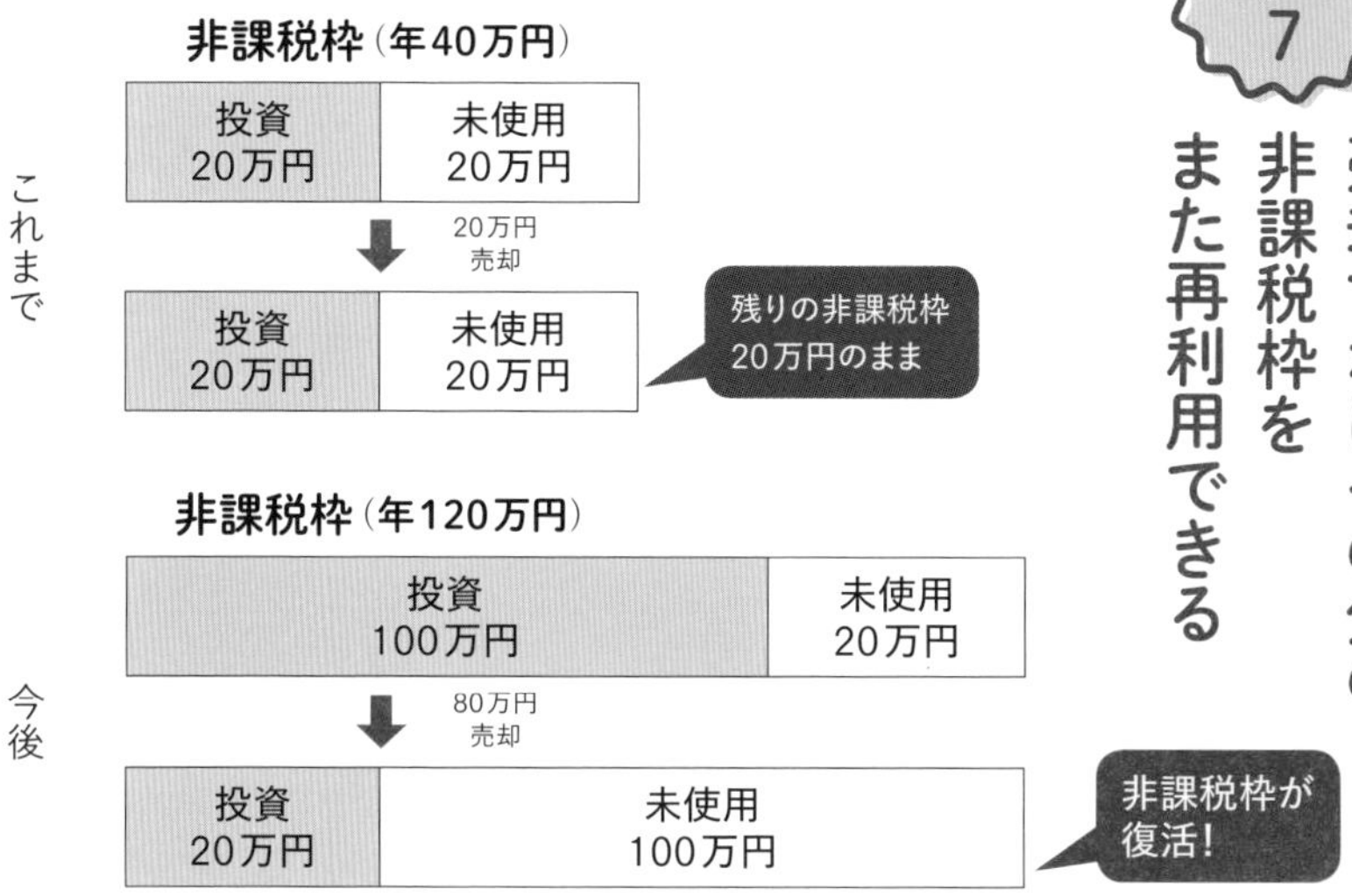

積み立ててきた商品を売却して、その資金で違う商品を購入することを「スイッチング」と呼びます。従来のつみたてNISAでは、売却をしてもその分の非課税枠は復活せず、商品を買うには非課税枠を新たに使わなくてはなりません。これが**制度改正後は、売却した分が非課税枠として復活**するようになります。商品の入れ替えがしやすく、より使い勝手が良くなります。

ここが変わる 8

ジュニアNISAは廃止だが2023年いっぱいは投資可能

●2024年以降のジュニアNISAの扱い

投資期間	2024年以降の新規投資は不可
非課税期間	18歳になるまで
売却	18歳を待たずいつでも可能に

売却時は全額まとめて引き出しが必要で、口座は廃止になる

廃止が決定したジュニアNISAですが、2023年12月末までは利用可能。投資した分は、非課税期間終了後も18歳までは非課税で運用できます。**2024年の改正以降は**「**18歳以上でないと引き出せない**」**という制限が撤廃される**こともあり、駆け込み利用が急増しています。

はじめに

２０２２年は一時１５０円まで円安になる、大きな為替変動がありました。さらに、ウクライナ紛争によるエネルギー危機、そして、今まであまり経験したことのない物価高に見舞われるなど、経済面で大きな変化のあった年でした。家計への負担が重くなり、自分の将来に何となく不安を感じているという人も多いのではないでしょうか？

そんな時に心の支えになるのは、やはりいつでも世の中で通じるスキル＝稼ぐ力があること、そして何かあった時に使える資産があることです。2つとも一朝一夕につくれるものではありません。特に資産は、どうしても使わなければいけないライフイベントが起こりますし、節約ばかりでお金を貯め込んでいては、人生楽しくありません。「使っては貯め、貯めては使い」を繰り返していいのです。

その時に、積み立てているお金が増えるスピードが、少しでも速いほうがうれしいですよね。その助けになるのが「積立投資」です。日本では、長年、投資というと一括投資で、そのために大きな損失を被った人がたくさんいました。令和の今になって、やっと「投資といえば積立投資」という考え方が浸透してきました。

この本の中では、「投資は長期・積立・分散」というキーワードが何度も出てきます。この3つを守って我慢強く続けていけば、きっと気がついた時には安心できる資産が手元にあるはずです。迷っているよりも、1日でも早く積立投資に挑戦できるよう、ぜひ、本書を役立ててください。

酒井　富士子

本書の読み方

本書は一問一答のQ&A形式で、
つみたてNISAとiDeCoを始めるのに役立つ情報を解説しています。
目次や巻末のINDEXから、
自分が疑問に感じているところだけを探して読んでもよいですし、
最初から最後まで順番に読めば
流れがわかるような構成になっています。

図解でパッとわかる!
制度内容や仕組み、知っておきたい大切な情報を、わかりやすく図解。本文とセットでチェックしましょう。

Q1 銀行預金のほかに投資をしたほうがいいのはなぜ？

不安解消編 1-①

Answer 銀行預金は低金利で増えないうえに思わぬリスクもあるからです。

銀行預金だから「安全」とも言い切れない理由

マイナス金利政策を取る日本では、メガバンクの定期預金の金利は年0・002%。100万円を1年間預けてやっと20円の利息がつく程度です。資産を増やすという役割はほとんど果たせないといってよいでしょう。しかし、「投資すべきといわれても、お金が減るぐらいなら銀行預金でいい」そう考えている人もいるのではないでしょうか。

銀行預金は元本保証ですから、確かに金額的に減ることはないのですが、実は落とし穴があります。たとえば、近所のスーパーで150円で売っていたバナナが、300円に値上がりしたとします。これまでの2倍のお金を支払わないとバナナが手に入らない。つまり、お金の価値が半分に減ってしまったわけです。

このように物の値段が上昇して実質的にお金の価値が減るリスクが「インフレリスク」です。インフレの影響は食料品、ガソリン、電気代などあらゆる物に及びますし、物価上昇が続けば影響は一層大きくなります。

インフレリスクに対応するには、資産が増えない銀行預金よりも、投資が適しています。投資に積極的なアメリカでは1995年からの約20年で家計金融資産が3・32倍に伸びているのに対して、日本の伸びは1・54倍。現金・預金比率の高い日本では家計金融資産の伸びも低調です。

お金を貯め込んでいるばかりでは経済も回らず、結果的にみんなが貧しくなってしまうという懸念も。だからこそ、資産の一部を投資に回す必要があるのです。

用語解説
マイナス金利政策▼民間銀行が日本銀行にお金を預け入れる当座預金の金利をマイナスにする政策。2016年にデフレ脱却を目的に導入。

28

第1章●不安解消編

●インフレ・デフレで物とお金の価値はどう変わる？

●インフレが続くと実質的に資産が目減りする

ポイント
- ✓ 銀行預金は超低金利のため資産を増やせない
- ✓ 「インフレリスク」に対応できない

29

大切なポイントをおさらい
「必ず理解すべきポイント」を2つピックアップ。しっかり知識が身に付きます。

解説で疑問がスッキリ
投資を始めるためにクリアにしておきたい疑問を、投資初心者にもわかるよう解説しています。

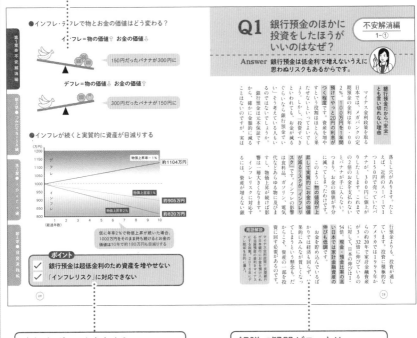

Column1

誰でも投資を始めやすい時代へ

iDeCoも2025年にプチ改正

つみたてNISAは、2024年にますます
使いやすくなるんですね！

最大1800万円が非課税になるのはすごいこと。
日本人の投資に対するスタンスが大きく変わる、
ターニングポイントになるかもしれません。

内容がすごく良くなるから、世間で
「神改正」なんて言われてるらしい！
投資を始めるタイミングだから、
なんだかラッキーな感じ♪

実は、iDeCoにも改正の可能性が。
加入できる年齢が現在の64歳以下から
69歳以下へ引き上げられる案が、
厚労省の審議会で了承されたんです(※)。

※2023年1月時点での情報

iDeCoも長く使えるようになるんですね。

今は65歳を過ぎても働く人が多いですし、
日本の個人金融資産の7割近くを
60歳以上の人が持っているというデータも
あります。シニア世代になっても投資が
できれば、もっと経済が回っていくはずですよ。

なるほど！ でも年齢を重ねても
そのまま投資をしていいんですか？

現金比率を高めたり、投資スタイルを
変えていく必要があります。
第4章で詳しく解説しますので、
一緒に勉強していきましょう。

第1章 不安解消編

つみたてNISAや
iDeCoを始める前に、
投資の「なぜ？」「どうしたらいい？」を
まずはクリアにしましょう。

Q1 銀行預金のほかに投資をしたほうがいいのはなぜ？

不安解消編
1−①

Answer 銀行預金は低金利で増えないうえに思わぬリスクもあるからです。

銀行預金だから「安全」とも言い切れない理由

マイナス金利政策をとる日本では、メガバンクの定期預金の金利は年0・002％。100万円を1年間預けてやっと20円の利息がつく程度です。資産を増やすという役割はほとんど果たせないといってよいでしょう。しかし、「投資すべきといわれても、お金が減るぐらいなら銀行預金でいい」そう考えている人もいるのではないでしょうか。

銀行預金は元本保証ですから、確かに金額的に減ることはないのですが、実は落とし穴があります。たとえば、近所のスーパーで1つ150円で売っていたバナナが、300円に値上がりしたとします。これまでの2倍のお金を支払わないとバナナが手に入らない。つまり、お金の価値が半分に減ってしまったわけです。

このように物の値段が上昇して実質的にお金の価値が減るリスクが「インフレリスク」です。インフレの影響は食料品、ガソリン、電気代などあらゆる物に及びますし、物価上昇が続けば影響は一層大きくなります。

インフレリスクに対応するには、資産が増えない銀行預金よりも、投資が適しています。投資に積極的なアメリカでは1995年からの約20年で家計金融資産が3・32倍に伸びているのに対して、日本の伸びは1・54倍。現金・預金比率の高い日本では家計金融資産の伸びも低調です。

お金を貯め込んでいるばかりでは経済も回らず、結果的にみんなが貧しくなってしまうという懸念も。だからこそ、資産の一部を投資に回す必要があるのです。

用語解説

マイナス金利政策▼民間銀行が日本銀行にお金を預け入れる当座預金の金利をマイナスにする政策。2016年にデフレ脱却を目的に導入。

●インフレ・デフレで物とお金の価値はどう変わる？

インフレ＝物の価値⇧　お金の価値⇩

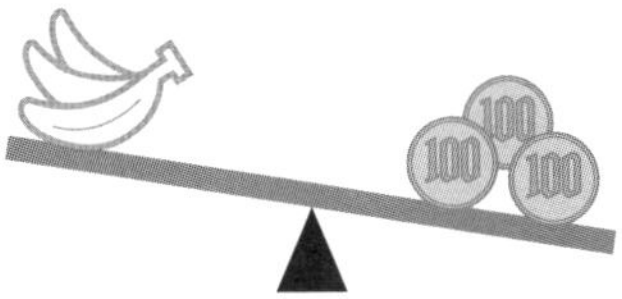

150円だったバナナが300円に

デフレ＝物の価値⇩　お金の価値⇧

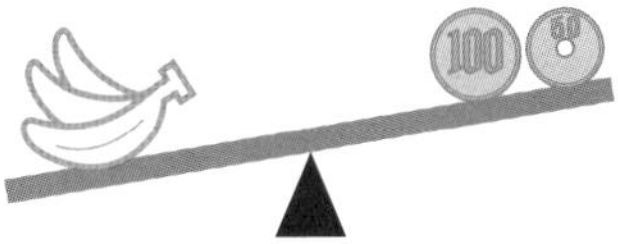

300円だったバナナが150円に

●インフレが続くと実質的に資産が目減りする

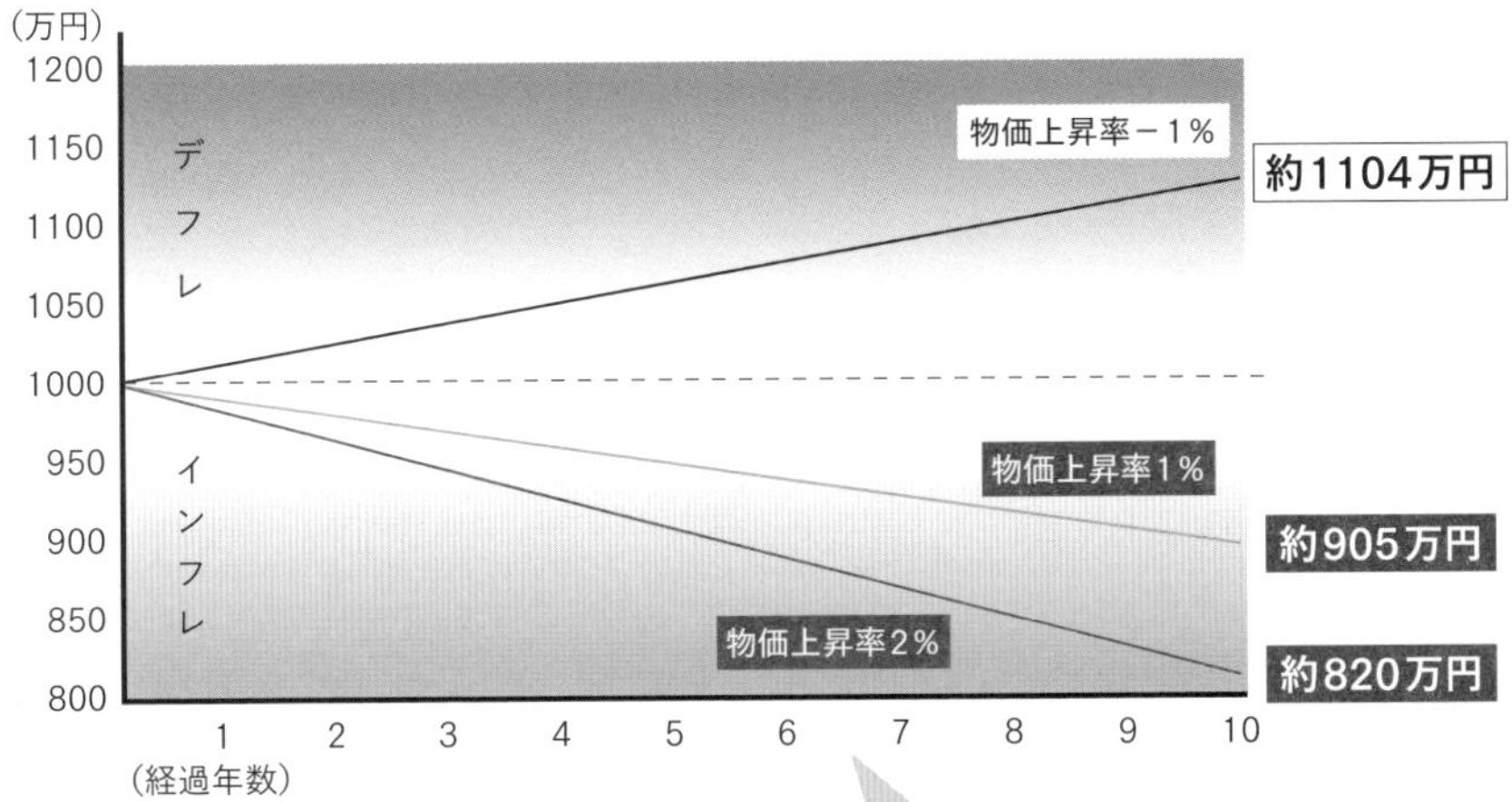

仮に年率2％で物価上昇が続いた場合、1000万円をそのまま持ち続けるとお金の価値は10年で約180万円も目減りする

ポイント

- ✓ **銀行預金は超低金利のため資産を増やせない**
- ✓ **「インフレリスク」に対応できない**

Q2 貯金がほとんどないけれど投資を始めて大丈夫？

不安解消編
1-②

Answer 生活を守るお金を貯めてから始めるのが基本です。

思わぬ出費に備えて最低限の預貯金は必要

人生には思わぬ出費がつきものです。病気やケガで長く会社を休むことになると、傷病手当金はもらえても、給与の全額が保証されるわけではありません。友人の結婚式が続き、ご祝儀代や交通費がかさんでしまう……なんていうこともあるでしょう。

そんな時のために、少なくとも1カ月の生活費×3~6カ月分を「生活を守るお金」として預貯金で確保してから投資を始めましょう。そんなに必要なのかと思うかもしれませんが、会社が倒産したり、退職・転職をすることになった時など、一時的に収入が途絶えても大丈夫なようにしておいたほうが安心です。

投資はお金が増える可能性もありますが、減る可能性もあるものです。しばらく使う予定がない余裕資金だけを投資に回すようにしましょう。

就職をしたばかりで給与が少なく、生活を守るお金を貯めるのにかなり時間がかかってしまうという人もいるかもしれません。その場合、貯金のためのお金の一部を投資に回し、貯金と投資を並行させるという方法もあります。

第2章でご紹介するつみたてＮＩＳＡは月１００円でも始められますし、大きく資産が減るリスクが少ない投資信託がセレクトされており、必要な時には解約もできます。投資は実際に始めてみて理解できることも多いので、投資への興味があるうちに少額でスタートするのもＯＫです。

一方、第3章でご紹介するｉＤｅＣｏは途中解約ができませんから、余裕ができてからでも大丈夫です。ムリせず自分のペースで始めましょう。

●まずは生活費の3~6カ月分を貯金する

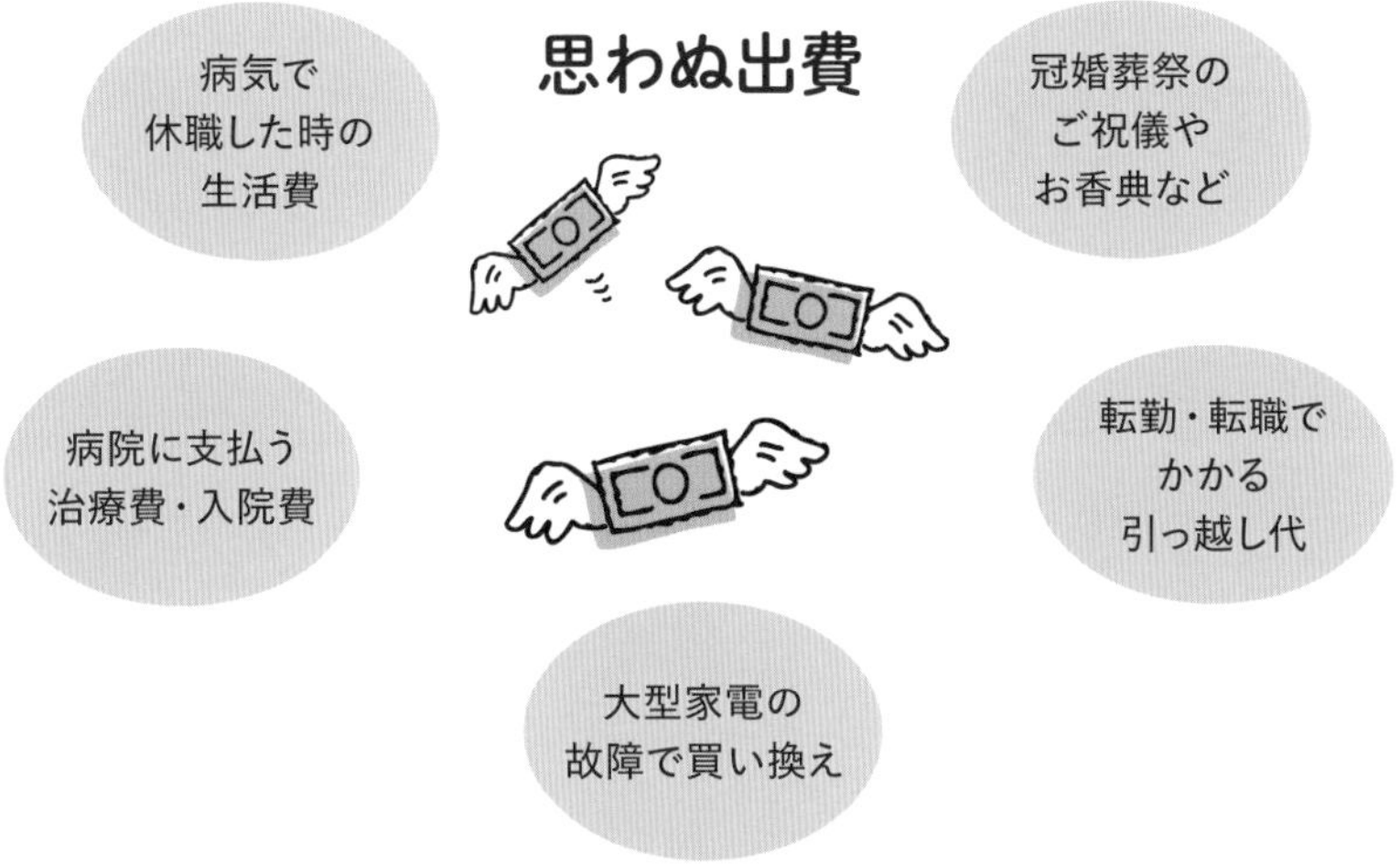

想定外の出費がかさんだ時のためのお金を準備する
1カ月の生活費が20万円なら少なくとも60万円～120万円

●貯金と投資を並行したい場合の考え方

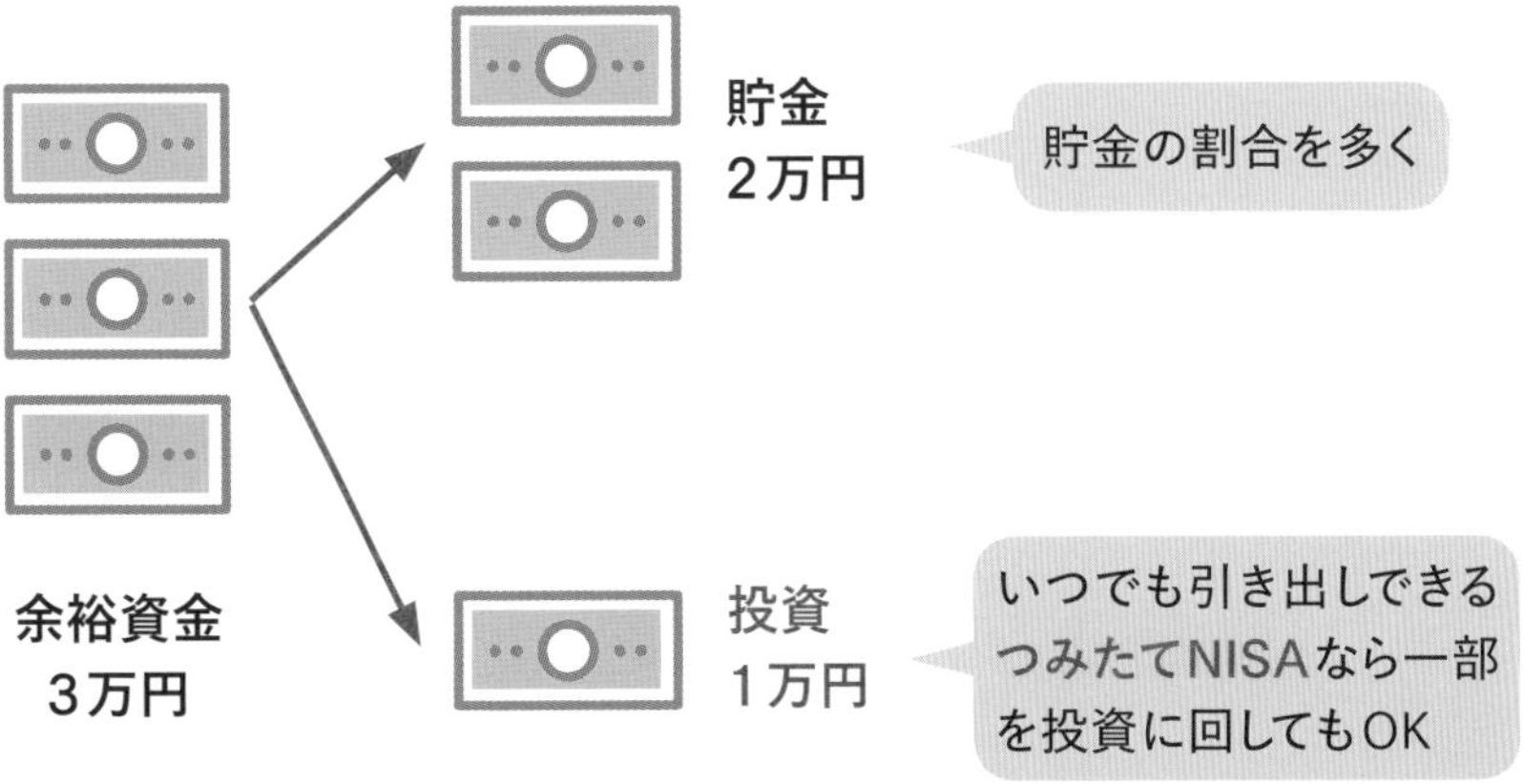

ポイント

- ✓ 1カ月の生活費×3～6カ月分は預貯金で確保
- ✓ 並行して投資をするなら「つみたてNISA」で

Q3 お金が貯まらない！どうやってお金をつくればいい？

不安解消編
1-③

Answer 家計を把握して支出の見直しと先取り貯蓄に取り組みましょう。

家計はデジタルで管理 貯まる仕組みをつくる

余裕資金が多ければ、投資に回すお金の用意は簡単ですが、なかなかうまく貯められないという人もいるでしょう。その場合は、家計の把握と改善から始めましょう。

家計簿をつけるのが定番ですが、挫折する人も少なくありません。そんな時におすすめしたいのが、家計簿アプリ&キャッシュレスの活用。家計簿アプリをスマホにインストールし、普段使っているクレジットカード、電子マネー、QRコード決済サービスと紐づけます。

紐づけたキャッシュレスで支払うようにすれば、家計簿アプリに自動反映されるので、ラクラク家計管理ができるように。現金で支払った分は手動で登録することもできます。

紐づけを避けたい場合、レシートを撮影して読み込む方法もありますし、家計簿アプリにこだわらなくてもよいので、自分に合った方法を探してみましょう。

今の家計がざっくり把握できたら、ムダな部分を削る努力をします。「必要とはいえないけど、なんとなく買ってしまった」という支出はゼロに近づけることが大切です。また、スマホの料金プランや電力会社の変更、保険の見直しなどはずっと効果が続くので、いち早く取り組んでください。

月末に残ったお金を貯金するのではなく、貯金したい分を先に別口座に確保する「先取り貯蓄」も定番テクニックです。給与が振り込まれたら1万円、2万円など定額が貯蓄用口座に自動積立される設定を行いましょう。面倒なのは一度だけですから、自然に貯まる仕組みづくりで、ムリなく家計改善するのがコツです。

●家計簿アプリとキャッシュレスでかんたん家計管理

①スマホの家計簿アプリを使って収支を管理

代表的なアプリ

Zaim
月額プラン　480円　　**無料版あり**
年額プラン　4800円

マネーフォワードME
月額プラン　480円　　**無料版あり**
年額プラン　5300円

無料版でも簡単な家計管理は可能。使いこなして元を取れそうなら有料版も視野に

※申込先によって料金が変わる場合あり

②支払いは現金ではなくキャッシュレスに

クレカやQRコード決済サービスを家計簿アプリと紐づけて、使ったお金が自動反映されるよう設定

③ムダな支出をカット＆先取り貯蓄

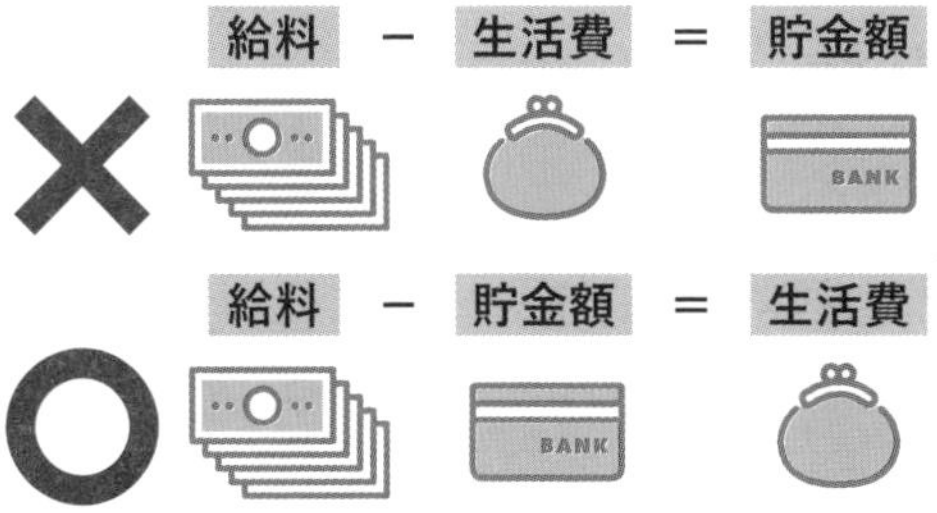

- 突発的なムダ使いはできるだけカット
- 通信費、保険料などの固定費を見直し
- 貯金分を先取りして余った分で生活

ポイント

- ✓ 家計簿アプリ＆キャッシュレスで家計を管理
- ✓ 自然と貯まる「先取り貯蓄」の仕組みをつくる

Q4 投資を始めるタイミングはいつがいい？

不安解消編 1-④

Answer 悩むよりも早く始めて、世界経済の成長の波に乗りましょう。

積立投資は運用期間を長くとるほど有利になる

投資を少し勉強すると、「価格が下がった時に買い、上がった時に売ろう」という説明を目にすることがあるかもしれません。

確かに、一括投資であれば、安く買うと上がった時の値上がり幅が大きくなり、大きな利益が得られます。ですが、投資初心者がタイミングを見極めるのは難しく、底値はいつだろうか、と待っているうちに時間だけが経ってしまうこともしばしばです。

一方、長期で積立投資をするのであれば、始める時を気にする必要はありません。**始めた時の価格よりも、長い運用期間で資産が成長するパワーのほうが大きくなるからです。**

タイミングを悩み過ぎて投資開始が年単位で遅れると、デメリットが大きくなることもあります。左ページの上図は、積立投資を5年間続けた時と20年間続けた時の元本割れ（投じた投資金額を下回ること）の可能性を比較した金融庁のデータです。保有期間5年では元本割れの可能性がちらほらありますが、20年になるとゼロになっていることがわかります。

これは過去のデータを基にしているので、今後も「20年投資すれば１００％元本割れしない」と断言はできませんが、待つデメリットよりも、今すぐ始めて、資産を育てる時間をより長く確保できるメリットの方が大きいといえるでしょう。

リーマンショックで大きく下落した市場も、数年後には暴落前と同水準まで回復し、その後は大幅に上昇しました。**短期的に上げ下げがあっても、長期では世界経済は着実に成長している**ので、早く始めて長く続けることが大切です。

●早く始めて長く保有するのがコツ

保有期間5年

5年だと元本割れの可能性がそこそこあるが、20年だとなくなる!

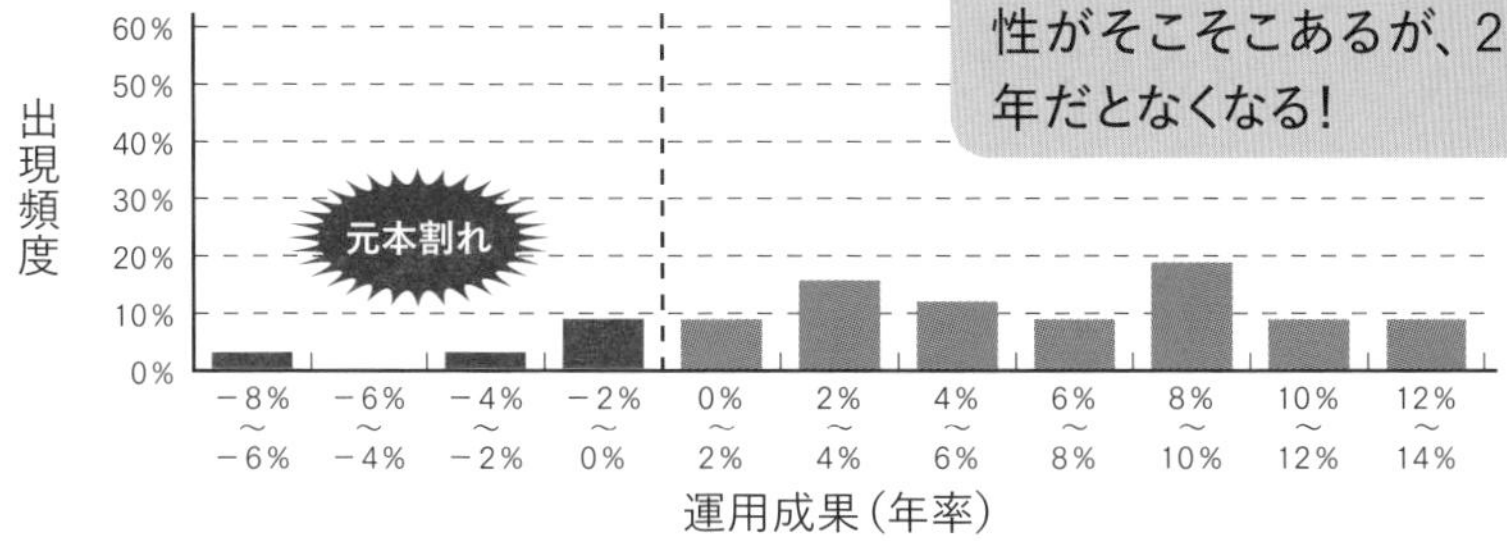

保有期間20年

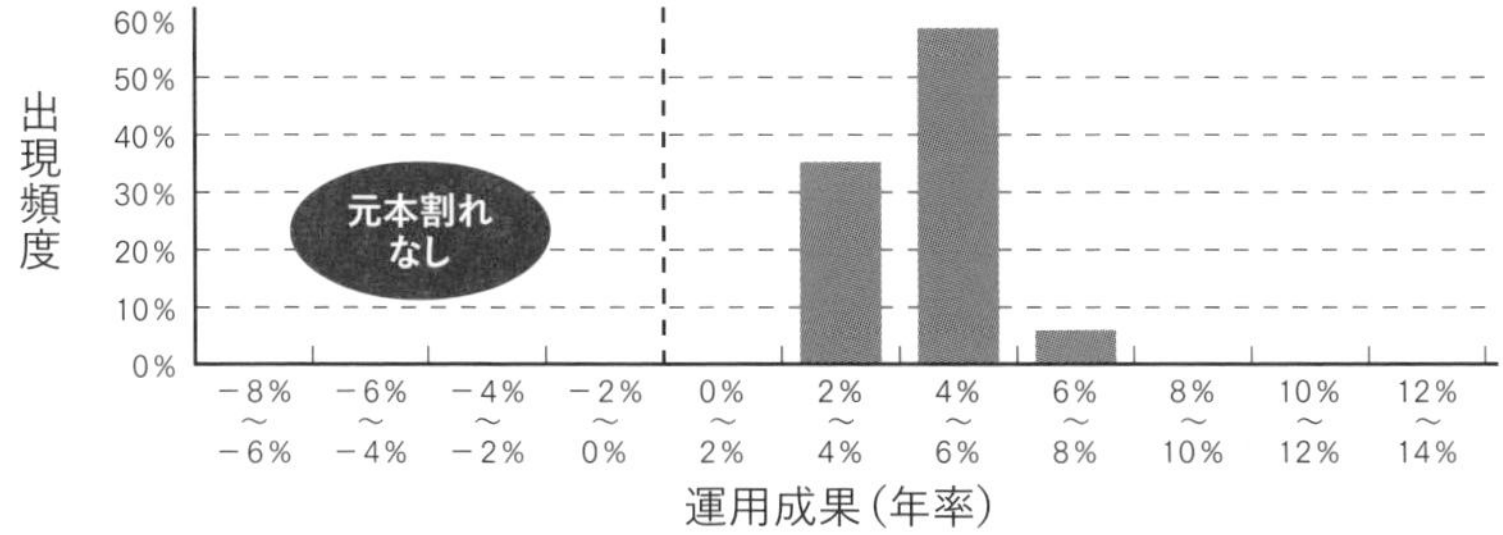

●世界経済は成長し続けている

ダウ平均株価の例

相場は上がったり下がったりを繰り返しながら、長期的には成長している

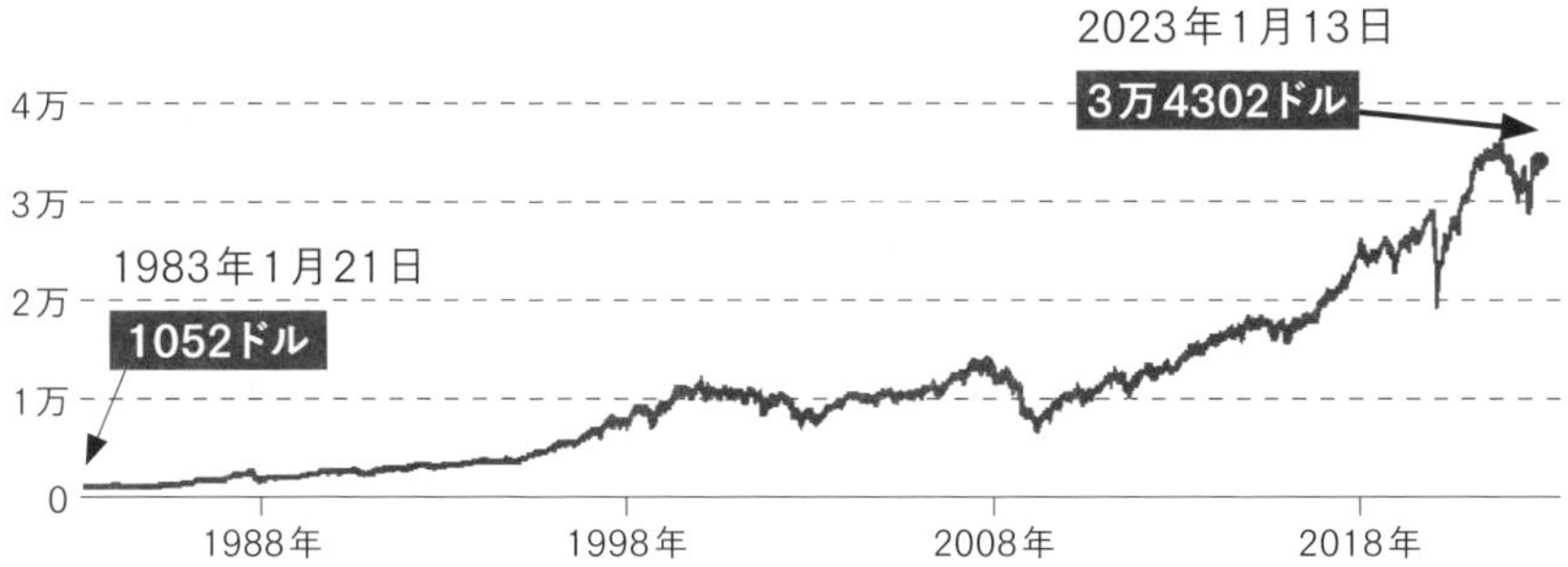

ポイント

- ✓ 始めるタイミングより資産が育つ時間を優先
- ✓ 一時的に下落しても回復を信じて続ける

Q5 損をしたくない！どうしたら安全に投資できる？

不安解消編
1-⑤

Answer 「長期・積立・分散」のルールを守って投資をしましょう。

ギャンブル投資はせずに投資の三原則を守る

投資は元本保証ではありません。100万円を一度に1つの銘柄に投資して、そのあとで暴落が起きると、投じたお金のすべてを一瞬で失う可能性もあります。投資で大損するイメージが根強いのは、こういった投資方法が原因でしょう。

しかし、もっと安全に資産を増やしていく方法があります。それは**「長期・積立・分散」の三原則を守って投資をする**ことです。

まず、投資はできるだけ長期で行うこと。利益が利益を生む複利効果によって、雪だるま式に資産が増える可能性が高まります。

短期投資だと、その時の相場に影響を受けやすく、損失を抱えるリスクが高まりますが、10年、20年など長期スパンでの投資ではリスクが低くなります。

月に1度など、定期的に同じ金額を積み立てていくのもポイント。「ドル・コスト平均法」の効果で平均購入単価が安くなり、価格が下がった時が、かえって資産を増やすチャンスにもつながります。

投資先は1つに絞らず、分散することも必要です。「卵を1つのカゴに盛るな」という投資の格言がありますが、投資する資産や地域が1つだけだと、それに何かあれば終わり。しかし分散しておけば、残ったほかの資産でカバーできます。

分散が簡単にできる金融商品といえば「投資信託」。さまざまな地域・さまざまな資産を組み合わせた商品です。つまり、**できるだけ長く投資信託で積立投資をするのが、損をしない投資のゴールデンルール**なのです。

用語解説

銘柄（めいがら）▼資産運用では投資信託、株式、社債などで売買（取引）する対象の呼称を指す。商品名のこと。

●投資の鉄則「長期・積立・分散」で守りながら増やす

長期

じっくり育てて複利効果の恩恵が得られるよう

短期ではなく中〜長期の投資をする

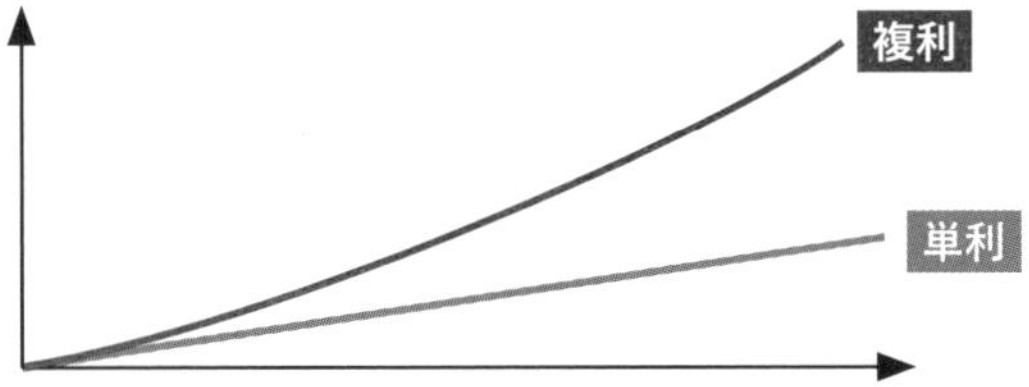

積立

価格が下がった時がチャンスになるように

毎月定額をコツコツ積み立てる

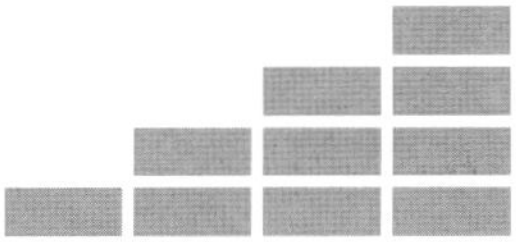

分散

1つに集中して共倒れにならないよう

さまざまな資産・国に投資する

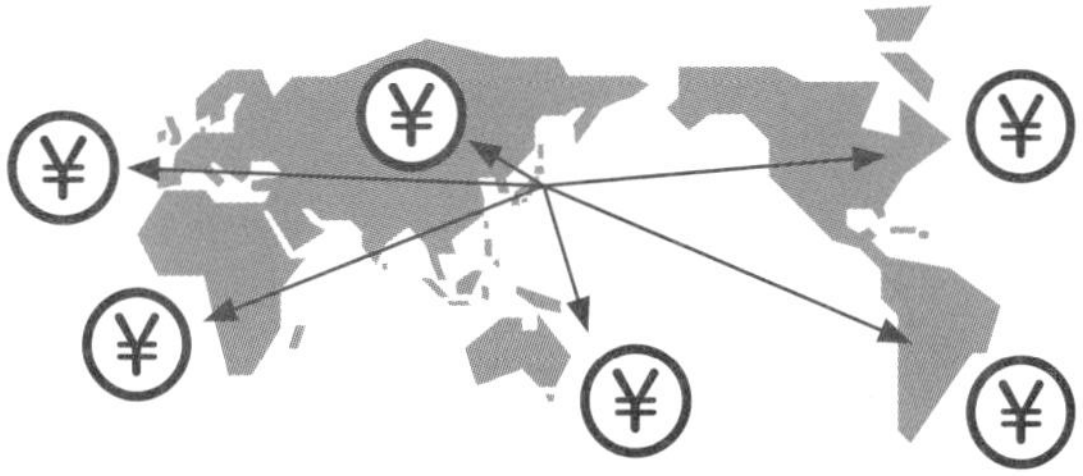

ポイント

- ✓ 大金を一括で1つの銘柄に投資しない
- ✓ 「長期・積立・分散」の三原則を守る

投資初心者に
オススメの理由がいっぱい！

投資信託っていったいどんなものですか？

●投資信託の仕組み

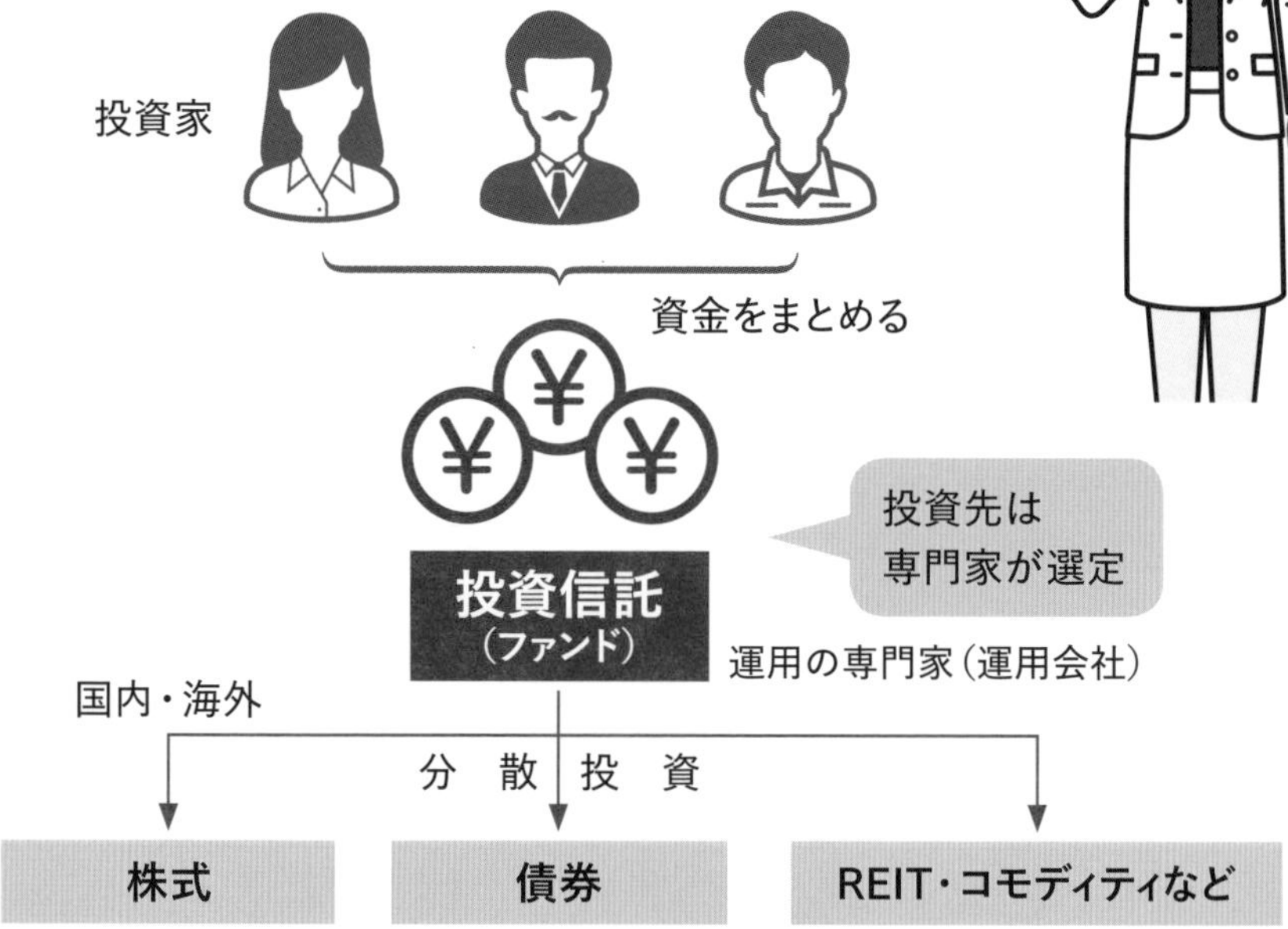

複数の投資家から少しずつ集めた資金をまとめ、投資の専門家である運用会社が運用を行う。投資家は投資額に応じた割合で利益を受け取れる。

リスクとリターンのバランスがよく投資初心者向き

P36で解説した「長期・積立・分散」という投資の三原則を実現するのにぴったりの金融商品が、「投資信託（＝ファンド）」です。

投資信託は国内外の株式や債券など、さまざまな商品が1つのパッケージになっているので、簡単に分散投資が可能になります。

また、どの投資信託にするかさえ選んでしまえば、あとの運用は運用会社にお任せできるのもメリット。1つずつ企業の業績や動向をチェックする必要はありません。

投資信託の仕組み

●投資信託は投資初心者にぴったり

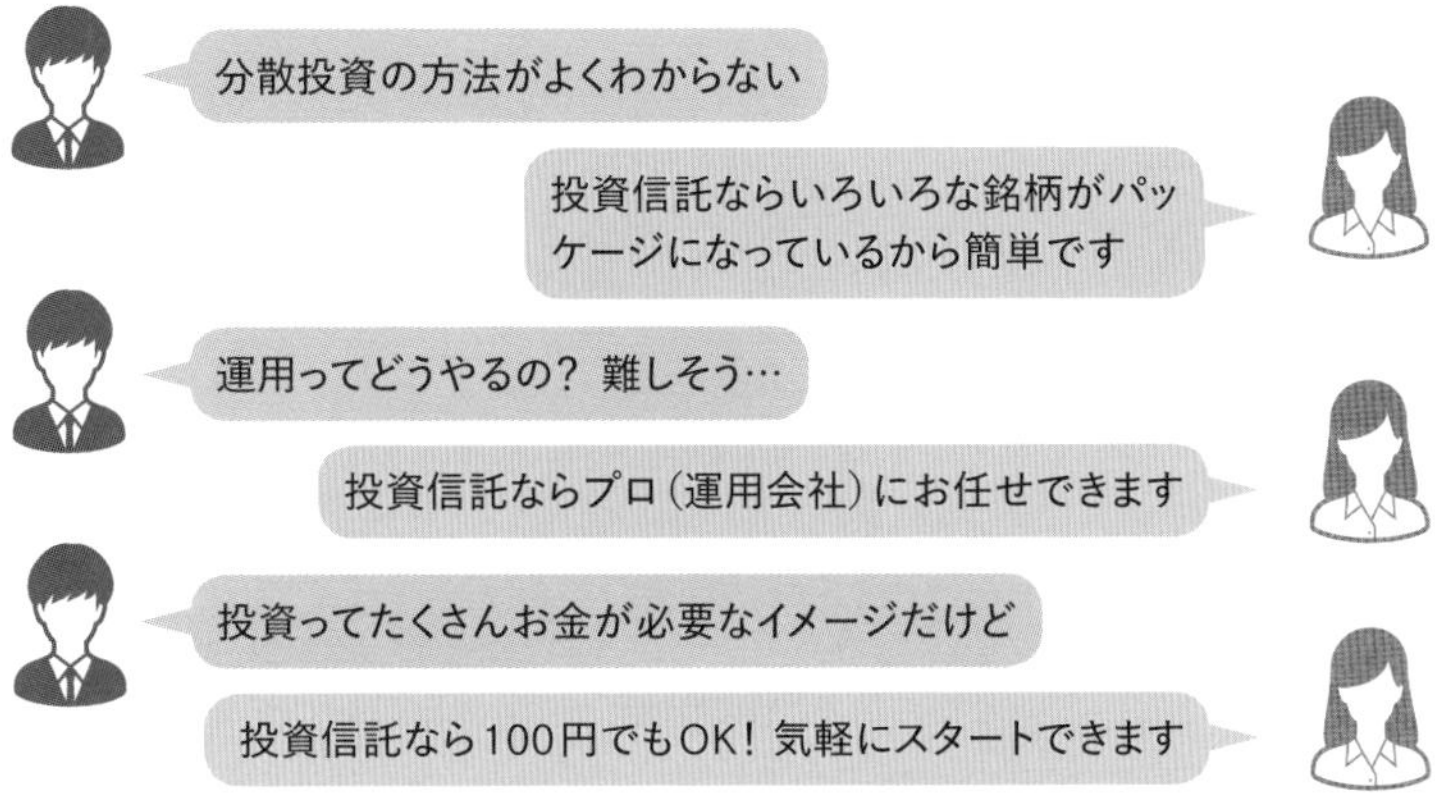
分散投資の方法がよくわからない
投資信託ならいろいろな銘柄がパッケージになっているから簡単です
運用ってどうやるの？ 難しそう…
投資信託ならプロ（運用会社）にお任せできます
投資ってたくさんお金が必要なイメージだけど
投資信託なら100円でもOK！ 気軽にスタートできます

●金融商品の種類とリスク・リターンの関係

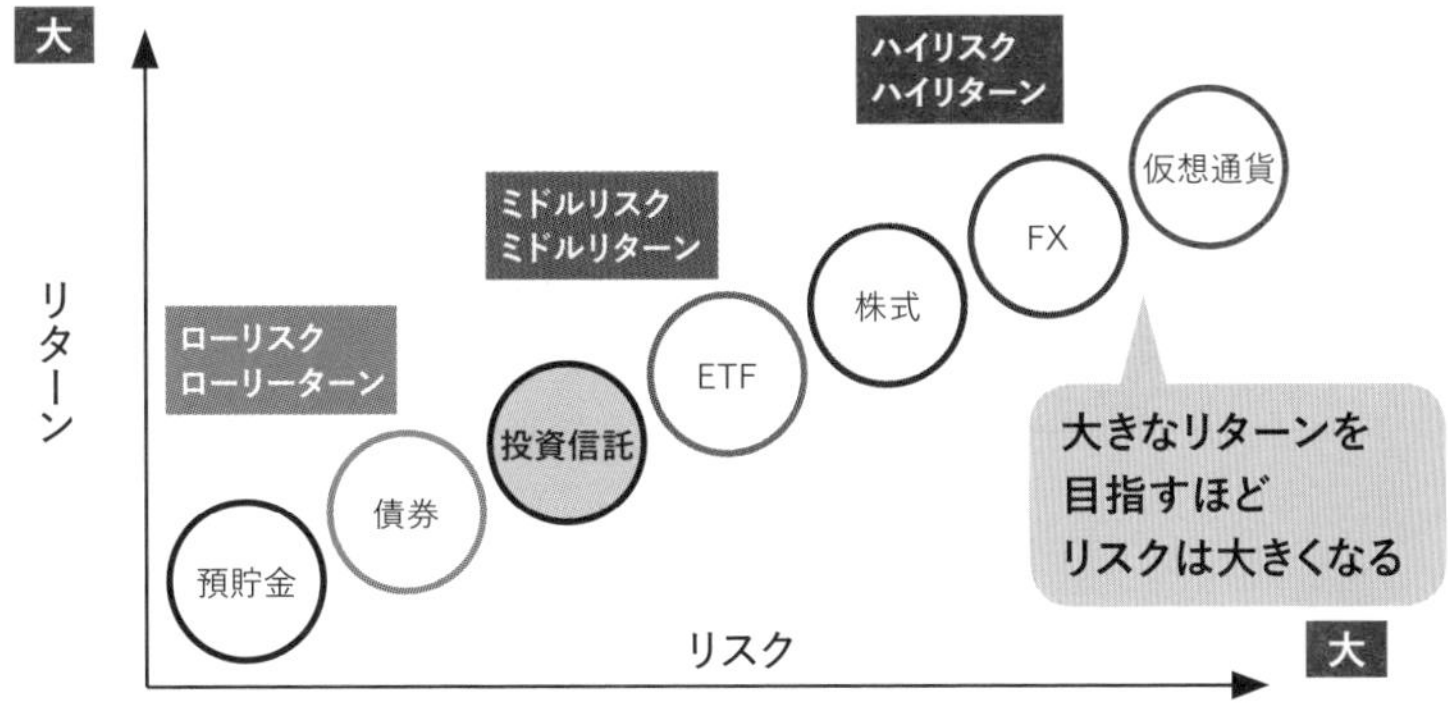
大
リターン
ハイリスク
ハイリターン
ミドルリスク
ミドルリターン
ローリスク
ローリターン
仮想通貨
FX
株式
ETF
投資信託
債券
預貯金
大きなリターンを
目指すほど
リスクは大きくなる
リスク
大

投資信託は元本保証の預貯金より利益が狙え、株式などよりも安定的でリスクを抑えられる商品だ。

株式投資では数十万円などまとまった資金が必要になりがちですが、投資信託であれば100円、1000円など少額から積立ができるのもメリットです。

投資の世界では、リスク（リターンのブレ幅）とリターン（利益）は表裏一体。大きく儲けようと思えば損をする可能性が高まり、安全重視であれば少ない儲けで我慢するしかありません。**投資信託は、金融商品の中ではミドルリスク・ミドルリターンの位置にあり、守りと攻めのバランスが取りやすい商品**といえます。

●投資対象別の分類（株式型・債券型・その他）

基本の4資産

株式型

国内株式

日本株に投資するタイプ。為替変動の影響はない。日本人がよく知る企業も多く含まれているので、投資対象としてわかりやすい

外国株式

先進国は値動きが比較的緩やかで、新興国は値動きが大きめ。為替変動の影響で価格変動も大きめ。複数地域に分散するタイプや全世界タイプもある

債券型

国内債券

日本の国債や地方債、社債といった公社債に投資するタイプ。為替による変動リスクもなく、ローリスク・ローリターンな商品だが預金よりは収益が期待できる

外国債券

安全性の高い国債に投資するタイプから、ハイリスクの債券に投資するタイプまである。外国株式ほど値動きは大きくないが、為替変動の影響は受ける

バランス型

1つの投資信託で国内外の株式、債券、REIT、そのほかの資産の複数を投資対象とするタイプ。「選べない」という人はこれ1本でもOK

REIT（リート）

不動産に投資し、賃貸収入や売却益を投資家に分配する不動産投資信託

コモディティ

金や原油などを投資対象とする

投資対象や運用方針で将来の利益が変わる

投資信託は、運用会社が世界の株式・債券・不動産などから投資対象を選び、それらを1つにまとめています。投資信託の数は6000本以上ともいわれており、その種類はさまざまです。

大まかに投資対象別に分類すると、**「国内株式」**、**「外国株式」**、**「国内債券」**、**「外国債券」**の4種類があり、これ以外にバランス型やREIT（リート）、コモディティなどがあります。

債券よりも株式に投資するタイプの方がリスクもリター

投資信託の種類

●運用方針による分類（インデックス型、アクティブ型）

ベンチマーク 投資信託が運用する際に目標とする基準

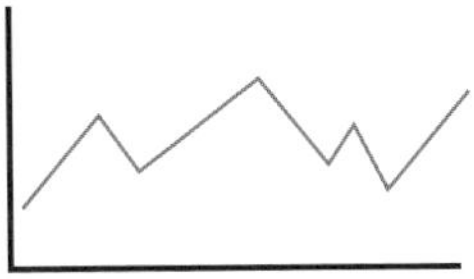

（例）
・日経平均株価
・MSCIコクサイ・インデックス
・S&P500
・ナスダック総合指数

初心者向き

インデックス型（パッシブ型）

ベンチマークに連動した値動きを目指す。コスト（手数料）は低め。安定運用で、ベンチマーク以上の利益を得られない可能性もある。

経験者向き

アクティブ型

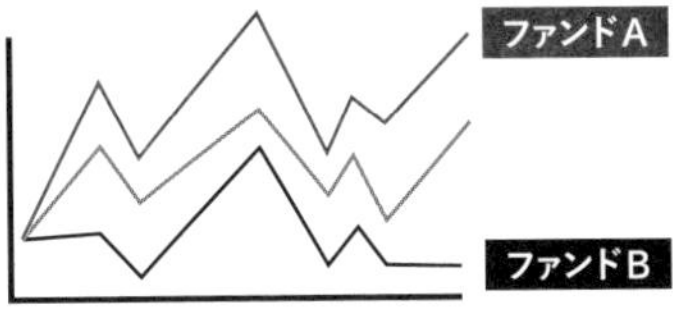

ベンチマークを上回る成績を目指す。コスト（手数料）は高め。運用がうまくいけばインデックス型より高い利益が得られることもある。

●ETF（Exchange Traded Fund／上場投資信託）とは？

	ETF	投資信託	株式
証券取引所への上場	あり	なし	あり
取引方法	証券取引所で売買	販売会社経由で売買	証券取引所で売買
取引価格	市場価格 （リアルタイムで変動）	特定日の基準価額	市場価格 （リアルタイムで変動）
信託報酬（コスト）	あり（ただし 投資信託より低め）	あり	なし

投資信託の一種だが、証券取引所に上場しているので、運用会社を通さずにリアルタイムで売買できるのが特徴。

ンも大きく、基本の4資産の中では外国株式が最もハイリスク・ハイリターン。さらに、先進国よりも新興国に投資するタイプのほうがハイリスク・ハイリターンになります。

また、投資信託は運用方針によって「インデックス型」と「アクティブ型」に分けられます。インデックス型はベンチマークに連動した値動きを、アクティブ型はベンチマークを上回る成績を目指します。

長期投資をする場合は、手数料の高いアクティブ型よりも、インデックス型を選択するのが基本になります。

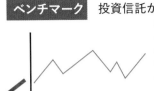

●投資信託にかかる３つの手数料（コスト）

買う時 ……▶ **購入時手数料**
購入時に販売会社に支払う手数料。手数料がかからない（ノーロード）投資信託もある。

保有中 ……▶ **信託報酬**
運用手数料として保有し続ける限り差し引かれる。長期では少しの差も大きな違いに。

売る時 ……▶ **信託財産留保額**
投資信託を解約する際に投資家が支払う費用。投資信託によって金額は異なる。

●信託報酬１％の違いが20年後には大きな差に

【出典】金融庁「つみたてNISA早わかりガイドブック」

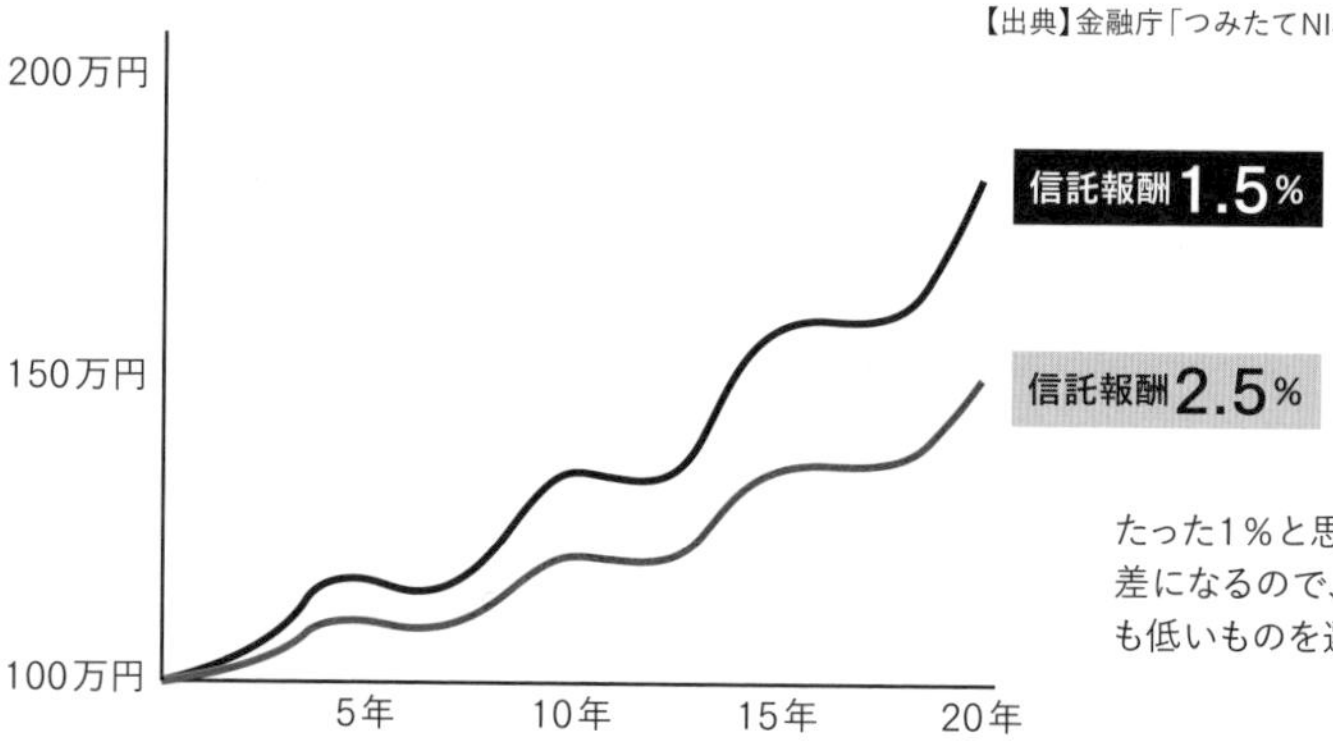

たった1％と思っても数10万円の差になるので、信託報酬は少しでも低いものを選ぼう。

※100万円を投資したイメージ（信託報酬控除前リターン4.5%）

信託報酬の低い商品プラス複利効果で効率的に儲ける

投資信託にかかる手数料は3つあります。1つ目が購入時に販売会社に支払う「購入時手数料」。2つ目が投資信託を管理・運用するための経費である「信託報酬」。3つ目が売却時にかかる「信託財産留保額」です。

この中でもっとも重要なのが信託報酬で、投資信託のコスト＝信託報酬を指すのが一般的です。保有期間中ずっとかかり続ける費用なので、**同種の投資信託の中で、一番信託報酬が低い商品を選ぶ**ことを意識しましょう。

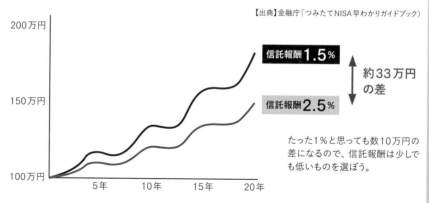

投資信託のコストと利益

●投資信託から得る利益って？

キャピタルゲイン…売却益

購入した金額（積立総額）よりも高い金額で売却した時に得られるお金

インカムゲイン…分配金

投資信託の運用などによる利益から投資家に還元されるお金。都度受け取る「受取型」と、投資に回す「再投資型」がある

「分配金なしタイプ（再投資型）」を選ぶのが基本。ただし、つみたてNISAでは注意点あり（P52参照）。

●利益の再投資で複利効果が生まれる

単利 元本だけに利子がつくこと

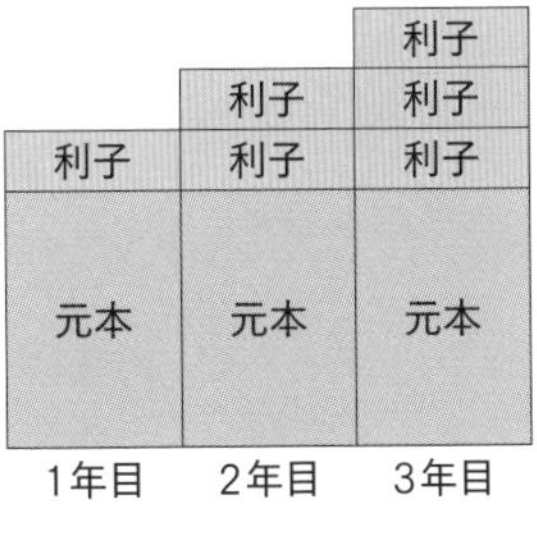

複利 元本＋利子の合計額に利子がつくこと

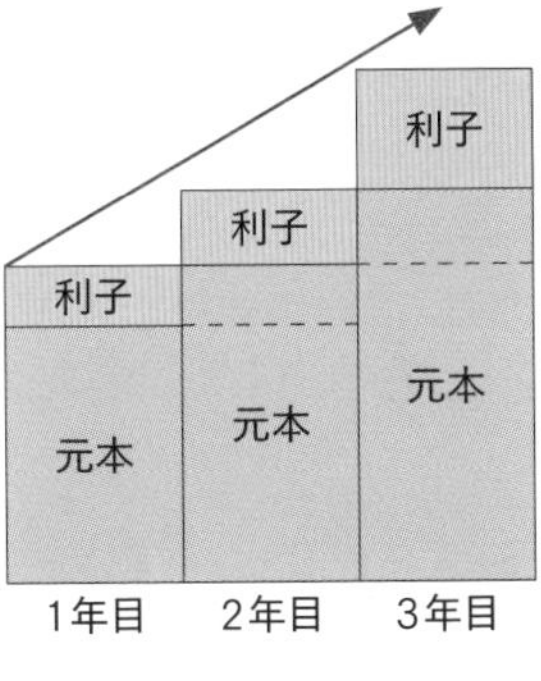

利益を元本に組み込んでいくことで、利益がさらに増えていく

複利効果×時間の効果で雪だるま式にお金が増えていくことが期待できる。

次に、利益の面を見ていきます。**投資信託の利益は「キャピタルゲイン」と「インカムゲイン」の2種類。**キャピタルゲインは、売却時の金額が購入時の金額を上回るほど利益が大きくなるので、売却のタイミングをうまく捉えることが大切です。

インカムゲインは、投資信託では分配金のことを指します。投資信託には、分配金を都度受け取れる「分配金ありタイプ」と、利益を再投資に回す「分配金なしタイプ」があり、長期投資では後者を選ぶことで、複利効果を高めることができます。

●基準価額＝投資信託のその時点の値段

eMAXIS Slim全世界株式(オール・カントリー) ★★★★

投信会社名：三菱UFJ国際投信

基準価額	前日比	純資産	カテゴリー
16,121円 2023年01月06日	↑53円（0.33%）	794,818百万円	国際株式・グローバル・含む日本（F） 評価基準日　2022年11月30日

・投資信託のその時の値段を表す
・一般的に1万口当たりの価額を公開
・運用会社が1日1回算出する

基準価額＝購入に必要な金額ではない。購入金額は自分で決め、その分の口数（投資信託の取引単位）を取得できると考える。

●投資信託の取引単位は「口数《くちすう》」

基準価額5万円の投資信託を1000円分購入する場合

購入金額		基準価額				取得口数
1000円	÷	5万円	×	1万口	＝	200口

基準価額の金額を支払わなくても購入できる

⬇ 少しずつ積み立てて取得口数を増やしていく

取得口数 × 基準価額 ＝ 時価評価

今日売却した場合の金額がわかる

➡取得口数を増やし、基準価額が高くなった時に売ると大きく増える！

積立は「定額購入」でドル・コスト平均法の効果を発揮

株の場合、通常100株単位（＝1単元）で購入するため、少なくとも株価×100の金額が必要です。一方、投資信託の場合は、投資信託の値段にあたる「基準価額」を用意する必要はなく、自分が決めた金額を購入できるのが特徴です。

たとえば、1000円の予算で基準価額5万円の投資信託を購入する場合、200口を得られることになります。

積立を続けて口数を増やしていくと、**売却時には総取得口数×その時の基準価額の金額**

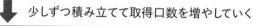

●ドル・コスト平均法のイメージ

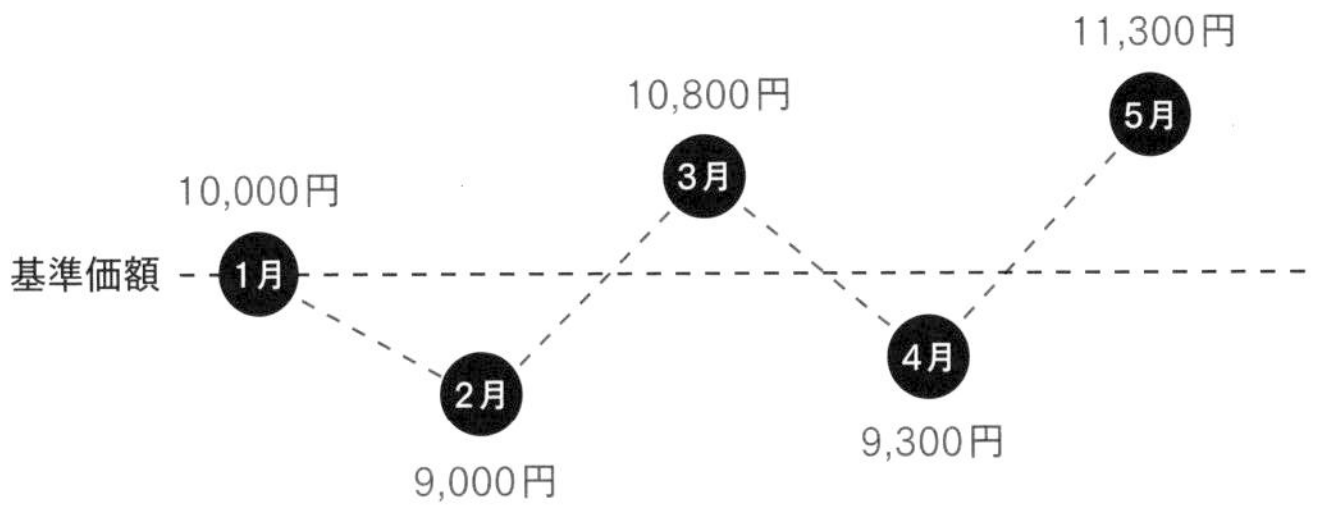

①毎月1万円ずつ定額購入した場合（ドル・コスト平均法）

	1月	2月	3月	4月	5月	合計
買付金額	10,000円	10,000円	10,000円	10,000円	10,000円	50,000円
買付口数	10,000口	11,111口	9,259口	10,753口	8,850口	49,973口

安くたくさん買えるのはこっち！ → 1万口当たりの平均購入単価＝**1万5円**

②毎月1万口ずつ定量購入した場合

	1月	2月	3月	4月	5月	合計
買付金額	10,000円	9,000円	10,800円	9,300円	11,300円	50,400円
買付口数	10,000口	10,000口	10,000口	10,000口	10,000口	50,000口

1万口当たりの平均購入単価＝**1万80円**

を受け取ることができるというわけです。

また、積立時には口数ベースの定量購入ではなく、毎回同じ金額を「定額購入」するのが基本です。なぜなら価格の高い時には少し、価格が安い時には多く買い付けることができ、平均購入単価が安くなる効果があるためです。

これを「**ドル・コスト平均法」といい、安い時にたくさんの口数を買えるので、ネガティブな状況といえる値下がり局面にも強みを発揮**します。「毎月同じ金額を積立」というシンプルな投資方法こそベストなのです。

●投資信託のチェックポイント

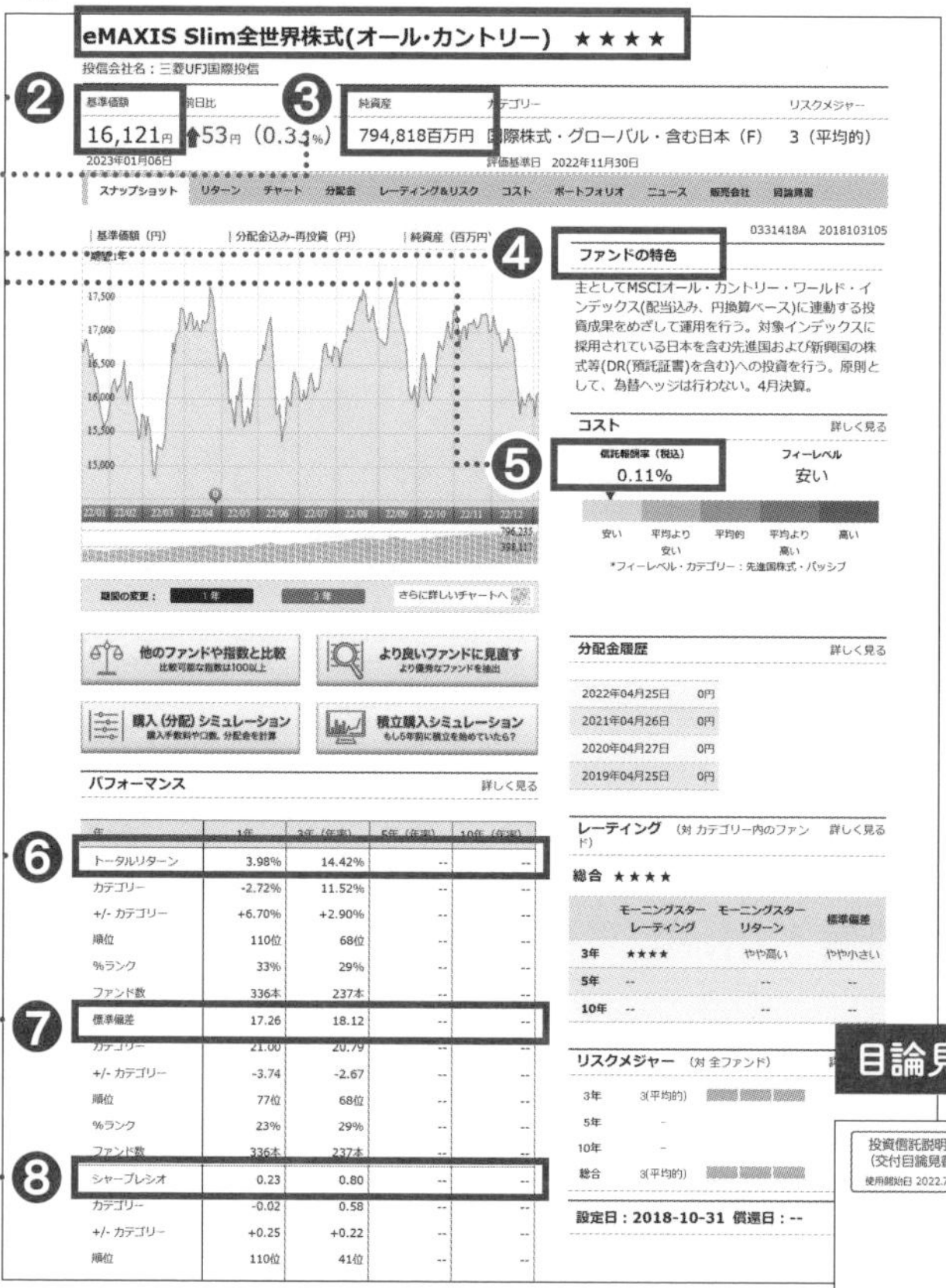

❶
eMAXIS Slim全世界株式(オール・カントリー)　★★★★
投信会社名：三菱UFJ国際投信

❷ 基準価額	前日比	❸ 純資産	カテゴリー	リスクメジャー
16,121円	⬆53円（0.33%）	794,818百万円	国際株式・グローバル・含む日本（F）	3（平均的）
2023年01月06日			評価基準日　2022年11月30日	

スナップショット　リターン　チャート　分配金　レーティング&リスク　コスト　ポートフォリオ　ニュース　販売会社　目論見書

|基準価額（円）　|分配金込み-再投資（円）　|純資産（百万円）
期間1年

0331418A　2018103105

❹ ファンドの特色

主としてMSCIオール・カントリー・ワールド・インデックス(配当込み、円換算ベース)に連動する投資成果をめざして運用を行う。対象インデックスに採用されている日本を含む先進国および新興国の株式等(DR(預託証書)を含む)への投資を行う。原則として、為替ヘッジは行わない。4月決算。

コスト　詳しく見る

❺ 信託報酬率（税込）	フィーレベル
0.11%	安い

安い　平均より安い　平均的　平均より高い　高い
*フィーレベル・カテゴリー：先進国株式・パッシブ

期間の変更：　1年　3年　さらに詳しいチャートへ

他のファンドや指数と比較　比較可能な指数は100以上
より良いファンドに見直す　より優秀なファンドを抽出
購入（分配）シミュレーション　購入手数料や口数、分配金を計算
積立購入シミュレーション　もし5年前に積立を始めていたら？

分配金履歴　詳しく見る

2022年04月25日	0円
2021年04月26日	0円
2020年04月27日	0円
2019年04月25日	0円

パフォーマンス　詳しく見る

年	1年	3年（年率）	5年（年率）	10年（年率）
❻ トータルリターン	3.98%	14.42%	--	--
カテゴリー	-2.72%	11.52%	--	--
+/- カテゴリー	+6.70%	+2.90%	--	--
順位	110位	68位	--	--
%ランク	33%	29%	--	--
ファンド数	336本	237本	--	--
❼ 標準偏差	17.26	18.12	--	--
カテゴリー	21.00	20.79	--	--
+/- カテゴリー	-3.74	-2.67	--	--
順位	77位	68位	--	--
%ランク	23%	29%	--	--
ファンド数	336本	237本	--	--
❽ シャープレシオ	0.23	0.80	--	--
カテゴリー	-0.02	0.58	--	--
+/- カテゴリー	+0.25	+0.22	--	--
順位	110位	41位	--	--

レーティング（対 カテゴリー内のファンド）　詳しく見る

総合 ★★★★

	モーニングスター レーティング	モーニングスター リターン	標準偏差
3年	★★★★	やや高い	やや小さい
5年	--	--	--
10年	--	--	--

リスクメジャー（対 全ファンド）

3年	3(平均的)
5年	-
10年	-
総合	3(平均的)

設定日：2018-10-31　償還日：--

（参考資料）MORNINGSTAR https://www.morningstar.co.jp/

目論見書（投資信託説明書）

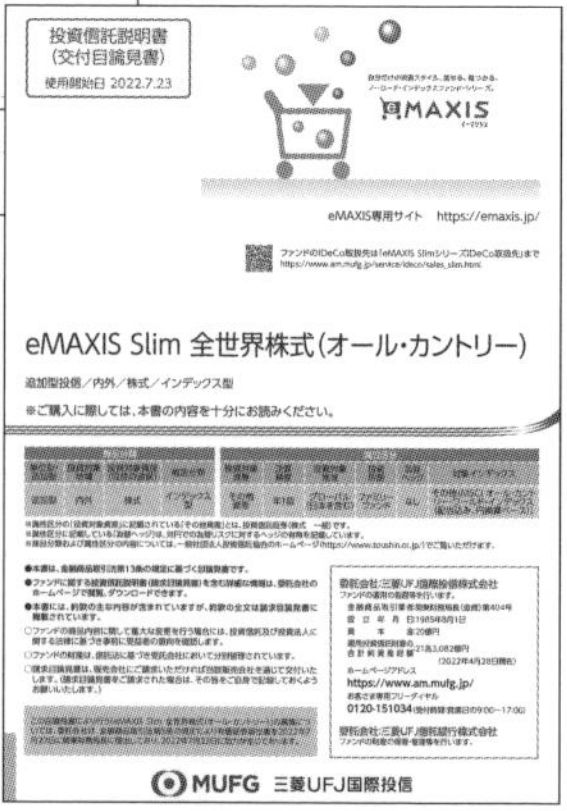

投資信託の方針や特色、リスク、運用実績、手数料などの重要項目がまとめられたパンフレットのようなもの。一読しておこう。

投資信託選びの際は、証券会社や第三者評価機関のモーニングスターのサイトなどを活用しましょう。その際、各サイトが提供している便利なツールを使うのもおすすめです。

個別の投資信託で主に見るべきポイントは、上に挙げた8つ。基準価額は当初1万口・1万円で設定され、その後の運用によって変動します。現在の価額は投資信託の設定時期によって変

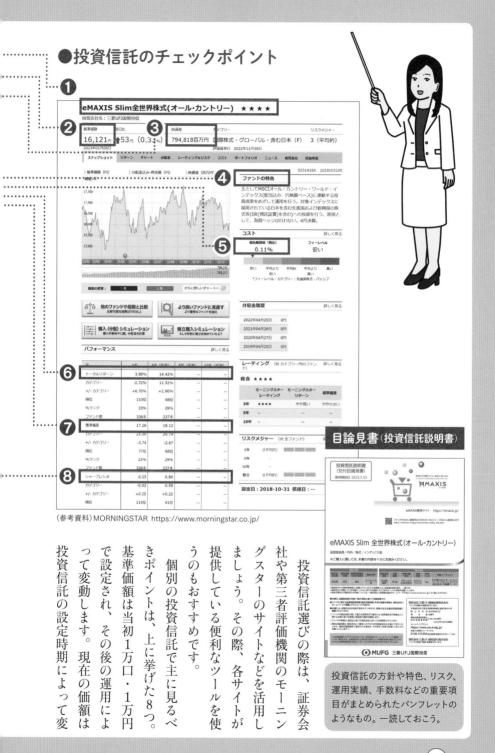

投資信託のデータの見方

❶商品名（銘柄）…名前でどんな投資信託か大体わかる
❷基準価額…投資信託の値段
❸純資産…投資信託の規模を表すもの
❹ファンドの特色…投資対象やベンチマーク、運用方針を説明
❺信託報酬…保有中にかかる経費。低い方がよい
❻トータルリターン…運用成績がわかる数値。高い方がよい
❼標準僅差…価額の振れ幅を数値化したもの。小さい方がよい
❽シャープレシオ…投資効率性を表す。大きい方がよい

●こんな便利な機能も！（モーニングスターのサイトより）

ファンドを探す

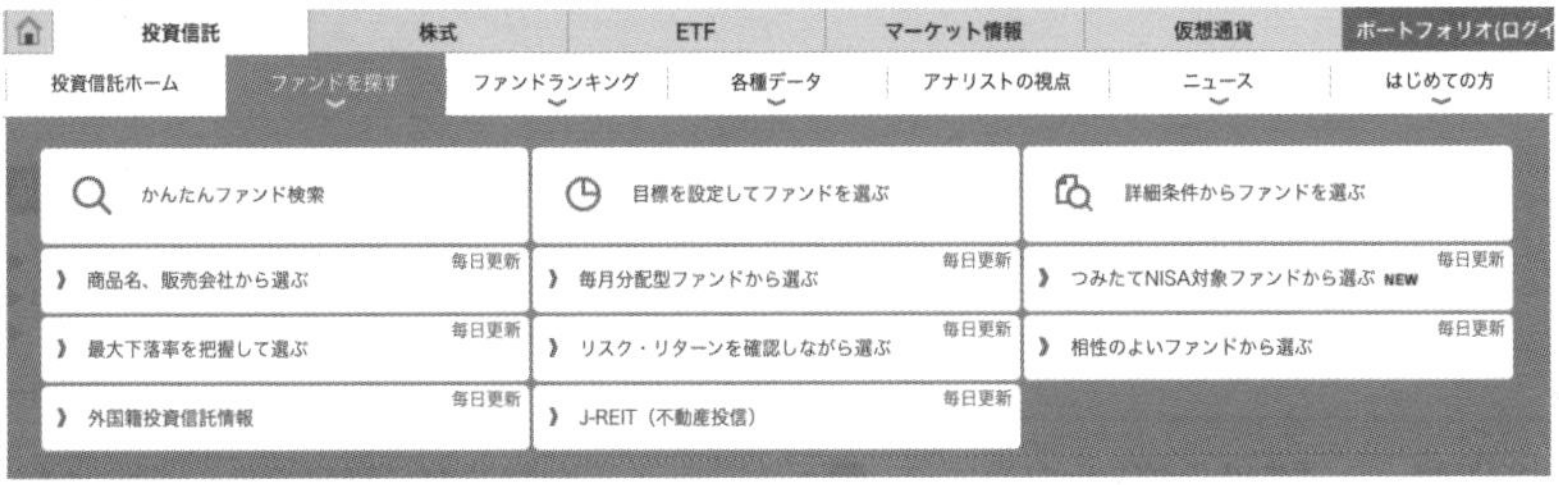

ファンドランキング

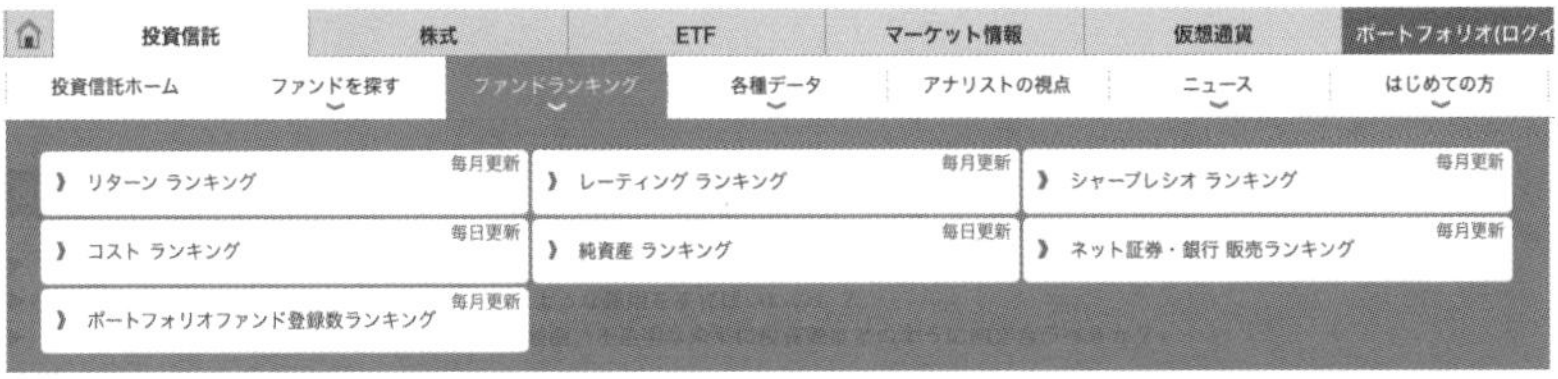

わるので、高い方がよいとは限りません。**成績は同じ投資対象のほかの投資信託と「トータルリターン」を比較**して確認しましょう。

　また投資信託には、投資信託の規模が一定水準を下回った場合などに、運用が終了・精算される「繰り上げ償還」というリスクがあります。投資していたお金は償還金として戻ってきますが、運用がストップして、投資効率が悪くなってしまいます。そのため、**一般的に純資産総額は10億円以上あるのがよい**とされています。

　このほか、**信託報酬はもちろん、ファンドの特色や標準僅差、シャープレシオなどもチェック**しましょう。

Column2

間違った投資をしないための心得

今や金融の知識を持つのは当たり前！

投資って怖いイメージがあったんだけど、それがなくなってきたわ。

初心者は長期・積立・分散を守って投資すればいいってことがわかったよ。

この調子で少しずつ不安や疑問を解消していきましょう！

でも投資信託ってたくさんあるから、どれにするか迷うなぁ。

ふふふ…実はもう投資信託は決めてる。SNSで話題になってるやつ！

ちょっと待って、人任せにせず自分で決めなきゃ。そんな決め方は絶対ダメ。

投資系の有名インフルエンサーが言ってるから間違いないんじゃ…？

それで損をしても誰のせいにもできません。投資は自己責任なんです。

自分でちゃんと調べて、納得して選ばないとダメですよね。

その通り。それと、基本的な金融知識も学んでおくといいですよ。高校では金融教育が必修化されたこともあり、金融庁がいろいろな資料を公開しています。ぜひ活用してマネーリテラシーを高めましょう！

金融庁のサイトで見られる資料や動画は、大人にも子どもにも役立つ。
URL：https://www.fsa.go.jp/policy/nisa2/download/index.html

第2章

つみたてNISA編

投資初心者の第一歩に
ぴったりのつみたてNISA。
2024年の制度改正の話も盛り込みながら
疑問を解決していきます。

Q6 つみたてNISAには どんなメリットが あるの？

つみたてNISA編
2-①

Answer 投資初心者にやさしい、税金の優遇が受けられる制度です。

長期・積立・分散投資ができる非課税制度

つみたてＮＩＳＡは、長期・積立・分散投資を支援するために国が用意した非課税の積立投資制度。投資が初めての人でも最初の一歩を踏み出しやすいよう、多くのメリットが詰め込まれています。

１つ目は、**投資で得られる利益（分配金や売却益）が、非課税になる**こと。通常ならかかる20・３１５％の税金が引かれず、利益を丸ごと手にできます。非課税枠の上限は、２０２３年12月末までは年40万円×最長20年間ですが、２０２４年１月から、さらに大きく拡充することになりました。

２つ目は、**選択できる商品が投資信託（ETF含む）だけ**であること。月１００円でも積立できるので、１単元買うために数十万円必要なこともある株式投資と比べるとお手軽です。

３つ目は、投資信託が絞られていること。投資信託は６０００本以上あるといわれており、どれにするか選ぶのも一苦労です。その点、つみたてＮＩＳＡなら、購入時にかかる手数料が０円で運用中にかかる信託報酬が低く抑えられているなど、**金融庁の設けた一定の基準を満たした約２２０本の投資信託**から選ぶことができます。

４つ目は、銀行の積立貯金のような感覚で投資できること。**一度積立設定をすれば毎月自動で積立・運用される**ので、投資のタイミングなどに悩む必要がありません。

５つ目は、**運用した資産は、いつでも、いくらでも自由に引き出せる**こと。車や家の購入、旅行、子どもの教育費、老後資金づくりなど、幅広い目的の資金づくりに活用できる、使い勝手の良さが魅力です。

●つみたてNISAはこんな制度

❶年40万円×20年間分の運用益が非課税になる

普通の投資だと運用で得た利益から税金が約20％引かれるが、つみたてNISAを使うと非課税になり、税金が引かれない。

❷少額からでも運用を始められる「投資信託（ETF）」が対象

ある程度まとまった投資資金が必要な株とは違い、投資信託は100円から始めてもOK。分散投資も簡単にできる

❸長期・積立・分散投資に適した商品が選抜されている

購入時手数料が0円で信託報酬も低いインデックス型が中心。あらかじめ絞られているので選びやすい

❹銀行の積立貯金の感覚で投資できる

一度に大金を投じるのではなく、毎月定額を自動で積み立てる設定ができるので、貯金感覚で投資できる

❺資産はいつでも・いくらでも売却できる

お金が必要な時には売却すれば、簡単に現金化できる

非課税投資枠は2024年1月から制度が大きく拡大し、非課税期間は無期限になります。非課税投資枠は「つみたて投資枠（年120万円）」と「成長投資枠（年240万円）」を合わせて年360万円、生涯の投資上限1800万円に。

➡巻頭特集（P18～23）で詳しく解説

ポイント

- ✓ 運用益にかかる約20％の税金が不要に
- ✓ 2024年1月から非課税枠が大きく拡大

Q7 つみたてNISAには何かデメリットはあるの？

つみたてNISA編
2-②

Answer 注意点としていくつか知っておきたいポイントはあります。

積立専用の非課税制度ならではのルールがある

ここでは、２０２３年12月末までの従来制度をベースに、つみたてＮＩＳＡで知っておきたい注意点を解説します。２０２４年1月からの変更点は左ページの図で確認してください。

1つ目は、**現状では「年間の上限40万円を一度に投資したい」と思っても一括投資はできない**こと。ボーナス時に積立額を増額する「ボーナス設定」を使うと一括に近い投資はできるものの、高い時に買ってしまう高値づかみのリスクがあり、おすすめはできません。

2つ目は、対象が投資信託（ＥＴＦ含む）だけなので、**株式投資をしたいならば一般NISAを選択する必要がある**こと。つみたてＮＩＳＡを利用している人は２０２３年いっぱいは一般ＮＩＳＡ枠で株式投資はできないわけです。

3つ目は、**非課税枠を翌年に持ち越すことができない**こと。その年に使わなかった分の非課税枠はそのまま消滅するので、年間投資枠は1年の間に使うほうがお得です。

4つ目は、分配金（投資信託の収益から投資家に還元されるお金）が再投資されると、その金額が非課税枠を消費してしまうこと。年40万円ギリギリに収まるよう積立設定をしたものの、**分配金が加わったことで上限を超えてしまうと予定していた積立ができない**場合があります。

5つ目は、**損益通算ができない**こと。投資には、損失を出した取引と利益が出た取引を相殺して納める税金を減らす「損益通算」という仕組みがあります。しかし、つみたてＮＩＳＡで損失が発生したとしても、特定口座や一般口座の利益との損益通算はできません。

●つみたてNISAの注意点

従来制度（2023年12月末まで）	新制度（2024年1月スタート）
❶一括投資はできない 「コツコツ長期で積立」向けの制度なので、まとまった金額の投資はできない	**「つみたて投資枠」では一括投資はできないが「成長投資枠」なら一括投資ができる** つみたて投資枠と成長投資枠が併用できる！
❷株式投資をしたい人は使えない 選べる銘柄は投資信託（ETF）のみ。株式投資をしたい人は「一般NISA」が向いている	**つみたて投資枠では投資信託（ETF）のみだが「成長投資枠」なら株式投資ができる**
❸使わなかった非課税枠は持ち越せない 非課税枠の一部を使わなくても、次の年に持ち越して非課税枠を増やすことはできない	**非課税期間は無期限なので実質的に持ち越し可能**
❹分配金が再投資されると非課税枠が減る 分配金が再投資された場合、その金額も非課税枠を消費する ※分配金が頻繁に再投資される商品はつみたてNISAでは除外	**変更なし**
❺損失が出た時に損益通算はできない 利益と損失を相殺し、利益部分を減らすことで課税額を減らす「損益通算」の対象外	**おそらく変更なし**

ポイント

- ✓ 2024年1月の制度改定で解消される点が多い
- ✓ 分配金や損益通算は変わらず注意が必要

Q8 つみたてNISAを始めるには何からすればいい？

Answer 1人1口座しか持てないので金融機関のリサーチから始めましょう。

専用口座を開く前の情報収集が必要な理由

つみたてＮＩＳＡを始めようと思ったら、証券会社か銀行でつみたてＮＩＳＡ専用の口座を開設しなくてはなりません。口座は１人１つのみ。１年単位で金融機関の変更は可能ですが、変更前のＮＩＳＡ口座で運用していたものは変更後の新しい口座へ移すことはできないので、管理が煩雑になることがあります。こういったことから、金融機関選びは事前のリサーチがとても大事になります。

つみたてＮＩＳＡは、口座開設料や購入時手数料、口座管理手数料は金融機関にかかわらず無料なので、比較の必要はありません。**「商品ラインナップ」、「最低積立額」、「積立頻度」、「サポートの手厚さ」で比較検討**しましょう。

ラインナップは商品の数が多いかだけではなく、気になる商品があるか、信託報酬の低い商品が揃っているかもポイント。最低積立額は月１００円からのところもあれば、１０００円からのところもあります。

積立頻度は、必要に応じて「毎月」以外に「毎週」や「毎日」を選べるか、ボーナス月の増額が可能かなど、積立の自由度をチェック。サポートは、コールセンターの対応時間、メールやチャットサービスの充実度を確認しましょう。

今、多くの人が選んでいるのは、**商品のラインナップが豊富で最低積立額も１００円など少額からで、積立の自由度も高いネット証券**です。とはいえ、商品が少ないことでかえって選びやすい、対面で相談できるという点にメリットを感じて銀行や店舗型の証券会社を選ぶ人もいるので、情報収集して自分に合った金融機関を選ぶとよいでしょう。

●証券会社と銀行、私はどっち？

証券会社向きの人

・投資信託のバリエーションを重視したい
・パソコンやスマホを使うのが得意
・オンラインや電話のサポートで満足できる

銀行向きの人

・いつも使っている銀行で管理を1つにまとめたい
・選べる商品数は少なくてもよい
・窓口でじっくり相談したい・サポート重視

口座開設料・口座管理手数料・
購入時手数料はどの金融機関でも0円！

●つみたてNISAの口座開設はこの金融機関をチェック！

	金融機関	取扱商品数	最低積立額	積立の自由度	相談窓口
ネット証券	**SBI証券**	185本	100円	毎月・毎週・毎日	・コールセンター 受付時間：平日8:00〜17:00 （年末年始を除く）
ネット証券	**楽天証券**	184本	100円	毎月・毎日	・コールセンター 受付時間：平日8:30〜17:00、土日9:00〜17:00 （年末年始を除く）
ネット証券	**マネックス証券**	152本	100円	毎月・毎日 （ただし日額指定はできず月額指定のみ）	・コールセンター 受付時間：平日8:00〜17:00
銀行	**みずほ銀行**	7本	1000円	毎月	・銀行窓口 ・全国のみずほ銀行窓口 コールセンター 受付時間：平日9:00〜17:00 （土・日曜日、祝日・振替休日は通常どおり）
銀行	**イオン銀行**	20本	1000円	毎月	・銀行窓口・全国のイオン銀行窓口 コールセンター　受付時間：平日9:00〜18:00（年中無休）

（2023年1月時点／最新情報は各社HPへ）

ポイント

☑ **つみたてNISAは手数料の比較は不要**
☑ **使い勝手がよいネット証券が今の主流**

Q9 つみたてNISA口座はどうやって開設するの？

つみたてNISA編
2-④

Answer 金融機関に申込書などを提出するだけで、簡単に開設できます。

本人確認書類として マイナンバーも必要

金融機関が決まったら、つみたてＮＩＳＡの専用口座を開設しましょう。

証券会社を選んだ場合、つみたてＮＩＳＡ口座と一緒に証券総合口座（証券口座）も開設する必要があります。既に持っている人は、つみたてＮＩＳＡ口座のみ開設の手続きをしましょう。

ネット証券だと、パソコン・スマホを使ってオンライン上で申し込みが完結できます。総合証券口座開設のページで「つみたてＮＩＳＡ」の同時開設を選択するだけで、総合口座とつみたてＮＩＳＡ口座の申し込みが一度に完了。本人確認の手続きもスマホで写真を撮ってアップロードするだけなので、簡単です（Ｐ58～63参照）。

銀行の場合、つみたてＮＩＳＡ口座と投資信託口座が必要なので、その申し込みをします。インターネットバンキングに登録していれば、オンラインで申し込むことも可能。初めて使う銀行であれば、普通預金口座の開設も行いましょう。

証券会社でも銀行でも、本人確認書類として、**マイナンバー（個人番号）が必要になる**ので、準備しておきましょう。

申し込みをすると、税務署の審査・承認（おおよそ1～2週間程度）を経て、金融機関からメールか封書で「つみたてＮＩＳＡ口座開設のお知らせ」が届きます。

なお、**「簡易ＮＩＳＡ口座開設制度」のある金融機関であれば、税務署の審査完了前でも取引できます**。お知らせがきたら、運用する投資信託の選択などを行いましょう。

用語解説

証券総合口座▼投資信託や株の売買をするために必要な証券会社の口座。

●つみたてNISAの始め方

❶つみたてNISA専用口座を開設する金融機関を選ぶ

❷口座開設を申し込む

必要書類を金融機関に提出
（オンライン上で可能な場合も）

P58〜63で詳しく解説

証券総合口座を持っていなければ
同時に申し込む（銀行の場合は投資信託口座）

❸税務署への申請、確認

金融機関が税務署につみたてNISA口座開設申請を行い、税務署から非課税適用確認書の交付を受ける

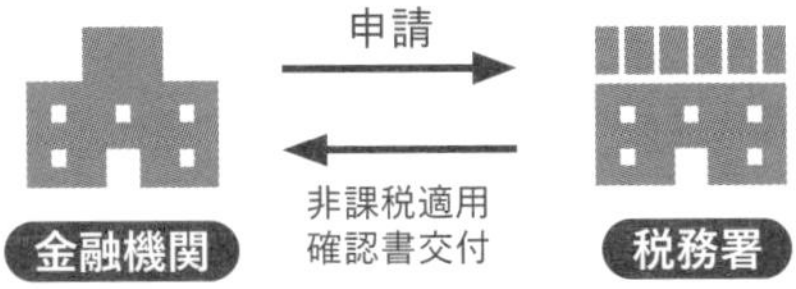

❹つみたてNISA口座開設完了の通知

金融機関からつみたてNISA口座開設の案内が届く

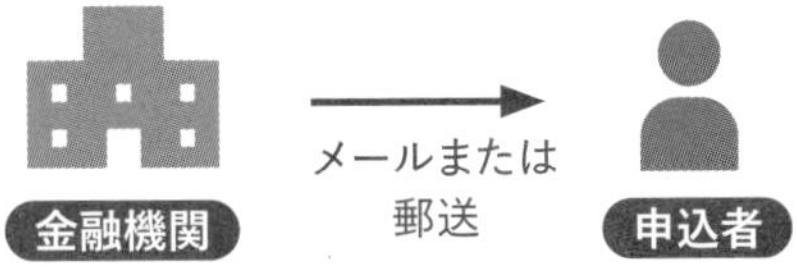

❺投資信託を選んで積立・運用開始

つみたてNISAでの取引をスタート！ いくら・いつ・どの商品で積み立てるか設定する

**つみたてNISA
スタート！**

ポイント

- ✔ **つみたてNISA口座と証券総合口座を開設する**
- ✔ **マイナンバー（個人番号）がわかるものを用意する**

証券総合口座・つみたてNISA口座開設の流れ 楽天証券／スマホの例

つみたてNISA編
口座開設の方法

申し込み時に用意しておくもの

・本人確認書類…マイナンバーカード、運転免許証など

START

STEP 1 「口座開設」をタップ

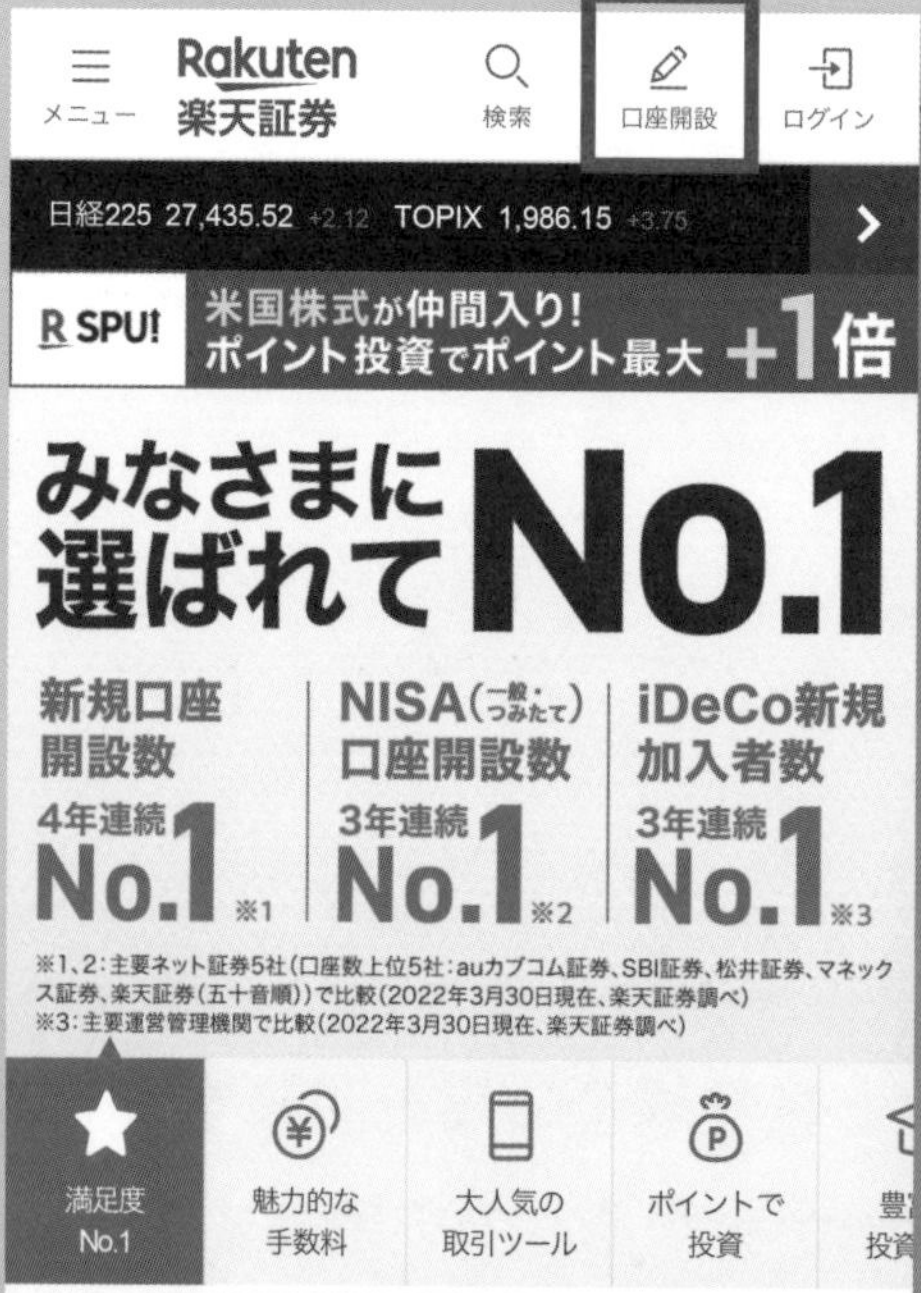

楽天証券ホームページトップ画面から口座開設の手続きをスタート。

つみたてNISAを利用するには、証券総合口座（証券口座）の開設も必要です。ここでは、2つの口座を開設する手順を画像付きでご紹介。本人確認のステップでスマホで写真を撮ったりするので、初めからスマホで作業するのがおすすめです。

STEP 2 メールアドレスを入力して送信

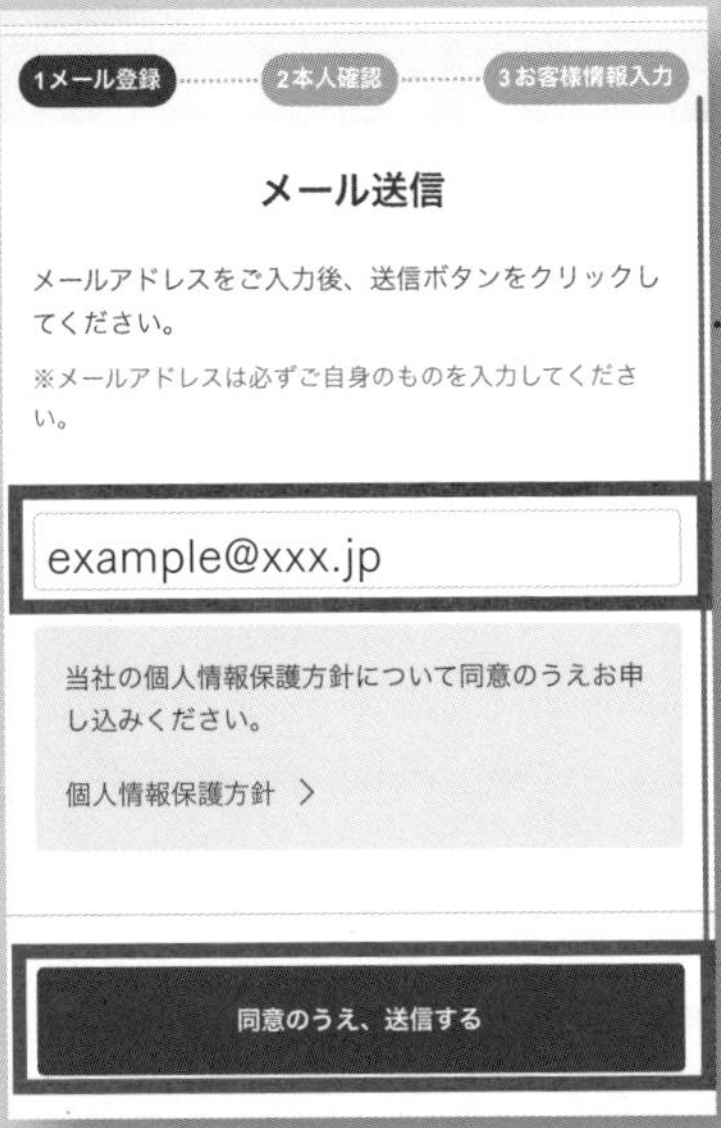
1メール登録
2本人確認
3お客様情報入力
メール送信
メールアドレスをご入力後、送信ボタンをクリックしてください。
※メールアドレスは必ずご自身のものを入力してください。
example@xxx.jp
当社の個人情報保護方針について同意のうえお申し込みください。
個人情報保護方針 ＞
同意のうえ、送信する

楽天会員・非会員の選択後、メール送信。口座開設用のリンクが送られてきたら、登録に進む。

※楽天会員は左記画面はスキップされ、登録のメールアドレス宛に口座開設用リンクが送られる。

STEP 3 本人確認に進む

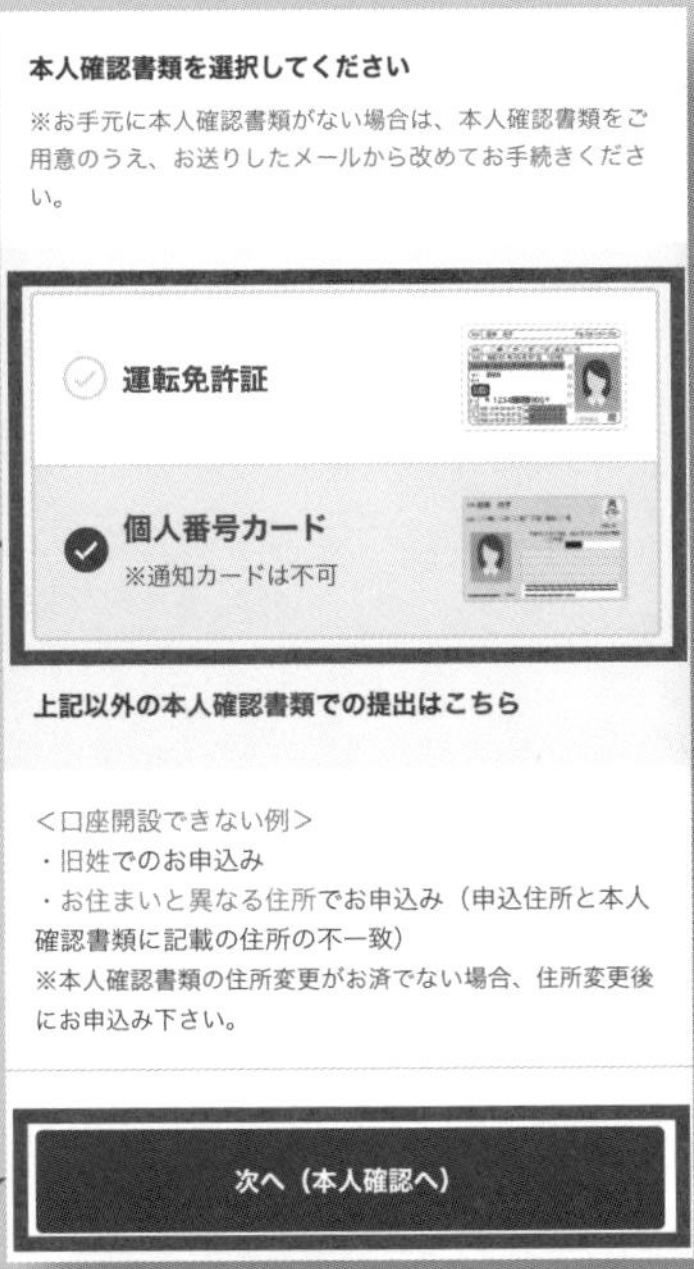
本人確認書類を選択してください
※お手元に本人確認書類がない場合は、本人確認書類をご用意のうえ、お送りしたメールから改めてお手続きください。
運転免許証
個人番号カード
※通知カードは不可
上記以外の本人確認書類での提出はこちら
＜口座開設できない例＞
・旧姓でのお申込み
・お住まいと異なる住所でお申込み（申込住所と本人確認書類に記載の住所の不一致）
※本人確認書類の住所変更がお済でない場合、住所変更後にお申込み下さい。
次へ（本人確認へ）

国籍を選択後、本人確認へ。書類、顔写真の撮影、実物判定を行う。

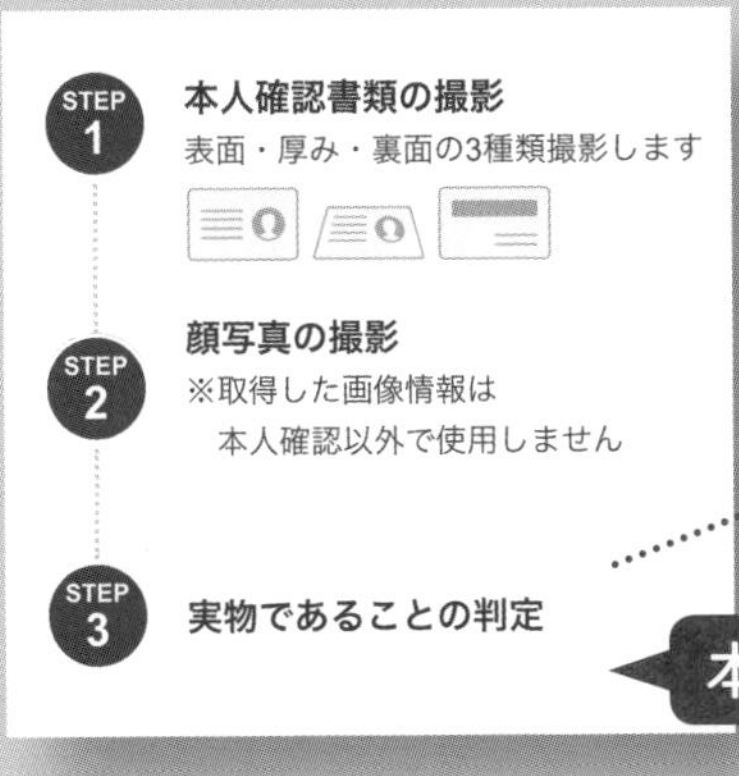
STEP 1
本人確認書類の撮影
表面・厚み・裏面の3種類撮影します
STEP 2
顔写真の撮影
※取得した画像情報は
本人確認以外で使用しません
STEP 3
実物であることの判定

本人確認は3ステップ

STEP 4 名前をはじめとした基本情報を入力

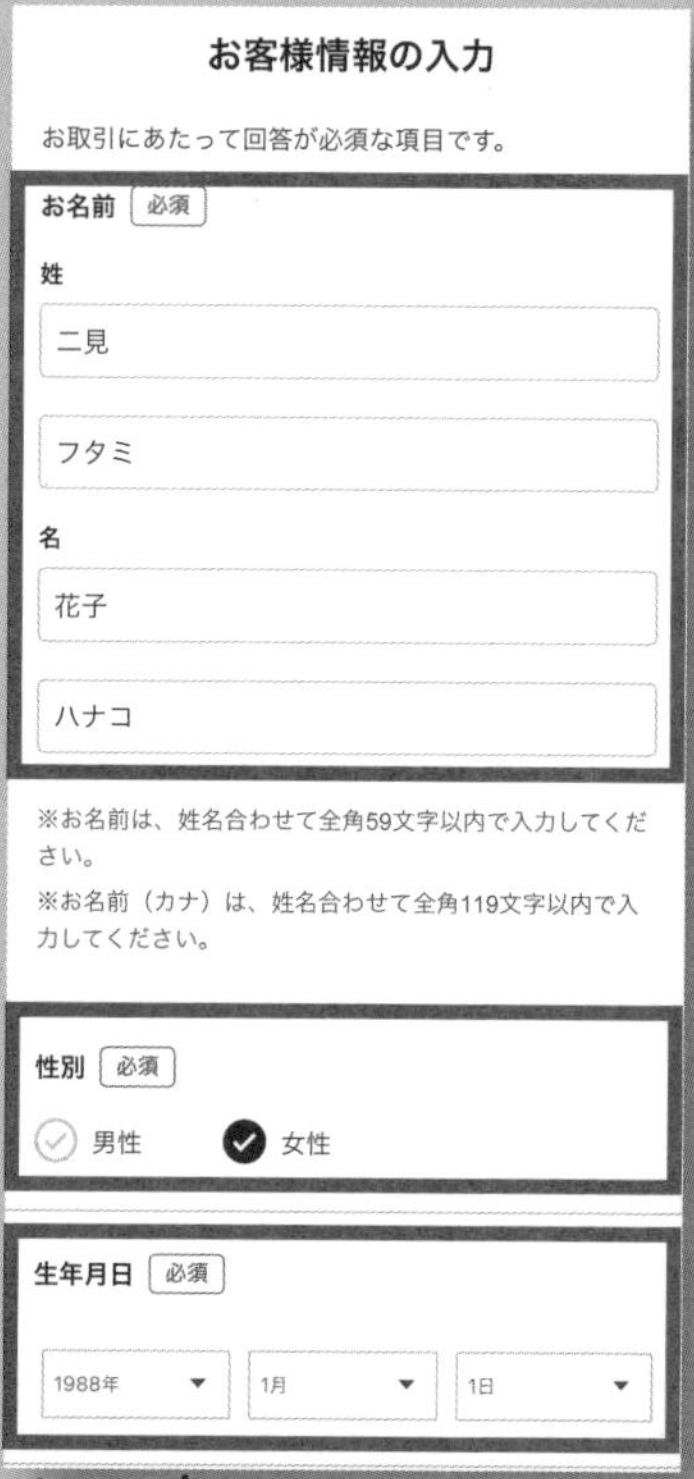

お客様情報の入力

お取引にあたって回答が必須な項目です。

お名前 必須

姓

二見

フタミ

名

花子

ハナコ

※お名前は、姓名合わせて全角59文字以内で入力してください。

※お名前（カナ）は、姓名合わせて全角119文字以内で入力してください。

性別 必須

男性 女性

生年月日 必須

1988年 1月 1日

ご住所 必須

本人確認書類に記載の住所と同一の住所をご入力ください。
例：漢字相違、番地入力漏れの不備が多くなっているのでご注意ください。

郵便番号

101 - 0061

都道府県・市区郡

東京都千代田区

※全角16文字以内で入力してください。

町村名・番地など ※番地の入力漏れにご注意ください。

神田三崎町

※全角16文字以内で入力してください。

マンション名・部屋番号

1－1

※全角16文字以内で収まらない場合はマンション名を省略してください。その際、部屋番号の前に-（ハイフン）を入力してください。例）-101

都道府県・市区郡（カナ）

トウキョウトチヨダク

※全角16文字以内で入力してください。

町村名（カナ）・番地など

カンダミサキチョウ

※全角16文字以内で入力してください。

部屋番号

1－1

※マンション名は省略し、部屋番号のみご入力ください。

電話番号 必須

パスワードの再設定等で、携帯電話（SMS）を利用する場合がありますので、携帯電話番号のご登録を推奨します。

携帯電話番号

090-XXXX-XXXX

※ハイフンなしで入力してください。（例 09012345678）

携帯電話番号をお持ちでない方はチェックを入れてください。

名前、性別、生年月日、住所、電話番号を入力する。

証券口座で取引をして儲けが出ると、本来は確定申告が必要です。ですが、STEP5で「確定申告が不要」を選んでおけば、その手間が省けます。つみたてNISA口座でしか取引をしないという人も、こちらを選んでおけばOKです。

STEP 5 納税方法は「確定申告が不要」を選択

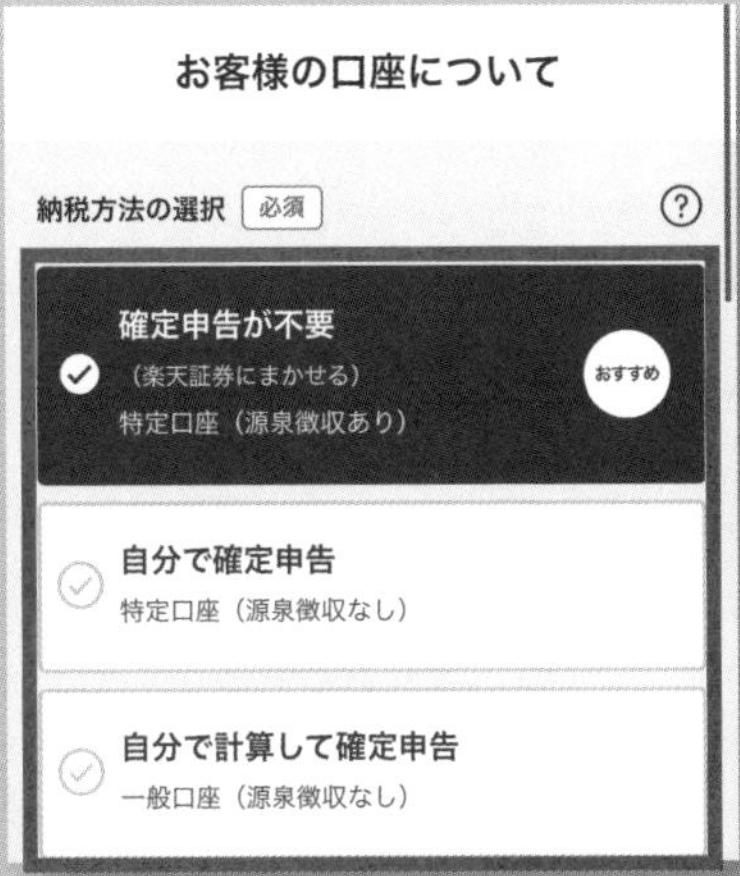
お客様の口座について

納税方法の選択 必須

確定申告が不要
（楽天証券にまかせる）
特定口座（源泉徴収あり） おすすめ

自分で確定申告
特定口座（源泉徴収なし）

自分で計算して確定申告
一般口座（源泉徴収なし）

課税口座で売買を行うと基本的に確定申告が必要だが「確定申告が不要」を選んでおけば証券会社にお任せできる。

STEP 6 NISA口座の開設を選択

NISA口座の開設有無、区分などを選択する。

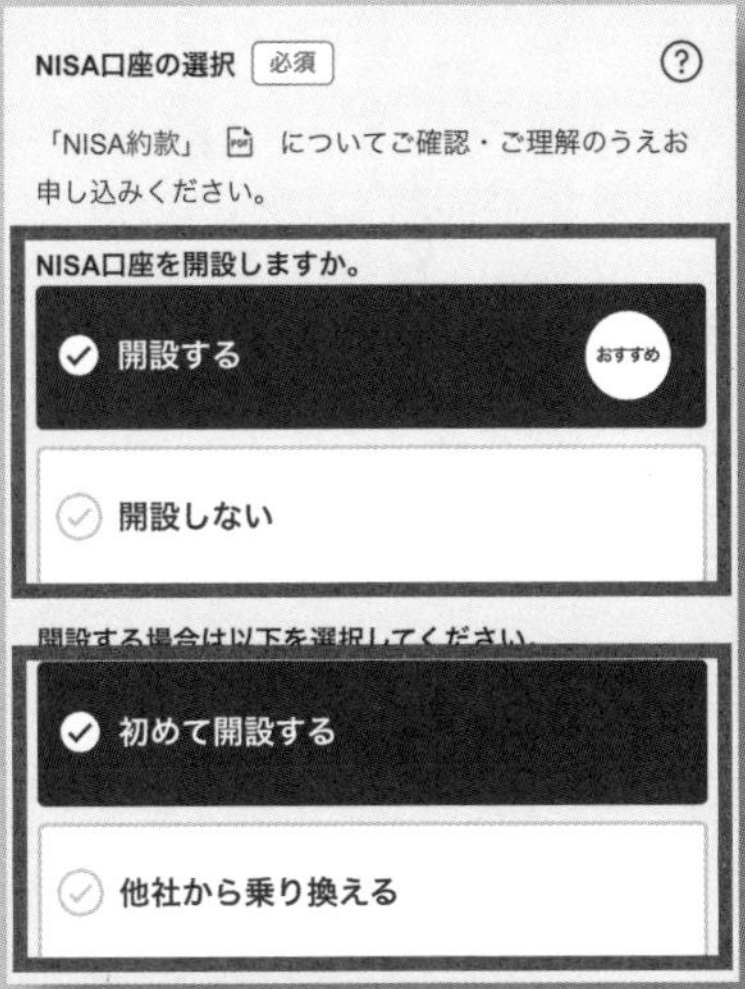
NISA口座の選択 必須

「NISA約款」 についてご確認・ご理解のうえお申し込みください。

NISA口座を開設しますか。

開設する おすすめ

開設しない

開設する場合は以下を選択してください。

初めて開設する

他社から乗り換える

NISA区分を選択してください。

つみたてNISA

一般NISA

STEP 7 楽天銀行やiDeCo口座の開設を選択

楽天銀行やiDeCoの口座開設もここから申し込めます（別途、申込書類の入力や提出が必要）。最後にSTEP9で規約等に同意したら、証券総合口座とつみたてNISA口座の申し込みは完了。翌営業日以降にログインIDなどの情報が届きます。

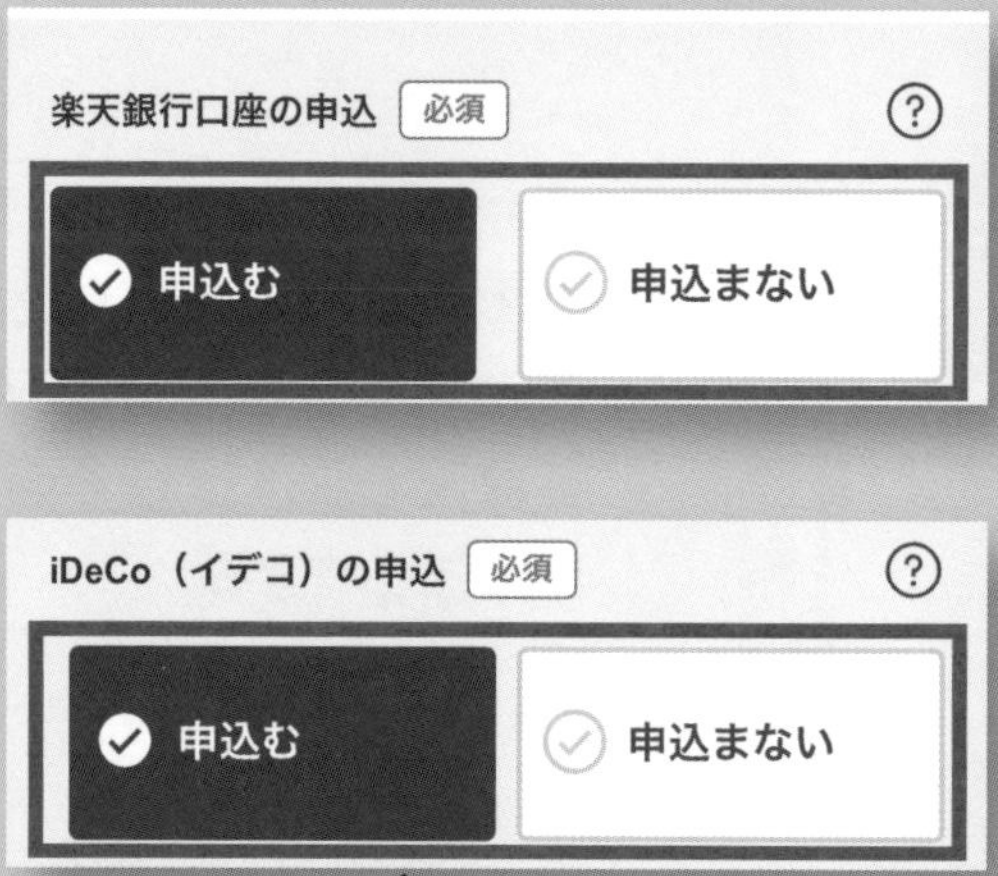

楽天銀行、iDeCoの口座開設も同時に申し込み可能。必要に応じて選択しよう。

ネット証券とネット銀行を連携すると便利

同じ系列の証券会社・ネット銀行をセットで使うと、下記のようなメリットがあります。

・連携することで金利が優遇される
・独自ポイントが付与される
・「スイープサービス」でお金を移動させる手間や振込手数料を節約できる

ネット証券	ネット銀行	連携サービス名
楽天証券	楽天銀行	マネーブリッジ
SBI証券	住信SBIネット銀行	SBIハイブリッド預金
auカブコム証券	auじぶん銀行	auマネーコネクト

STEP 8 ログインパスワードの設定

ログインパスワードの設定

楽天証券にログインする際のパスワードを設定してください。

※パスワードは今後表示されませんので忘れないように保管してください。誕生日や電話番号、AAAAや1234等の他人から推測されやすい文字列を含むパスワードは設定できません。

楽天証券ログインパスワード

楽天証券ログインパスワード（再入力）

半角英数記号8文字以上16文字以下、文字種2種以上使用する。

楽天証券サイトにログインする時のパスワードを設定。忘れないよう覚えておくこと。

STEP 9 規約等に同意して申込完了

重要書類への同意

電子交付などに関するご説明・総合証券取引約款・個人情報保護方針・反社会的勢力ではないことの表明・確約・楽天グループへの情報提供に関する同意書

電子交付等に関するご説明

電子交付等とは、当社からお客様へ交付または徴求することが法令等により義務づけられている様々な書類のうち、下記（書面の種類）に記載の書面を紙媒体に代えて電磁的方法により交付または徴求するものです。

（ＰＣ環境）
電子交付等は、パソコンもしくはスマートフォンのインターネット環境が整っていることが必要です。（フィーチャーフォン端末からのご利用はできません。）

（書面の種類）
電子交付等の書面種類は、金融商品取引法、投資信託および投資法人に関する法律等において規定されている電子交付または電子徴求が認められている以下のものとします。
①取引報告書　②取引残高報告書・年間支払通知書　③特定口座年間取引報告書
④契約締結前交付書面　⑤目論見書　⑥投資信託の補完説明書
⑦債券の補完説明書　⑧外国証券内容説明書　⑨外国証券情報
⑩運用報告書　⑪口座設定約諾書　⑫確認書・同意書
⑬投資信託のトータルリターン通知書
※①・②は「再担保同意明細書」と兼ねています。
※⑥・⑦は「目論見書補完書面」です。

（電子交付等の方法）
上記書面の電子交付または電子徴求を当社は、ログイン後のホームページにおいて、それぞれ

規約等に同意して
申込を完了する

証券口座のログインパスワード設定後、規定等に同意すると申込完了。楽天証券からIDなどの連絡がくるのを待とう。

GOAL

Q10 積立するお金はどうやって払えばいい？

つみたてNISA編
2−⑤

Answer 口座引き落とし、カード、電子マネーなどで支払います。

支払方法の選択肢は複数　自分に合った方法でＯＫ

積立金の支払い方法は口座開設する会社によって選択肢が変わります。

まず、銀行で口座開設する場合は、その銀行の普通預金口座から自動引き落としにする設定ができるので、それがもっとも簡単です。証券口座でも指定銀行からの引き落とし設定が可能。給与振込口座などを指定しておけば、入金の手間もかかりません。

また、インターネットバンキングなどを利用して指定銀行から証券口座に入金し、そこから支払う方法もあります。

提携しているネット銀行と証券口座を連携させる方法もあります。銀行から証券口座に自動で資金移動ができて便利です。

各社指定のクレジットカードや電子マネーを使って支払いができる証券会社もあります。一番のメリットは、積立時にポイントが貯まること。例えば、楽天証券なら両方の決済手段に対応しているので、「楽天カード」・「楽天キャッシュ」を利用している人は使ってみるといいかもしれません。カードや電子マネー決済の設定可能上限額（月5万円）を超える分は、別の支払方法を設定する必要があります。

このように、支払い方法はさまざまですが、つみたてＮＩＳＡでの積立は長く継続する前提ですから、**支払方法もできるだけ自動化できる方法を選択するのがおすすめ**です。

なお、クレジットカード払いを選ぶとボーナス時に積立額を増額する「ボーナス設定」ができないなど、**支払方法が積立サイクルに関係する**ことも。口座開設後の積立設定時にサイト上で確認しましょう。

●積立金の引き落とし方法の選択肢

①指定銀行口座から引き落とし

②証券口座に入金してそこから支払い

③提携ネット銀行から証券口座に自動反映

④登録したクレジットカードから引き落とし

⑤電子マネーにチャージしてそこから支払い

※左記は一例。
金融機関によって
選択肢は変わる

●引落方法設定画面【楽天証券の場合】

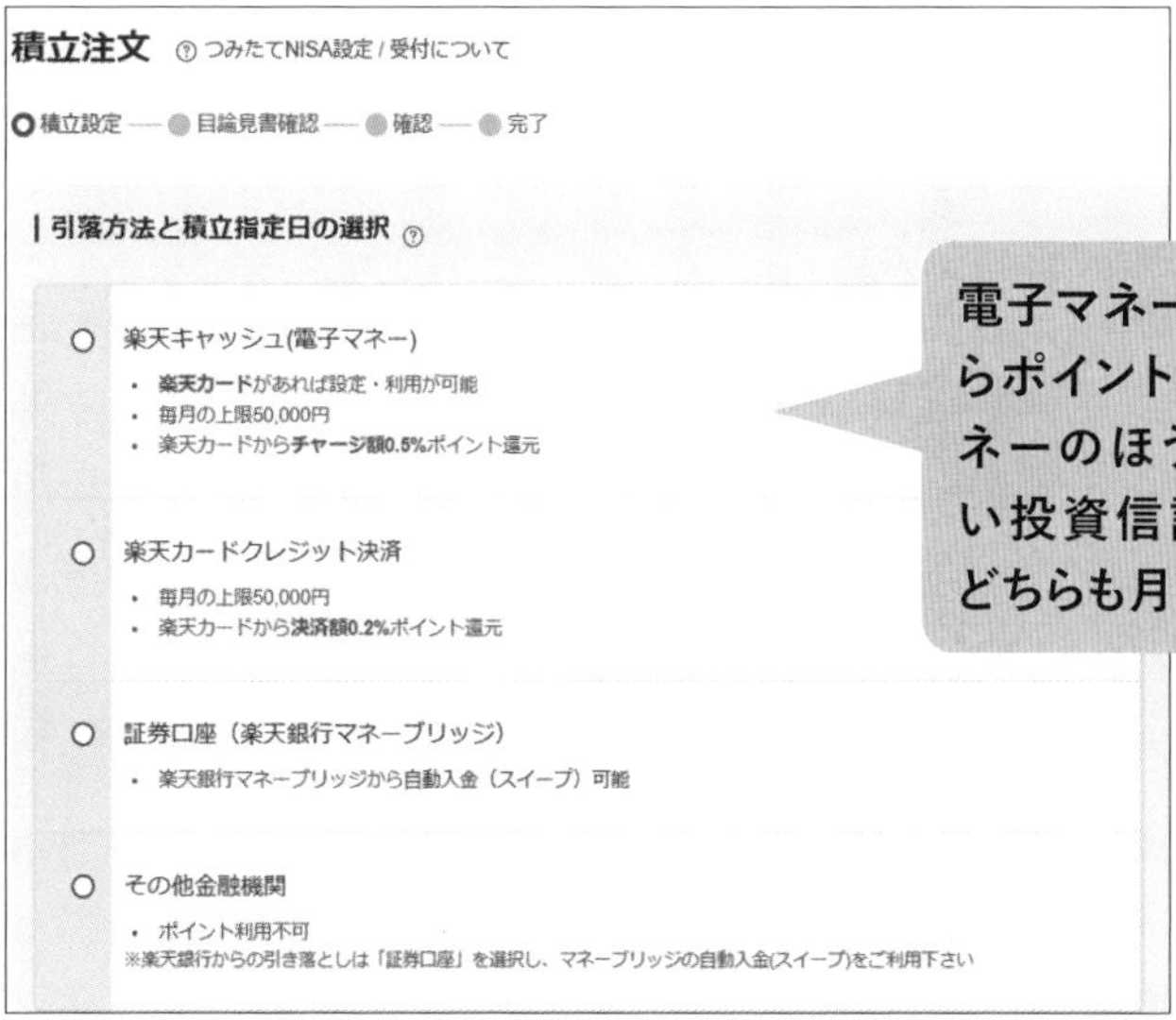

積立注文 ⑦ つみたてNISA設定 / 受付について

○積立設定 ― 目論見書確認 ― 確認 ― 完了

| 引落方法と積立指定日の選択 ⑦

○ 楽天キャッシュ(電子マネー)
- **楽天カード**があれば設定・利用が可能
- 毎月の上限50,000円
- 楽天カードから**チャージ額0.5%**ポイント還元

○ 楽天カードクレジット決済
- 毎月の上限50,000円
- 楽天カードから**決済額0.2%**ポイント還元

○ 証券口座（楽天銀行マネーブリッジ）
- 楽天銀行マネーブリッジから自動入金（スイープ）可能

○ その他金融機関
- ポイント利用不可

※楽天銀行からの引き落としは「証券口座」を選択し、マネーブリッジの自動入金(スイープ)をご利用下さい

電子マネーかクレカ払いならポイントが付き、電子マネーのほうが還元率が高い投資信託も。※上限はどちらも月5万円まで

※上記は代行手数料0.4%未満の投資信託の例

ポイント

- ✓ クレカや電子マネーで支払えばポイントがつく
- ✓ 支払方法は積立サイクルにも関係してくる

Q11 積立サイクルはどのように設定すればいい？

つみたてNISA編
2-⑥

Answer 毎月定額が基本ですが、ほかの設定が可能なことも多いです。

毎月定額の積立なら ドル・コスト平均法が効く

つみたてＮＩＳＡの積立頻度は自分で選ぶことができますが、「毎月同額」の積立が基本です。

毎月定額の積立でドル・コスト平均法を活かすことで、一気に購入して高値で買ってしまう、「高値づかみ」のリスクを避けることができたり、平均購入単価を低く抑えることができるからです（Ｐ44参照）。

毎月定額以外に「毎週」、「毎日」を選択することができたり、ボーナス月に増額できたりする場合もありますが、**金融機関によって自由度が多少違います。事前に確認しておくとよい**でしょう。

つみたてＮＩＳＡの非課税投資枠の上限は、現行制度では年40万円。左ページの図のＡさんのように月1万円ずつから、あるいはもっと少ない金額から始めて、あとで増額することもできますので、無理のない範囲で設定しましょう。

Ｂさんの例は、年間で40万円以内なので、それを12カ月で割った3万3333円を毎月積み立てる方法です。計39万9996円となり4円が余ってしまいますが、もっともベーシックな設定方法です。

Ｃさんの例は、ボーナス設定を利用して年40万円の非課税投資枠をすべて使い切る方法です。1円もムダにしたくないなら、こういう設定をしてもよいでしょう。

2024年1月以降は非課税枠が年120万円に拡大します。すると、Ｄさんのように**定額積立なら月10万円まで設定できるように**。上限が上がったことで選択肢が一段と広がりますが、無理に月10万円を使い切る必要はありません。できる範囲で設定しましょう。

●つみたてNISAは定額積立が基本

Aさん 少な目の積立額からスタート

> **年12万円積立**
> 非課税枠を必ず使い切るルールはない。できる範囲でOK

1月	2月	3月	4月	5月	6月	7月	8月	9月	10月	11月	12月
1万円	1万円	1万円	1万円	1万円	1万円	1万円	1万円	1万円	1万円	1万円	1万円

Bさん 毎月同じ金額を積立

> **年39万9996円積立**
> 現行制度の上限の年40万円を12カ月で割って等分に積立。王道中の王道

1月	2月	3月	4月	5月	6月	7月	8月	9月	10月	11月	12月
3万3333円	3万3333円	3万3333円	3万3333円	3万3333円	3万3333円	3万3333円	3万3333円	3万3333円	3万3333円	3万3333円	3万3333円

Cさん ボーナス設定で積立
（毎月積立を減らしボーナス時上乗せ）

> **年40万円積立**
> 非課税枠を1円もムダにしたくないならボーナスで調整しても

	1月	2月	3月	4月	5月	6月	7月	8月	9月	10月	11月	12月
上乗せ						2万円						2万円
毎月	3万円	3万円	3万円	3万円	3万円	3万円	3万円	3万円	3万円	3万円	3万円	3万円

2024年1月以降、非課税枠が拡大された後

Dさん 毎月同じ金額を積立

> **年120万円積立**
> 年120万円まで非課税枠が拡大するので、余裕資金が多ければ最大限活用

1月	2月	3月	4月	5月	6月	7月	8月	9月	10月	11月	12月
10万円	10万円	10万円	10万円	10万円	10万円	10万円	10万円	10万円	10万円	10万円	10万円

ポイント

- ✓ 上限の範囲で毎月定額積立にするのが基本
- ✓ ボーナス設定などで積立額の調節をしてもよい

Q12 投資信託選びで失敗しないためにはどうしたらいい？

つみたてNISA編
2-⑦

Answer 安全な商品に絞られていますが投資信託の特徴を理解しましょう。

一定基準を満たした投資信託から選択できる

つみたてＮＩＳＡの投資信託ラインナップは、金融庁の設定した条件をクリアした長期の積立投資に適したもののみ。そのため投資初心者にも安心です。

とはいえ、どの商品を選んでも同じということではありません。高いリターンを狙えばリスクが高くなり、リスクを抑えたいならリターンもそれなりになります。金融機関によって選べる商品も変わるので、リサーチはしっかり行いましょう。

インデックス型の投資信託はベンチマークと同じ値動きを目指す設定で、安定した運用ができるものの、資産増加も緩やかです。ただし、信託報酬が低く、**長期投資ではアクティブ型以上の成果を出す**ともいわれています。

アクティブ型はベンチマークを上回る成績を目指すタイプ。より高い利益を目指すなら選択肢に入りますが、信託報酬がインデックス型より高いので、その**コストに見合ったパフォーマンスを期待できるか、見極める目が必要**です。

バランス型は、国内外の株式や債券などを組み合わせて投資するタイプの商品です。つみたてＮＩＳＡでは債券１００％の投資信託はないので、**債券を組み込みたいならばバランス型が選択肢**になります。

信託報酬の低さ、投資先の分散などを考慮すると、インデックス型の全世界株式タイプやバランス型の商品が王道です。投資信託は１本だけにしても複数組み合わせてもよく、配分のバリエーションは数え切れないほどあります。投資信託の特徴（Ｐ38）や資産の配分（Ｐ１３２）の考え方などを知ったうえで、納得のいく積立設定をしましょう。

●つみたてNISA対象の投資信託

合計218本

※2023年1月時点。
最新情報は金融庁の「つみたてNISAの対象商品」のページで確認できる

ベンチマークに連動した
成果を目指す
インデックス型
97本
信託報酬
国内資産　0.5％以下
海外資産 0.75％以下

ベンチマークを超える
成果を目指す
アクティブ型
24本
信託報酬
国内資産　1.0％以下
海外資産　1.5％以下

複数の資産や地域に
1本で投資できる
バランス型
90本
信託報酬
国内資産　0.5％以下
海外資産 0.75％以下

自由度の高い売買ができる
上場投資信託
ETF
7本
信託報酬
0.25％以下

購入時・売却時手数料
0円

その他
信託契約期間が無期限または20年以上／分配頻度が毎月ではない

〈 信託報酬が一定以下で購入時・売却時の手数料も無料！
金融機関によってこの中で選べる商品ラインナップは変わる 〉

ポイント

- ✓ 信託報酬が高いものはあらかじめ除外されている
- ✓ 1本に絞っても、複数を組み合わせてもよい

つみたてNISAの商品選び&配分指定の流れ（楽天証券／パソコンの例）

つみたてNISA編

積立設定の方法

STEP 1 つみたてNISAのTOPページを開く

START

TOPページの左上にある「ファンドを探す」をクリックする

STEP 2 お目当ての投資信託を探す

便利なツールを活用して投資信託を選ぼう。「自分で一から選ぶ」を使うと、買付ランキングなど多くの項目で並び替えができて便利。

STEP 3 引き落とし方法と積立指定日を設定

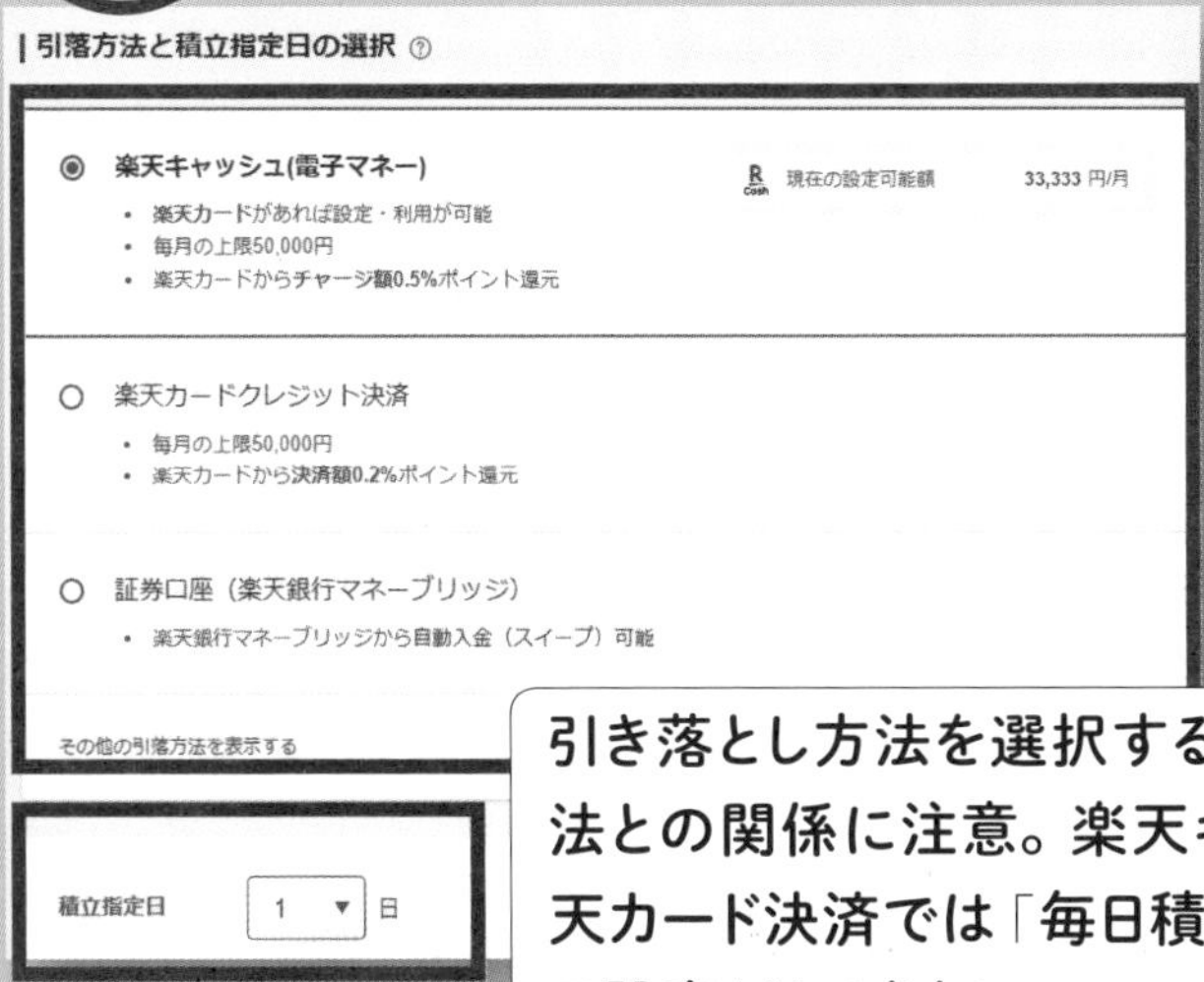

引き落とし方法を選択する際は、積立方法との関係に注意。楽天キャッシュや楽天カード決済では「毎日積立」や「ボーナス設定」はできない。

STEP 4 積立金額を入力・商品の配分指定

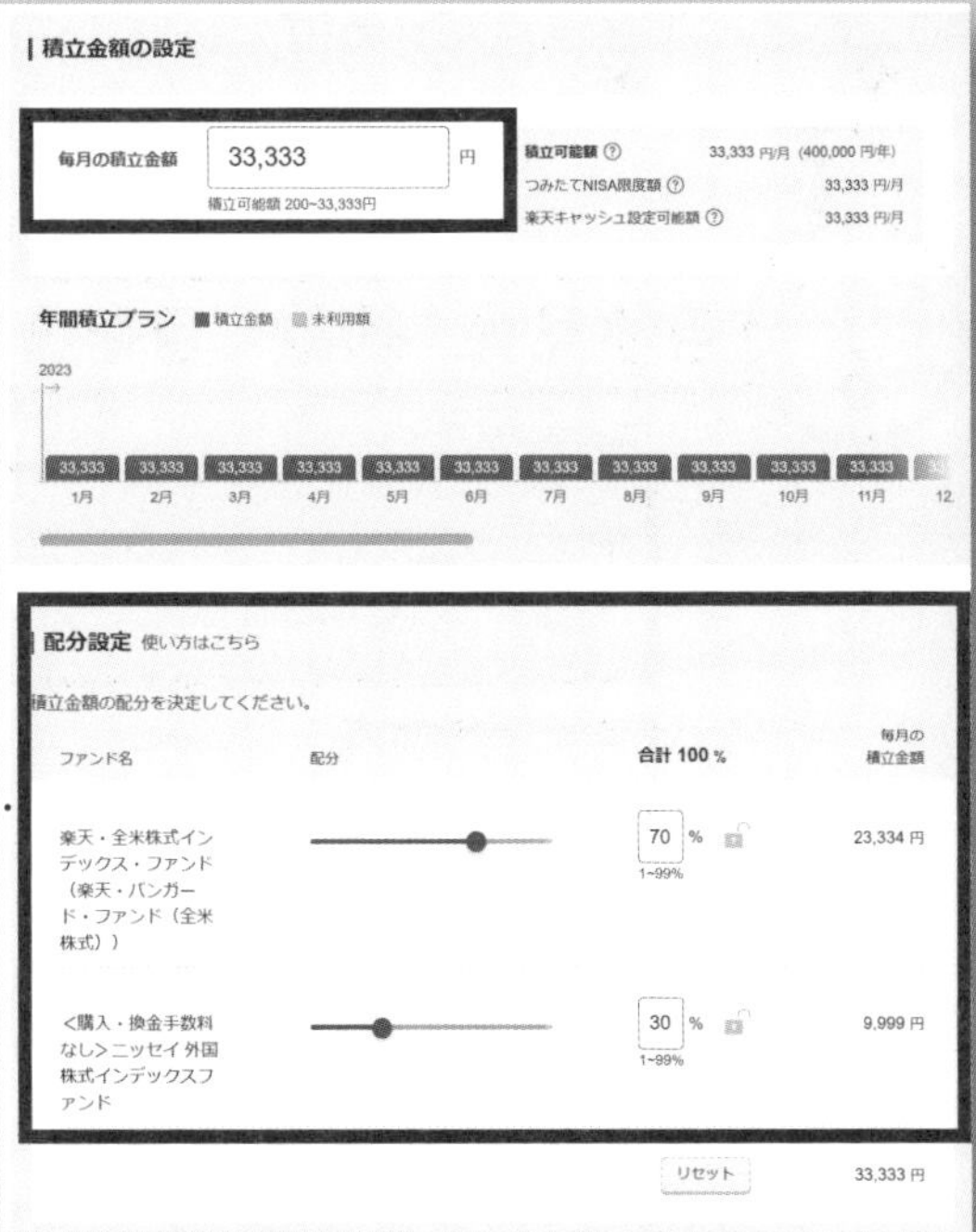

毎月の積立額を入れたら配分を青いバーで調節しよう。年の途中から積立を始める場合は、増額設定の画面が出るので、余裕資金があれば増額することもできる。

STEP 5 分配金コース・ポイント利用の設定

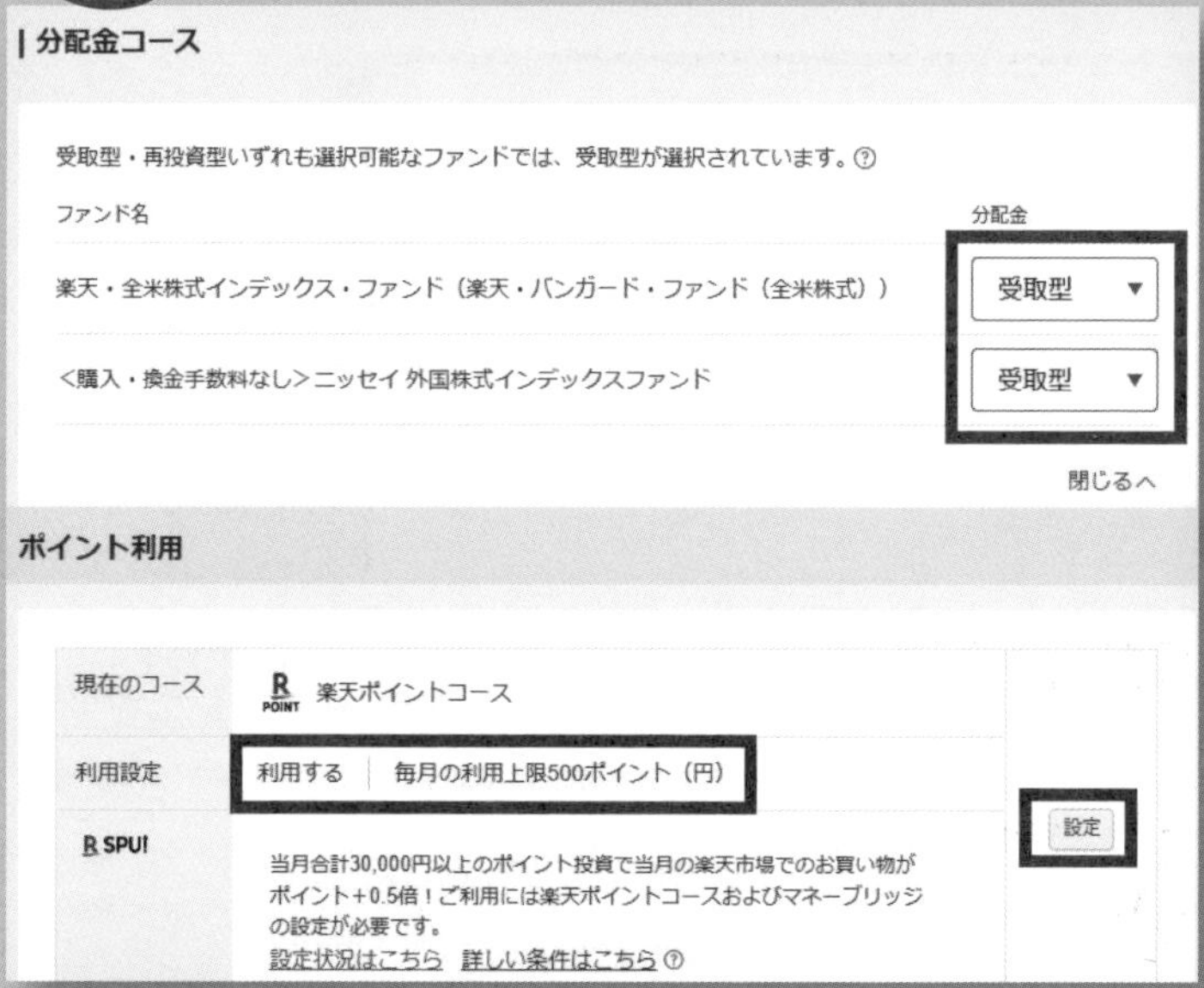

分配金は基本的にデフォルトの「受取型」でOK。ポイント利用は3万円以上投資・1ポイント以上利用を満たすとSPUの対象になるので、設定するのがおすすめ。

STEP 6 目論見書・約款に目を通す

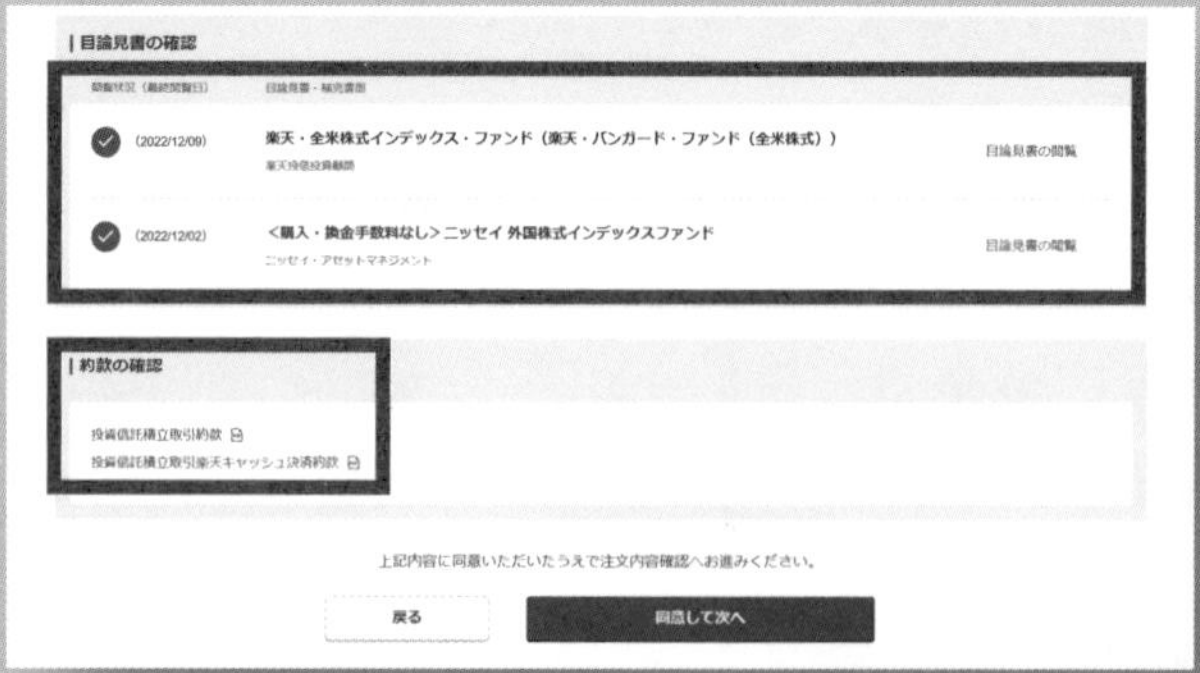

選んだ投資信託の目論見書を確認し、約款にも目を通して同意する。

STEP 7 注文内容の確認・注文完了

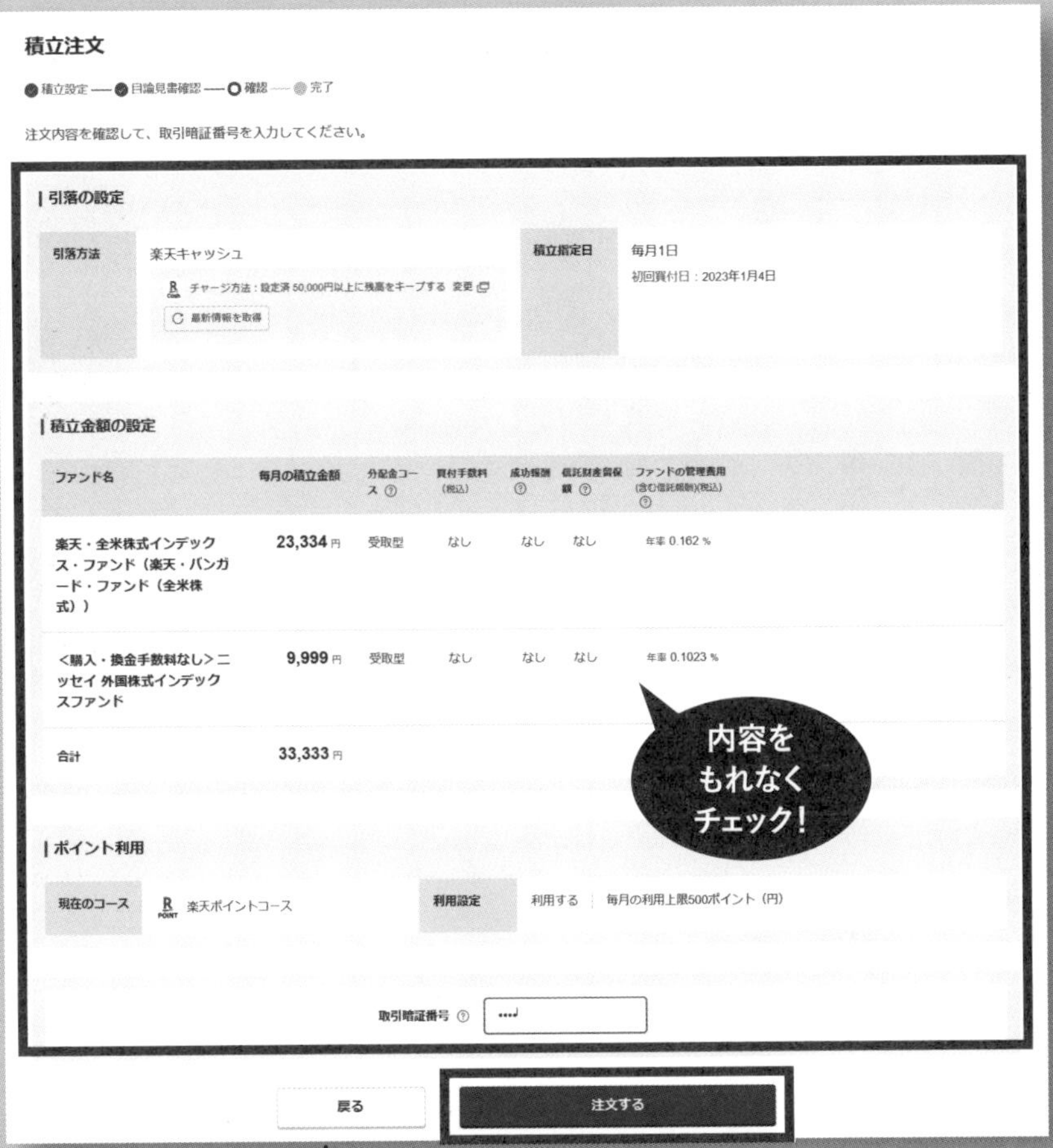

最後にすべての内容を確認し、問題なければ取引暗証番号を入力。「注文する」をクリックすれば積立設定が完了!

GOAL

Q13 積み立てる投資信託の変更はできるの？

つみたてNISA編
2-⑧

Answer ネット上でいつでもできますが、注意点もあります。

配分変更や投資信託の入れ替えで注意すべきこと

投資信託の積立設定をしたあとに、「配分や商品を変えたい」と思うこともあるかもしれません。積立の割合や投資信託を変えたい場合は、管理画面から簡単に変更できます。

セレクトしている投資信託の積立をストップしたい場合、「積立解除」か「売却」が選択肢になります。積立解除の操作をすれば積立は継続されなくなるので、その後、新たな投資信託を積立設定すればよいのですが、注意すべき点もあります。**それは、積立を短期で止めてしまうと長期投資の旨味である複利やドル・コスト平均法の恩恵が薄れてしまうこと**。そのため、お金を使う目的があるわけではなく単に入れ替えたいという場合は、その投資信託の積立額を少額にして積み立て続けるほうが得策。少額積立でも長期運用のメリットは享受できます。

現行制度では、それまで積み立てていた投資信託を売却して商品を買い替える「スイッチング」を行うと、新たな投資信託を積み立てる際にその分の非課税枠を消費してしまいます。制度改正後はそのデメリットは解消されるので、多くの人は非課税枠の消費を気にする必要はなくなりますが、**売って現金化すれば、それ以上資産が増える余地はゼロになります**。

値上がりしていれば売却してもよいですが、損失が出ている場合は積立額の減額か積立解除を選び、値上がりのチャンスを待ちたいところ。変更作業などはよく考えて行いましょう。

用語解説
スイッチング▼保有している投資信託を売却して、そのお金でほかの投資信託を購入すること。

●つみたてNISAの変更パターン

①複数の投資信託の配分を変える

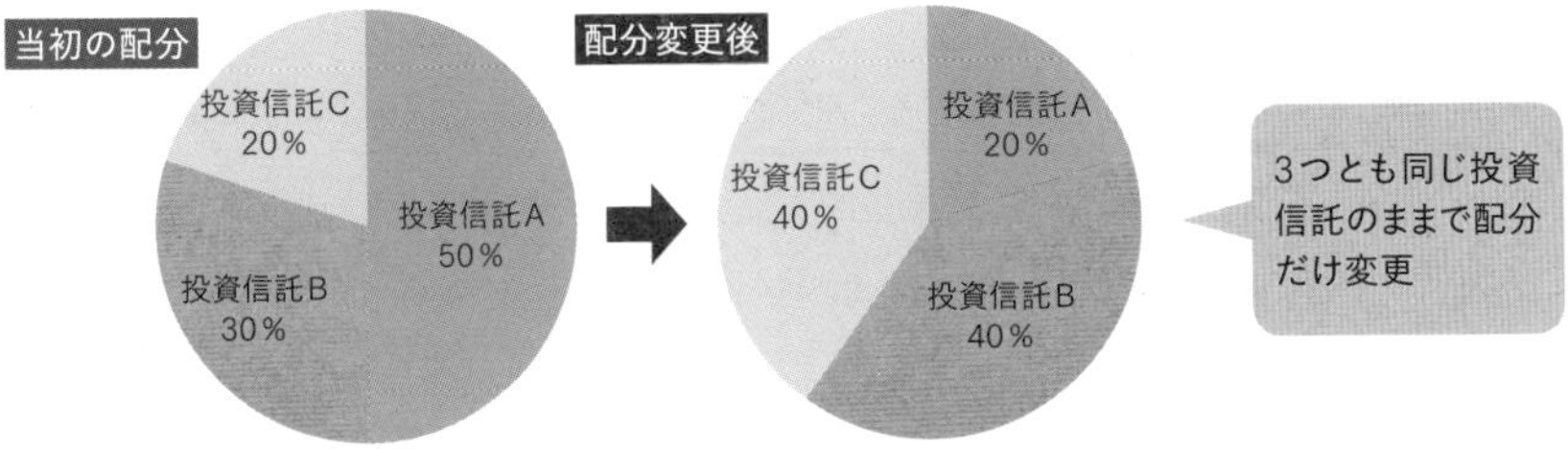

②商品を入れ替え（積立解除）

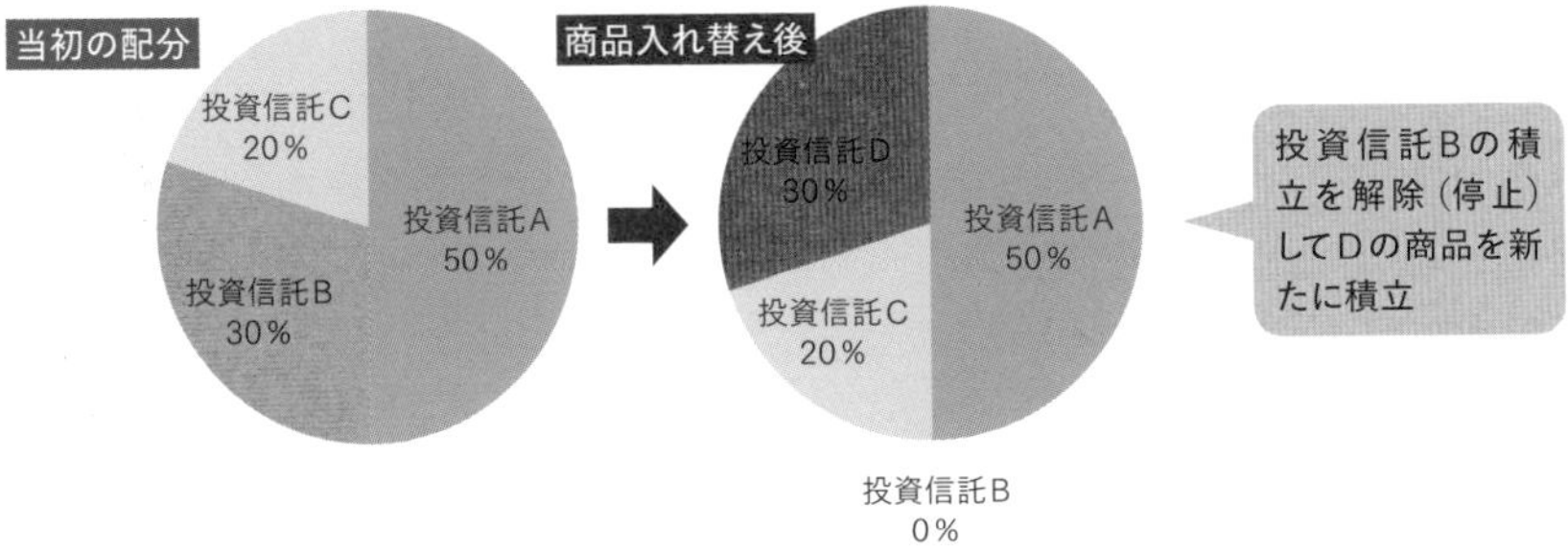

③商品を売却

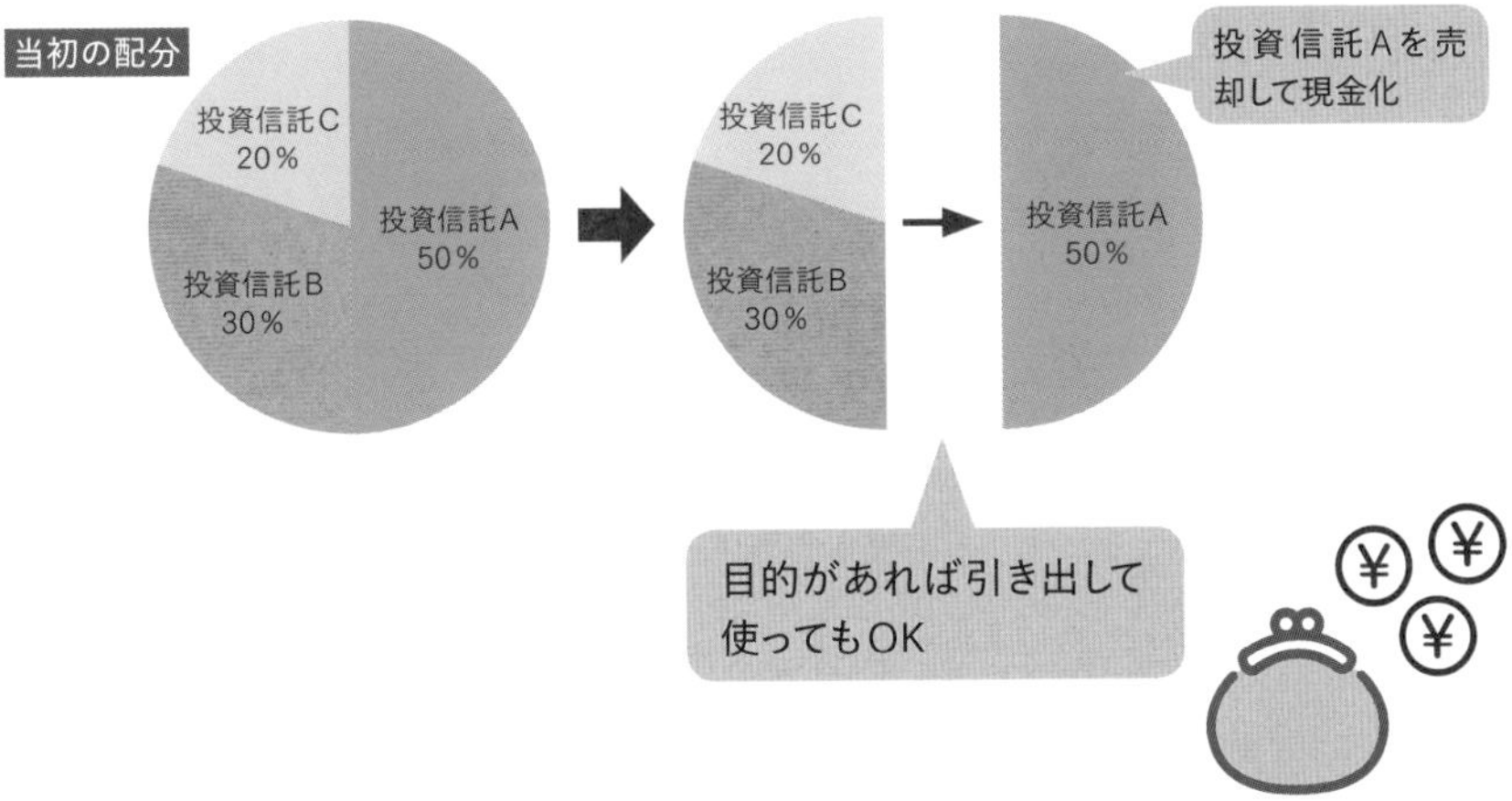

ポイント

- ✓ 配分変更や投資信託の入れ替えは簡単にできる
- ✓ 頻繁に変更すると積立投資のメリットが薄れる

Q14 年末調整や確定申告はどうしたらいい？

つみたてNISA編
2-⑨

Answer 基本的にどちらも必要ありませんが、例外を知っておきましょう。

つみたてNISAは納税面でも手間がかからない

課税口座で投資した場合、そこで得た利益には20・315%の税金が課せられ、原則、確定申告の対象になります。ただし、証券総合口座の開設時に「特定口座（源泉徴収あり）」を選んでいれば申告は不要。多くの人はこのタイプを選んでいます。

一方、つみたてNISAは、分配金や運用による利益に税金がかからない非課税制度です。そのため、**税金を納めたり、払い過ぎた税金を返してもらうために行う年末調整や確定申告は必要ありません。**お得なだけでなく、面倒な納税の手続きをしなくてよい点は、大きなメリットといえるでしょう。だからといって、課税口座で既に保有している投資信託をつみたてNISA口座に移すといったことはできません。つみたてNISAだけでなく課税口座でも投資信託や株などの取引をしていて、利益を得たという場合などは、当然ながら口座の種類によって申告が必要になります。

また、P52でも触れた通り、つみたてNISA口座は損益通算の対象外。つみたてNISA口座で損失が出たとしても、課税口座の利益と相殺して税金を減らす仕組みが使えないことは理解しておきましょう。

現行制度では、つみたてNISAの非課税期間20年が過ぎた時に損失が出ていて課税口座に移した場合、税金が発生するケースもあるという想定がありました。

しかし、2024年からの制度改正で非課税期間が無期限になり、課税口座に移す必要がなくなることから、運用益に対して課税される可能性はほとんどなくなったといえるでしょう。

●つみたてNISAは年末調整も確定申告も不要

	課税口座 ①特定口座 （源泉徴収あり） ②特定口座 （源泉徴収なし） ③一般口座	つみたてNISA口座	iDeCo口座
税金	・利益に対して20.315％の税金が課せられる	・運用益が非課税	・拠出した全額が所得控除 ・運用益が非課税 ・受取時に各種控除あり
年末調整	・非対応	・不要	・控除を受けるため年末調整または確定申告で申告する
確定申告	①：不要 ②・③：必要	・不要	

●損益通算のイメージ

課税口座だけで取引した場合 ➡ 損益通算できる

課税口座A **5万円の利益** ＋ 課税口座B **10万円の損失** ＝ **5万円の損失**

利益と損失を相殺することで利益分がなくなり、課税されなくなる

課税口座とNISA口座で取引した場合 ➡ 損益通算できない

課税口座A **5万円の利益** ＋ つみたてNISA **10万円の損失** ＝ **5万円の利益**

損益通算できないので、5万円の利益に対して課税される

ポイント

- ✔ つみたてNISAは年末調整も確定申告も不要
- ✔ 制度改正により引き出し時の課税はレアケースに

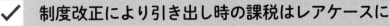

Q15 途中でお金を引き出したい時はどうしたらいい？

つみたてNISA編
2−⑩

Answer 指定の銀行口座に出金する手続きをすればOKです。

積立金の引き出しは自由でとってもカンタン！

つみたてＮＩＳＡは引き出しが自由で、どんなことにでも使えるのが大きな特徴です。積立投資は長期で行うほどメリットが高まるとはいえ、目標を達成したら必要な分だけ引き出して有効活用しましょう。

引き出し方は簡単です。証券会社や銀行のつみたてＮＩＳＡ口座にログインし、売却画面で売却したい口数か金額を入力し決定すると、指定の銀行口座に出金されます。金融機関の違い、銀行との連携の状況などで変わりますが、約定日・受渡日の翌日～1週間くらいで振り込まれます。

出金時に、手数料として基準価額の0・3％程度が「信託財産留保額」として投資信託の解約代金から差し引かれる場合がありますが、0円の投資信託も多いです。

2024年1月から非課税期間が無期限化されることになったため、生涯の非課税投資枠（つみたて投資枠＋成長投資枠で1800万円）が残っていれば積立はその後も続けることができます。左ページの下図のように、**目標を達成したらその都度お金を引き出しつつ、積立を継続していくとよい**でしょう。

お金が必要なタイミングで、積立期間が短かったり市場が下落するなどして一時的に損失が出てしまっている場合は、銀行預金で確保しているお金から取り崩すなどして、**つみたてNISAの方は値上がりを待ち、より有利な時に引き出す工夫をしたい**ところです。

積立をやめたい時は、積立設定の解除をする必要があります。また、口座自体が不要であれば、非課税口座廃止届出書を提出することで解約ができます。

●つみたてNISA引き出しの流れ

①つみたてNISA管理画面にログインし、売却注文の画面を開く

↓

②積立中の商品から売却したい商品を選択する

↓

③売却する口数（または金額）を入力。全額でも一部でも可能

↓

④売却決定すると、数日で指定口座に入金される

●目標に合わせて引き出しながら積立を続けよう

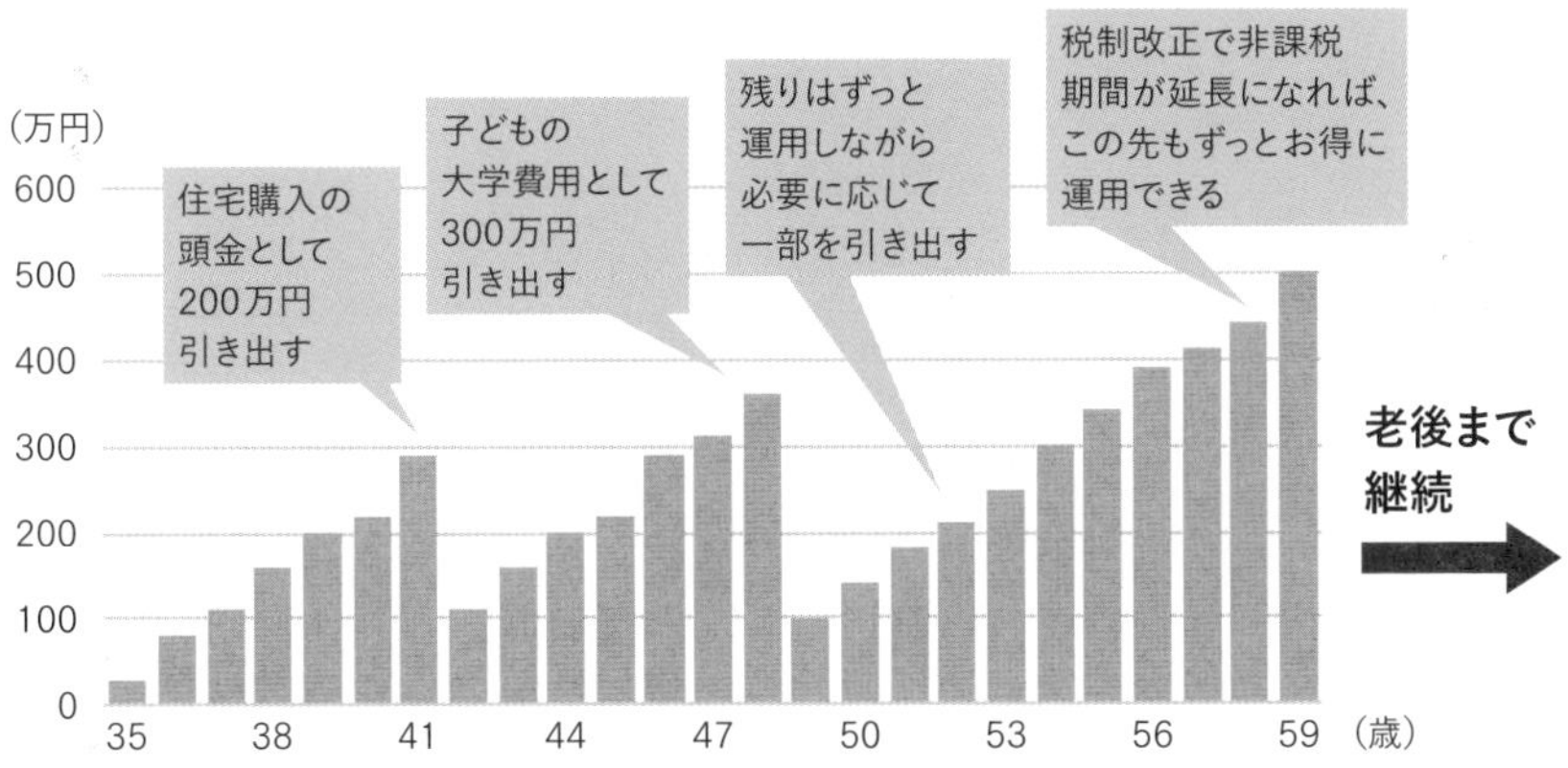
（万円）
600
500
400
300
200
100
0
35
38
41
44
47
50
53
56
59
（歳）
住宅購入の頭金として200万円引き出す
子どもの大学費用として300万円引き出す
残りはずっと運用しながら必要に応じて一部を引き出す
税制改正で非課税期間が延長になれば、この先もずっとお得に運用できる
老後まで継続

ポイント

- ✓ つみたてNISAの資金はいつでも簡単に引き出せる
- ✓ 必要な時に引き出しつつ積立を継続すると◎

Column3

新制度の「成長投資枠」の使い方

余裕資金が多い場合は活用していこう

つみたてNISAの非課税投資枠を
上限まで使ってもお金に余裕がある
場合、どうしたらいいですか？

非課税になる金額って、
2023年までは年40万円で、
2024年からは年120万円だよね。
…エッ!? そんなにお金あるの？

月10万円って考えると、そういう人もいる
かなって。貯金がたくさんある人とか…。

まずはiDeCoに振り分けるお金を増やすことを
考えて。それでも余裕資金があったら、
2024年から成長投資枠も使いましょう。
年240万円まで非課税になりますよ。

せっかくなら株式投資を
やるべきでしょうか？

基本的には、つみたて枠と同じく
投資信託がおすすめです。高配当株を
買いたいといった場合は、しっかり知識を
身につけておくことが必要ですよ。

わかりました！

なんだか夢があるね。配当金生活か～。

1つの口座で投資信託だけでなく
株式投資もできるようになるのは便利ですね。
株式投資には個別の企業を
直接応援できるというメリットもあります。
でも、しつこいようですが勉強してから
チャレンジしましょう。

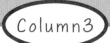

第3章

iDeCo編

老後資金をつくるために
欠かせないiDeCo。
どこがお得なのか、どう使えばいいのか
これを読めば全部わかります。

Q16 老後の生活費はどれぐらい用意すれば足りるの？

iDeCo編
3-①

Answer 一概にはいえませんが、余裕のある資金計画を立てる必要があります。

国や会社任せではなく「自分での準備」が必須

左ページの上図は、2019年の高齢夫婦の収支データです。税金や健康保険料などの「非消費支出」と食費、住居費などの「消費支出」を足した支出は月27万9929円。一方、公的年金とほかの収入を足した支出は月23万7659円です。

全体で見ると、月3万円以上、年間で40万円近く不足することになります。**定年後の65歳から30年間生きるとすると、生活費が1200万円近く足りなくなる**計算です。

もちろん支出はそれだけでは済みません。老後は長く暮らした家のメンテナンスが必要になったり、その先では、介護施設に入居するのに入居一時金が必要なこともあるでしょう。生活費の不足以外にも、想像しているよりも支出が増えがちなので、「これぐらいで生活できる」と想定する金額よりも余裕を持った資金計画が必要です。

老後資金は3階層に分けられ、このうち柱となる公的年金はすべての人が対象です。ただし、会社員は老齢基礎年金＋老齢厚生年金を受け取れますが、自営業者は老齢基礎年金のみと、働き方によって手厚さが変わります。

退職給付がある会社に勤めていた人は、中段の「企業保障」の対象になりますが、退職金は目減りする傾向にあり、制度自体がない会社も増えています。**この公的年金と企業保障では足りない人が多いため、最上段の「自助努力」が必要になってくる**のです。

P28で解説したように、銀行預金ではお金が増えないため、iDeCoという私的年金制度を活用しながら、自分自身で老後資金を準備することが大切です。

●データから老後に不足する金額を考える

◎夫65歳以上、妻60歳以上の夫婦の1カ月間の 生活費

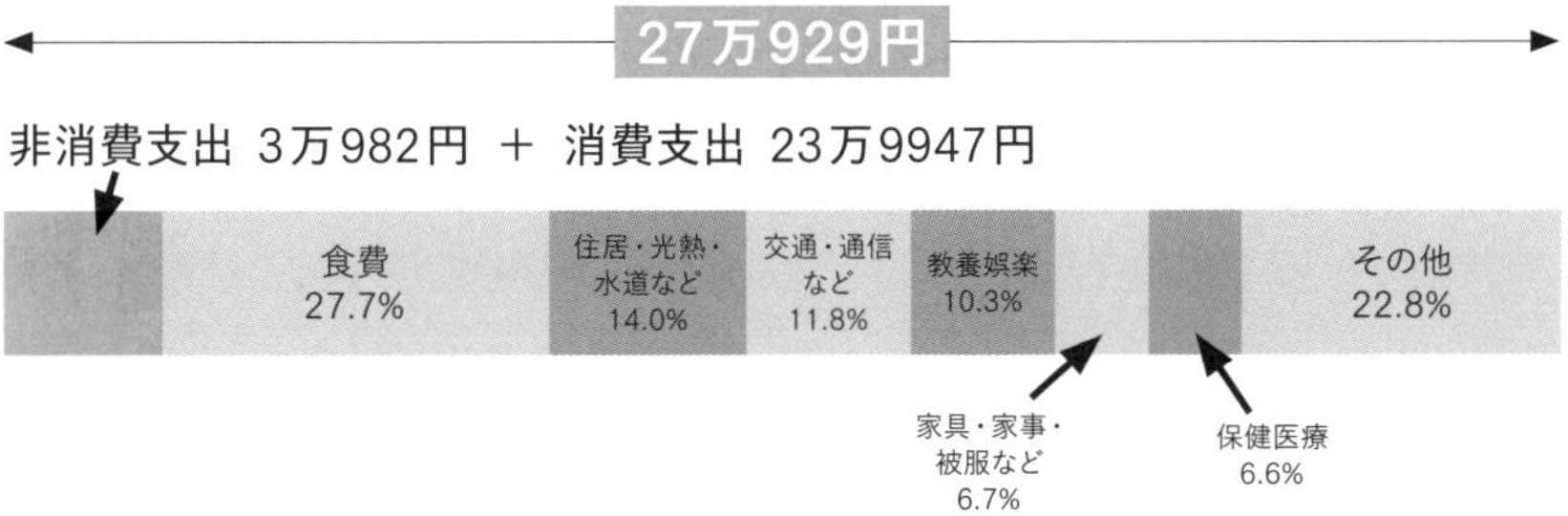

◎夫65歳以上、妻60歳以上の夫婦の1か月間の 収入

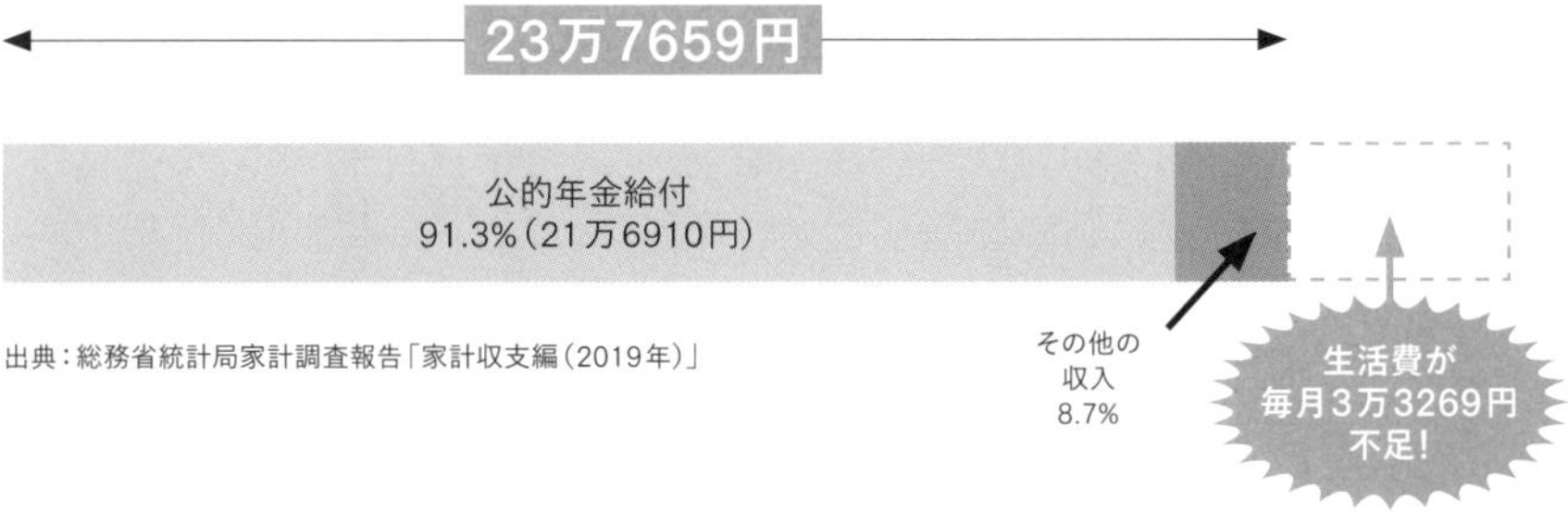

出典：総務省統計局家計調査報告「家計収支編（2019年）」

●老後資金は「国」「会社」「自分」の三階層

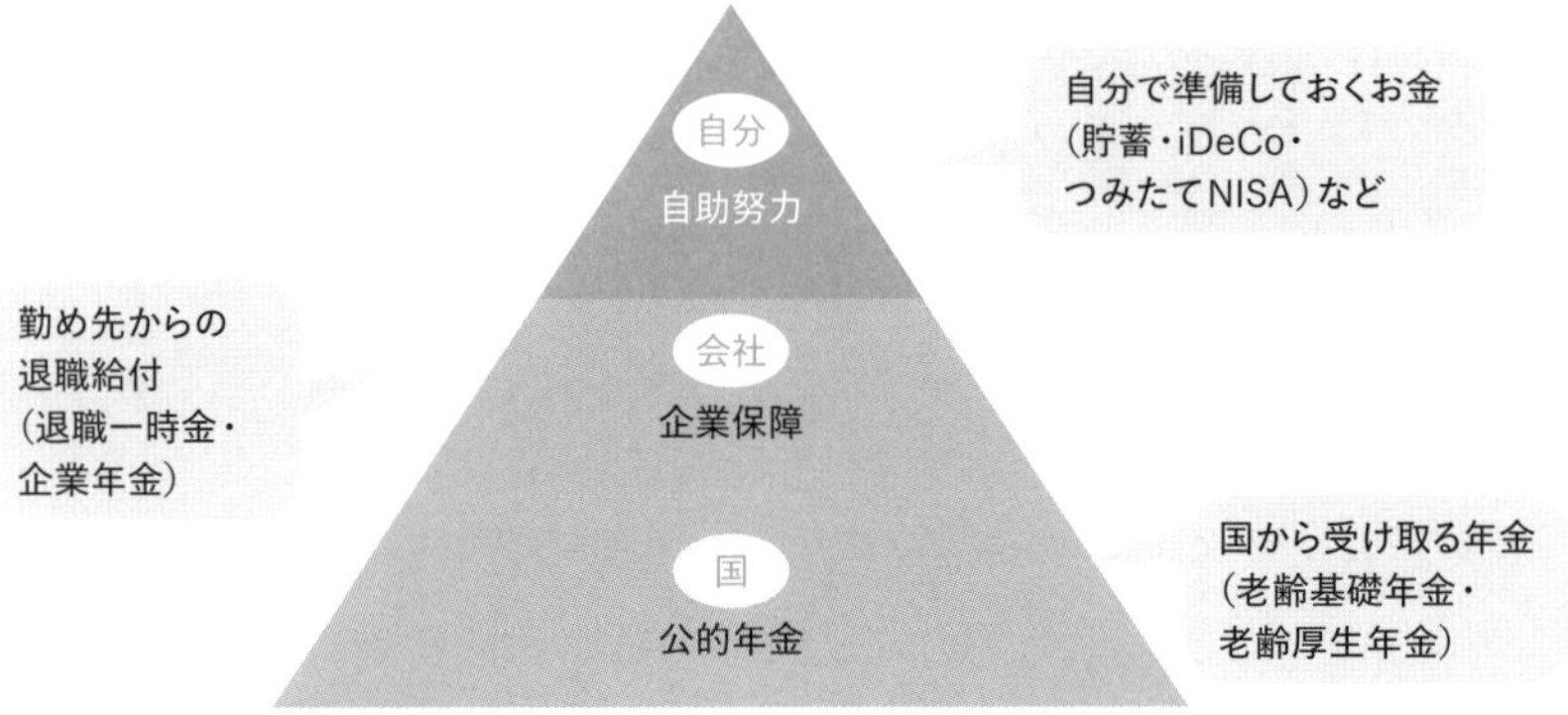

ポイント

- ✓ **公的年金だけでは足りないことが多い**
- ✓ **老後資金は自助努力（自分で準備）して備える**

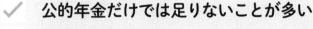

Q17 iDeCoとは具体的にどんな制度なの？

iDeCo編
3-②

Answer 税制優遇を受けながらお得に老後資金をつくれる国の制度です。

さまざまな機関が関わって運営される税制優遇制度

ｉＤｅＣｏは公的年金などでは足りない**老後資金を自分で用意するため、国が用意した「じぶん年金」の制度**です。毎月など、定期的にお金を拠出（積立）・運用することで、運用結果に応じた給付金を老後に受け取れます。

公的年金や企業年金とは違って、ｉＤｅＣｏでお金を拠出する場合には、積み立てる掛金をいくらにするかを、月5000円から上限の範囲内で自分自身で決めることができます。どの商品で運用するかを決めるのも自分です。定期預金、保険、投資信託の3つの選択肢があるので、それぞれの特徴を理解して選ぶ必要があります。

運用したお金を受け取るのは、原則60歳以降になってから。老後資金の制度のため、自由に引き出したりむやみに使うことができない仕組みになっています。

そして、**この制度の目玉が「拠出」、「運用」、「受け取り」の全工程で手厚い税制優遇が受けられること。**これについてはP88～93で詳しく解説します。

ｉＤｅＣｏに申し込む時の窓口は証券会社や銀行などの「金融機関」ですが、加入する資格があるかについての確認は「国民年金基金連合会」が行います。さらに、資産残高の記録・管理などを行う「記録関連運営管理機関」もあり、やや複雑です。

ｉＤｅＣｏには主に3つの機関が関わっていて、それぞれ役割が違うこと、加入時にはそれぞれから通知等がくるということをざっくりと覚えておきましょう。

用語解説

拠出▼加入者が運営者に対して掛金を払い込むこと。掛金は、定期的に支払ったり積み立てたりするお金のこと。

●iDeCo（個人型確定拠出年金）の仕組み

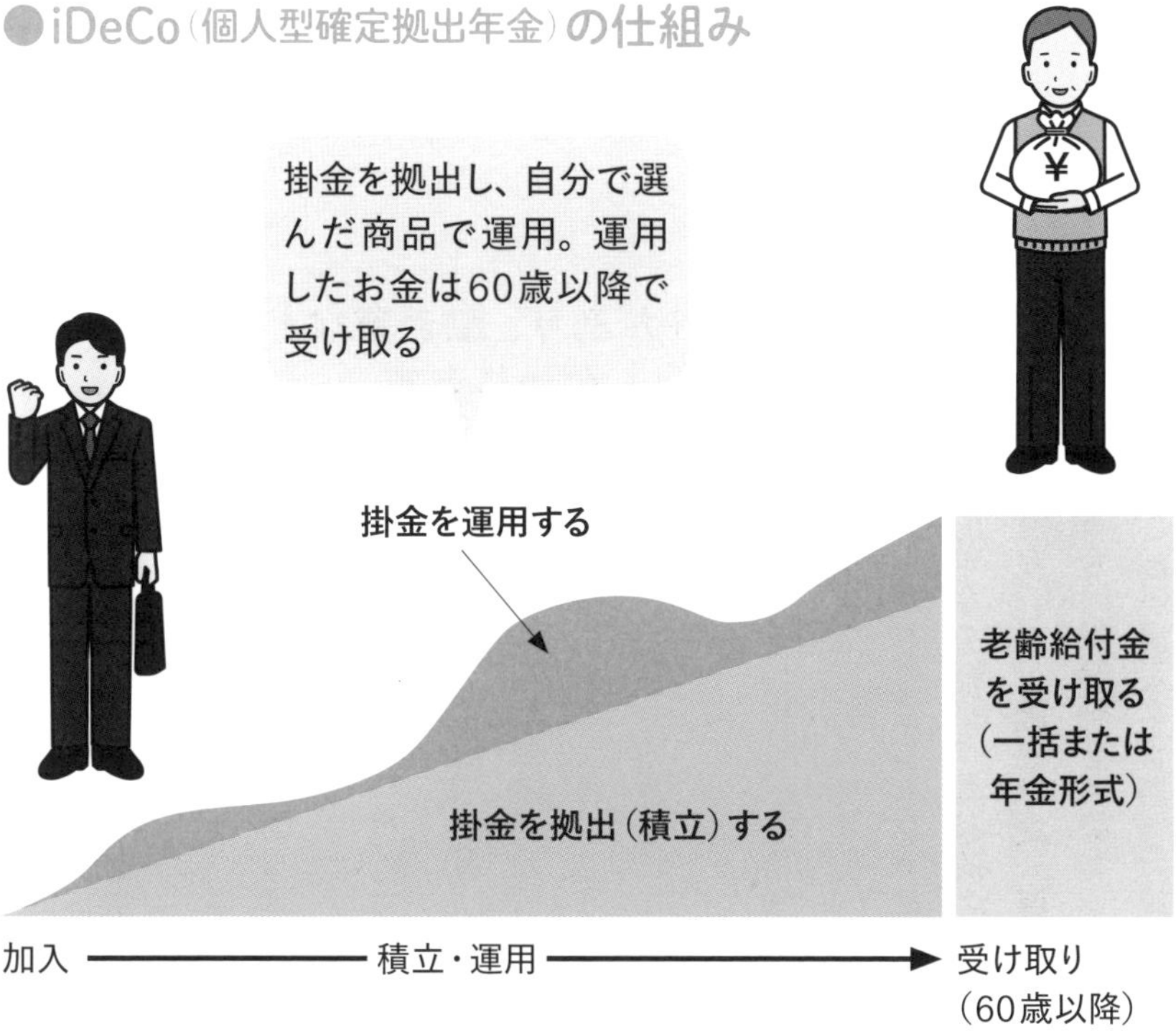

●iDeCoに関わる機関

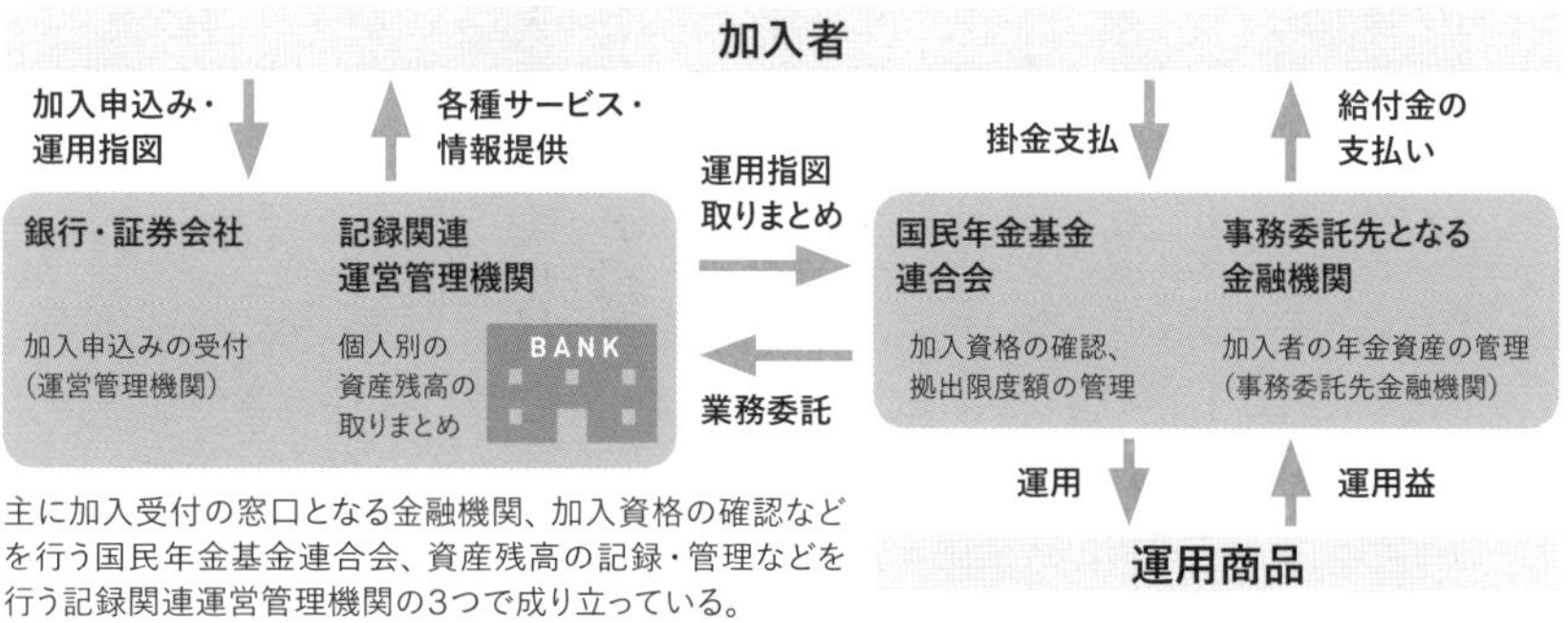

主に加入受付の窓口となる金融機関、加入資格の確認などを行う国民年金基金連合会、資産残高の記録・管理などを行う記録関連運営管理機関の3つで成り立っている。

ポイント

- ✓ 公的年金を補うためのお得な税制優遇制度
- ✓ 主に3つの機関が窓口、審査、運営などの役割を担う

iDeCo編
3-③

Q18 iDeCoに加入できるのはどんな人？条件はある？

Answer いくつか条件があり、働き方などで掛金の上限額も変わります。

公的年金を補完する制度ならではの条件あり

ｉＤｅＣｏが注目されたのは、制度改正で対象者を一気に拡大した２０１７年1月から。２０２２年5月の改正では会社員の加入年齢の上限を60歳未満から65歳未満に引き上げ、より多くの人が使える制度になりました。さらに今後、２０２５年を目途に69歳未満に拡大する見込みです。

ただし、ｉＤｅＣｏは公的年金を補完する目的の制度なので、**国民年金（厚生年金）保険料を納めていることが加入する際の大前提**になります。納税の免除・猶予を受けている人は対象外。海外で暮らしている人に関しては、国民年金に任意加入していれば加入対象になります。

また、**加入する場合は最低でも月５０００円の拠出設定が必要。上限額は働き方（国民年金の被保険者区分）によって変わります**。

自営業者などの第1号被保険者の場合は年81万６０００円（月額6万８０００円）。これは付加保険料や国民年金基金の掛金と合算した額です。厚生年金がない分をカバーできるよう、会社員と比べて掛金の上限は高くなっています。

会社員や公務員などの第2号被保険者は、基本的には年27万６０００円（月２万３０００円）ですが、企業年金や企業型確定拠出年金（企業型ＤＣ）や確定給付企業年金（ＤＢ）の加入有無によって上限が変わります。勤め先の退職給付制度が分からない場合、担当部門に確認を取るようにしましょう。

ｉＤｅＣｏは専業主婦（第3号被保険者）でも加入できるのが特徴の1つ。こちらも年27万６０００円（月2万３０００円）が上限です。

●あなたはどのパターン？ 加入条件をチェック

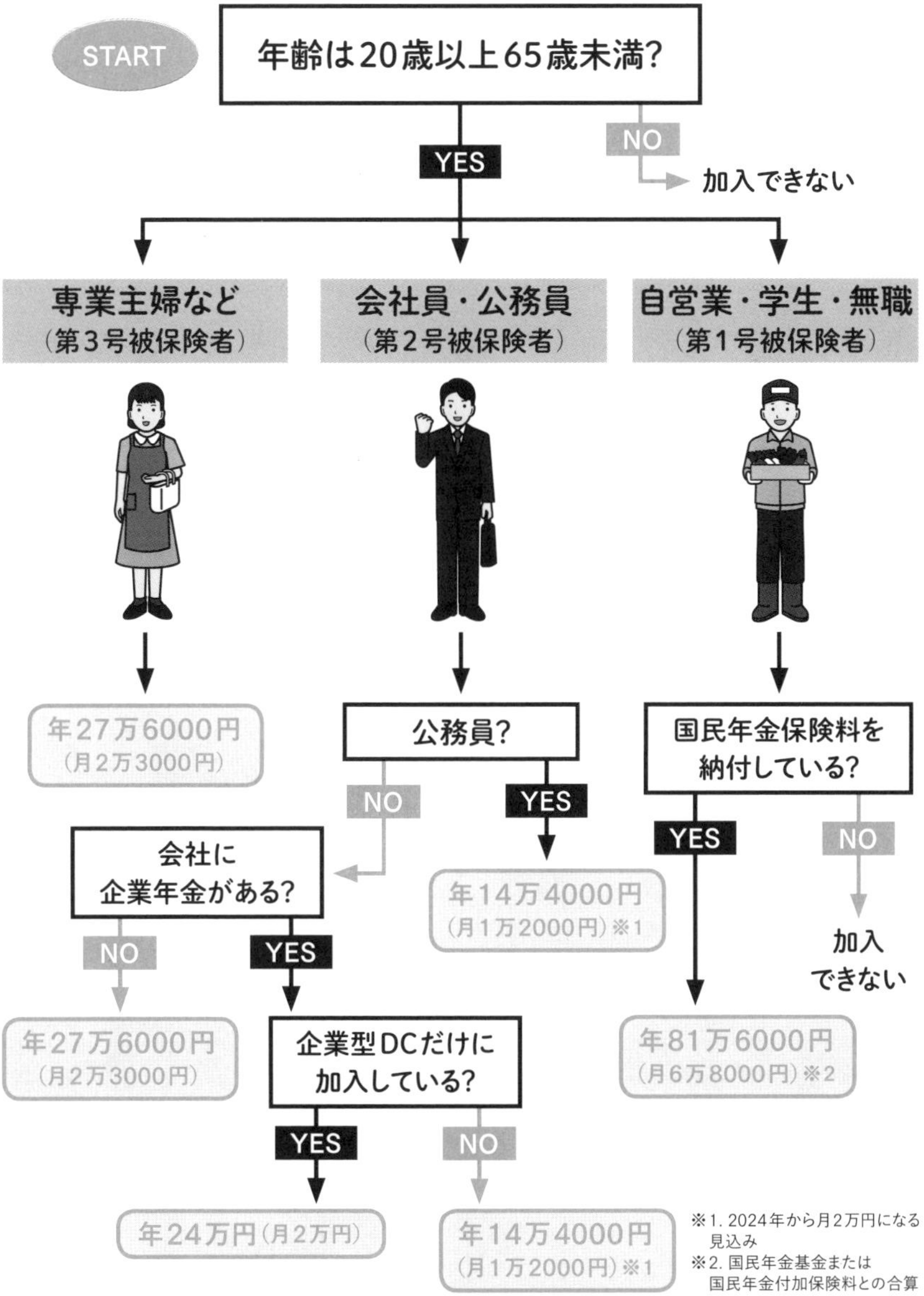

ポイント

- ✓ 現役世代のほとんどの人が加入できる
- ✓ 掛金上限は被保険者区分で変わり自営業者が有利

Q19 拠出時のメリットとは具体的にどんなこと？

iDeCo編
3-④

Answer 収入や掛金額に応じて所得税・住民税が軽減されることです。

控除申請をすることで納めた税金が戻ってくる

iDeCoで特筆すべきメリットが「拠出時」の税制優遇です。どうお得なのか知るために、税金の仕組みを理解しましょう。

私たちには納税の義務があり、働いて収入を得るとそれに応じた所得税と住民税を納めなくてはなりません。会社員は年末調整、自営業者は確定申告で1年分の正しい税金を計算し、納めることになります。

税金は収入そのものではなく「課税所得」を基に計算されます。課税所得とは、収入から必要経費と所得控除を差し引いたもの。つまり、**控除が多いほど税金が安くなる**わけです。

所得控除は全14種類で、**iDeCoの掛金はその中の「小規模企業共済等掛金控除」の対象**になります。会社員は年末調整で、自営業者は確定申告でiDeCoの控除申請をすれば、控除された分の税金が戻ってきます。

住民税の方は原則一律10%と決まっていて、その分も節税に（次年度に反映）。トータルの節税額は「iDeCoの掛金（年間）×（所得税率＋住民税率10%）」で計算することができます。

節税効果は収入と掛金が多いほど高まります。しかも掛金を支払っている間ずっと還付を受けられるので、iDeCoの継続期間が長いほどお得です。

会社員の場合は12月前半頃に年末調整があるので、その時に控除申請をすると12月の給与で所得税の還付が反映されます。年末のちょっとしたお楽しみになることでしょう。

ちなみに、専業主婦などの第3号被保険者は、もともと所得税や住民税を納めていないので、このメリットの対象にはなりません。

●拠出（積立）のメリット＝税金の軽減

所得税の軽減額＝iDeCoの掛金（年間）×（所得税率+住民税率10%）

所得税率は所得によって変わる。
おおよそ年収400万円までは5%、
500〜600万円は10%、700〜1000万円は20%

●iDeCoで30年間掛金を積み立てた場合

年収	掛金	1年間で戻ってくる所得税（A）	1年間で戻ってくる住民税（B）	1年間の軽減額合計（A＋B）	30年間の軽減額（A＋B）×30
300万円	年12万円（月1万円）	6000円	1万2000円	1万8000円	54万円
	年24万円（月2万円）	1万2000円	2万4000円	3万6000円	108万円
500万円	年12万円（月1万円）	1万2000円	1万2000円	2万4000円	72万円
	年24万円（月2万円）	2万4000円	2万4000円	4万8000円	144万円
700万円	年12万円（月1万円）	2万4000円	1万2000円	3万6000円	108万円
	年24万円（月2万円）	4万8000円	2万4000円	7万2000円	216万円

※iDeCo公式サイト
「かんたん税制優遇シミュレーション」で試算

年収300万円で
月2万円を拠出すると
30年で108万円も
税金がお得になる！

ポイント

- ✓ 控除申請をすると税金が戻ってくる
- ✓ 節税効果は収入と掛金が多いほど高くなる

Q20 運用時のメリットとは具体的にどんなこと？

Answer 運用して得た利益がすべて非課税になることです。

通常なら約20％引かれる税金がすべて自分の利益に

P76でも説明した通り、投資で得た利益には20・315％の税金が課せられるというルールがあります。しかし、**iDeCoを利用して得た利益については、全額非課税となり税金は引かれません**。100万円の利益を得た場合、20万3150円の税金が引かれずに自分の利益になるという計算ですから、そのお得度がわかるでしょう。

具体的に、Aさん（会社員・年収400万円）が30歳からiDeCoでの積立をスタートして、60歳まで30年間、月2万円を年利3％で運用したとしてシミュレーションしてみましょう。

元本720万円を3％で運用できると1165万4700円に増え、運用益は445万4700円になります。これに対して、本来課せられる税金は約90万円ですが、iDeCoを使えばこの分が非課税になるので、税金で利益が減ってしまうことがありません。

つみたてNISAも同様に運用益が非課税になる制度ですが、**iDeCoは運用時だけでなく、掛金の拠出時の節税メリット（P88参照）がある点が違います**。同じAさんの例では、月2万円を30年間拠出することで約108万円が戻ってくる計算に。つまり拠出時の約108万円プラス運用時の約90万円がお得になるということです。

課税口座で投資をしていても、これらのメリットは得られません。iDeCoは20歳～75歳まで運用できますから、早く始めれば始めるほど長くメリットを享受できることになります。

老後のために投資をするなら、できるだけ早く、最大限iDeCoを活用することをおすすめします。

●運用時のメリット＝利益に対する税金がかからない

ルール

課税口座を使った投資では、
利益に対して20.315%の税金が課せられる

iDeCo（iDeCo口座）で
運用すると…？

iDeCoで30年間掛金を積み立てた場合（利回り3%で運用できたとして計算）

掛金	30年間の積立総額（A）	30年後の運用成果（B）	利益（B－A）	通常の投資だったら引かれる税金（20.315%）
年12万円（月1万円）	**360万円**	**582万7300円**	**222万7300円**	**45万2475円**
年24万円（月2万円）	**720万円**	**1165万4700円**	**445万4700円**	**90万4972円**
年36万円（月3万円）	**1080万円**	**1748万2100円**	**668万2100円**	**135万7468円**
年48万円（月4万円）	**1440万円**	**2330万9400円**	**890万9400円**	**180万9944円**
年60万円（月5万円）	**1800万円**	**2913万6800円**	**1113万6800円**	**226万2440円**
年72万円（月6万円）	**2160万円**	**3496万4200円**	**1336万4200円**	**271万4937円**

この税金が引かれず
利益がまるまる
自分のものに！

ポイント

- ✓ **iDeCoの運用で得た利益には税金がかからない**
- ✓ **税制メリットはつみたてNISA以上に大きい**

Q21 受取時のメリットとは具体的にどんなこと？

Answer 本来支払うべき税金の負担が軽減されることです。

一括で受け取るか分割で受け取るかで控除が変わる

iDeCoで運用したお金は、原則60歳以降~75歳までの間に老齢給付金として受け取ることになります。

受け取り方は、①一括で「一時金」としてまとめて受け取る、②分割で「年金」として受け取る、③両方を併用して一部を一時金、残りを年金で受け取る、という3パターン。受け取り方によって税金優遇の内容が変わります。

一時金で受け取る場合は、「退職所得控除」の対象になります。もともとは会社から退職金を受け取った時に利用できる控除ですが、iDeCoもこの控除を利用できます。本来、控除額は勤続年数を使って計算するところ、iDeCoでは拠出年数で計算。20年以下と20年超で計算が変わり、30年間掛金の拠出をした場合、1500万円までが非課税になります。

一方、**年金形式で受け取るときには雑所得扱いとなり「公的年金等控除」の対象**になります。65歳未満の場合は年60万円、65歳以上の場合は年110万円を所得から差し引くことができます。公的年金を受け取っている場合は、その金額との合算で計算します。

基本的には退職所得控除のほうが控除額が大きく有利ですが、会社の退職金との合算で計算するため、退職金が多くて退職所得控除の枠を使い切ってしまう場合は、iDeCoの老齢給付金は年金形式で受け取るといった工夫も必要です。

また、大きな金額を一度にもらうと管理できないという人は分割にするなど、使い勝手も考慮するとよいでしょう。受取時の考え方・対応についてはP120で解説しているので、そちらも参考にしてください。

●受取時のメリット＝控除による税金の軽減

受け取り方によって控除の種類が変わる

一括で受け取り
＝退職所得扱いで「退職所得控除」の対象になる

iDeCoの掛金拠出年数に応じて控除金額が大きくなる。30年間積み立てた場合、会社から受け取る退職金と合わせて**1500万円**までは税金がかからない

←→ 併用できる

年金（分割）形式で受け取り
＝雑所得扱いで「公的年金等控除」の対象になる

65歳未満で受け取る場合は**年60万円**、65歳以上の場合は**年110万円**までは税金がかからない
※年金以外の所得が年間1000万円以下のとき

特徴（一括で受け取り）
・控除額が大きい
・退職金が多い人は控除枠を超えてしまうことも
・まとまったお金を受け取って老後に活かすことができる

特徴（年金形式で受け取り）
・控除額が小さい
・分割で受け取れるので、大きなお金を一度に受け取ると管理できない人に向いている

●退職所得控除の計算式

拠出年数	退職所得控除額
20年以下	**40万円×掛金の拠出年数** （80万円に満たない場合は80万円で計算）
20年超	**800万円＋70万円×（掛金の拠出年数－20年）**

ポイント
✓ **退職金控除、公的年金等控除いずれかの対象に**
✓ **退職所得控除のほうが控除額が大きい**

Q22 iDeCoには どんなデメリットがあるの？

iDeCo編 3-⑦

Answer 資金を引き出せるのが老後以降など、4つほど注意点があります。

老後資産をつくる制度ならではのルールがある

iDeCoにはさまざまなメリットがあり、特に税制優遇面はつみたてNISA以上に優れています。ただし、知っておくべき注意点もあります。

1つ目は、**お金の引き出しが自由ではない**こと。iDeCoは老後資金をつくるための制度なので、例外を除いて老後まで受け取れない仕組みになっています。ここは、いつでも引き出せるつみたてNISAとの大きな違いともいえます。

一見使い勝手が悪いように感じるかもしれませんが、逆にいえば、強制力があって確実にお金を貯められる仕組みです。見方によって評価が変わる部分といえるでしょう。

2つ目は、**加入期間によって受け取りが後ろ倒しになる**こと。原則60歳から受け取れますが、加入期間が10年に満たない場合、その分が後ろ倒しになります。50歳を過ぎて始めた場合に関係するので、当てはまる人は覚えておきましょう。

3つ目は**手数料がかかる**こと。手数料がかからないつみたてNISAとは違い、加入時・運用時・受取時には基本的に手数料がかかります。加入時・受取時の手数料はどこも同じですが、運用時の口座管理手数料は金融機関によって変わり、無料になる場合もあるので、事前の確認が必須です。

4つ目は、**掛金は月5000円以上に設定する必要がある**こと。もしiDeCoをストップしたい場合、書類を出せば積立を止めることはできますが、運用手数料は受け取りができる年齢になるまでかかり続けます。「最低でも月5000円で続ける」という意識で始めたほうがよいでしょう。

●iDeCoで気をつけるべきポイント

①原則60歳以上にならないとお金の引き出しができない

例外的に早く受け取れるケース

- 加入者が高度障害状態になった・死亡した場合
- 国民年金保険料の全額免除を受けているなど、5つの条件を満たした場合

②加入期間10年未満だとお金の受け取り時期が遅くなる

加入期間と受け取り年齢

- 10年以上→60歳
- 8年以上10年未満→61歳
- 6年以上8年未満→62歳
- 4年以上6年未満→63歳
- 2年以上4年未満→64歳
- 1カ月以上2年未満→65歳

③利用時にはいろいろな手数料がかかる

こんな手数料がかかる

- 加入時：一律2829円
- 運用時：金融機関によって金額が変わる
- 受取時：給付1回につき440円

④掛金は最低月5000円以上支払う必要がある

掛金のルール

- 5000円以上、1000円単位で設定可能
- 1年に1回だけ掛金額を変更できる
- 積立は止められるが解約はできない

専業主婦は拠出時のメリットがない？

そもそも専業主婦（夫）には所得がないので、iDeCoの掛金を積み立てる際の所得控除を受けることができません。とはいえ、自分名義の老後資金をつくれること、運用時と受取時の税制優遇を受けられることを考えれば、iDeCoを利用するメリットは十分あるといえます。

ポイント

✓ 積み立てた資金は自由に引き出しできない

✓ 手数料がかかり掛金も最低月5000円以上必要

Q23 iDeCoに申し込みたい場合、まず何をすればいい？

iDeCo編
3-⑧

Answer どの金融機関で加入するか決めるためしっかり情報収集しましょう。

iDeCoの口座は1人1つなのでリサーチ必須

iDeCoを始めるには、証券会社や銀行などの金融機関に加入申し込みの書類を提出して、専用の口座を開設する必要があります。ただし口座は1人1つのみ。金融機関によって手数料や運用商品のラインナップが違うので、申し込み前にある程度下調べをしておくことが大切です。

最初にチェックしたいのが「口座管理手数料」の安さ。iDeCoの運用期間中は、「金融機関」と「国民年金基金連合会」と「事務委託先金融機関」にそれぞれ手数料を支払います。後者2機関に対する手数料は一律ですが、金融機関に支払う口座管理手数料は無料～数百円まで幅があります。

一見するとわずかな差ですが、長期運用だと影響はかなり大きくなります。たとえば、**口座管理手数料が月300円の金融機関を選ぶと、30年間で10万8000円も支払うことに**。無料か、それに近い金融機関を選びたいところです。

iDeCoでは、元本が確保されている金融商品の「定期預金」と「保険」、そして、元本が変動する金融商品の「投資信託」から運用商品を選びますが、金融機関ごとに取扱商品が違います。加入後に「気になっていた商品がここでは買えなかった」ということのないよう、ラインナップもチェックしておきましょう。

iDeCoはさまざまな金融機関で取り扱いがありますが、**今は口座管理手数料が安く商品数が豊富なネット証券の人気が高くなっています**。ただし、実店舗が近くにある銀行は、いつもの店舗で対面によるサポートを受けられる安心感などが魅力。ニーズに合わせて選ぶとよいでしょう。

●iDeCoにはこんな手数料がかかる

	加入時	運用時			受取時
		収納手数料	事務委託手数料	口座管理手数料	
支払先	国民年金基金連合会	国民年金基金連合会	事務委託先金融機関（信託銀行など）	加入する金融機関（運営管理機関）	事務委託先金融機関（信託銀行など）
金額	1回のみ2829円	1回の拠出ごとに105円	月額66円	月額0円〜数百円程度	給付1回につき440円

●iDeCoで利用できる金融機関の一例

金融機関名		口座管理手数料（月額）	取扱商品数（元本確保型商品含む）	相談窓口
ネット証券	SBI証券	無料	セレクトプラン 38本 ※2021年1月以降の新規申し込みはセレクトプランを選択	コールセンター 受付時間 平日および土・日曜 8:00〜17:00 （年末年始・祝日を除く）
	楽天証券	無料	32本	コールセンター 受付時間 平日 10:00〜19:00 土日祝 9:00〜17:00 （年末年始・祝日を除く）
	マネックス証券	無料	27本	コールセンター 受付時間 平日 9:00〜20:00 土曜 9:00〜17:00 （祝日を除く）
銀行	りそな銀行	無料 （当初2年間。「iDeCo＋」の加入者は3年目以降も無料）	32本	銀行窓口 全国のりそな銀行店舗 コールセンター 受付時間 平日 9:00〜21:00 土、日曜 9:00〜17:00 （年末年始、祝日、振替休日を除く）
	イオン銀行	無料	24本	コールセンター 受付時間 平日 9:00〜21:00 土日祝、振替休日 9:00〜17:00 （12月31日〜1月3日、GWの一部の日およびメンテナンスの日を除く）

（2023年1月時点／最新情報は各社HPへ）

ポイント

- ✓ **口座管理手数料ができるだけ安いところを選ぶ**
- ✓ **ラインナップやサポート体制もチェック**

Q24 iDeCoの運用商品にはどんなものがあるの？

iDeCo編
3-⑨

Answer 大きく分けると「元本確保型」と「元本変動型」の2種類があります。

「定期預金」「保険」「投資信託」から選択できる

・ｉＤｅＣｏの運用商品は「元本確保型」と「元本変動型」の2つに分けられます。

元本確保型に当たるのが「定期預金」と「保険」で、あらかじめ決められた金利で運用されるタイプです。元本が保証されるので積み立てた額より資産が減る心配はないものの、増加はほとんど期待できません。

一方、**元本変動型に当たるのが「投資信託」**で、運用状況に応じて受け取る金額が変動します。元本保証型と対照的に、元本保証がない代わりに運用で資産が増やせる期待が持てます。

安心して老後を過ごすため、資産は誰でも確実にキープしたいと思うものです。そのため「元本保証のない投資信託を選んでいいものか」と悩んでしまう人もいるかもしれません。

しかし、積立投資と投資信託の組み合わせは、長期であるほどリスクを分散しやすく、安全に資産を増やす効果が高まります。

そのため、資産を増やしたいのであれば、リスクに耐える心構えをして、投資信託を選択するのをおすすめします。どうしても不安であれば、投資信託と定期預金を組み合わせる方法もあります。

投資信託は運用スタイルによってインデックス型、アクティブ型があり、資産別に見ると国内株式型、外国株式型、国内債券型、外国債券型などに分けられます。複数の資産に投資するバランス型といったタイプもあります（Ｐ40参照）。

基本的に自分の投資方針に合った商品を選べばＯＫですが、**ｉＤｅＣｏは長期運用になるため、年齢・ライフステージの節目には商品の見直しをすることも必要**です。

●iDeCoの運用商品はこの2タイプ

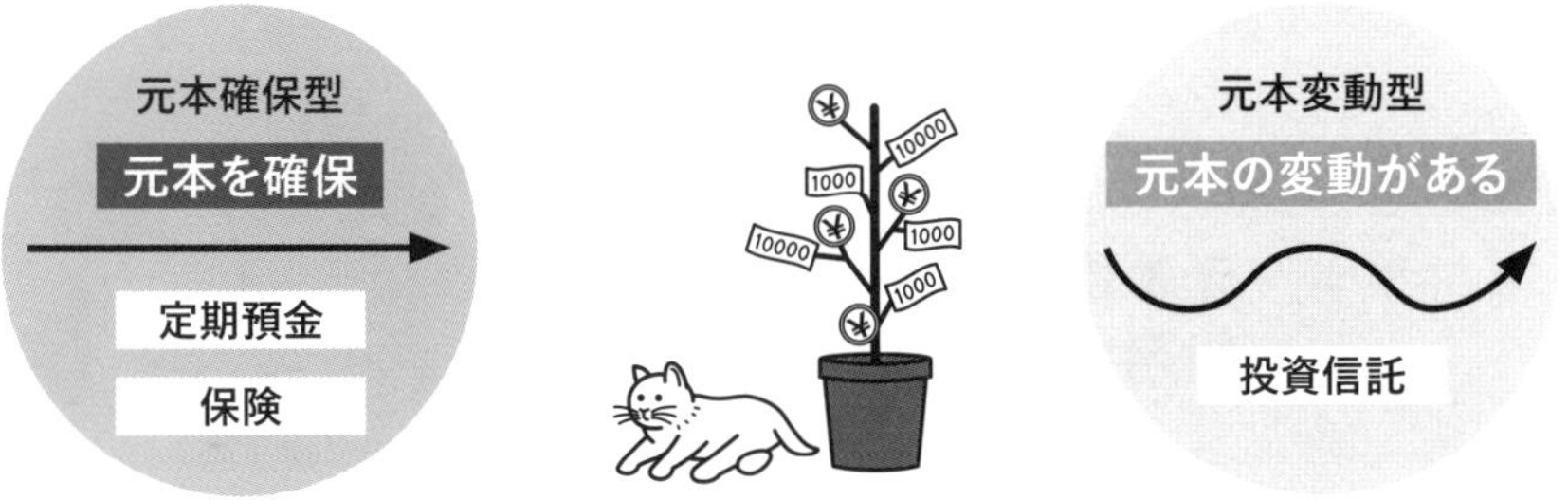

●iDeCoの対象になる運用商品

iDeCoの対象

元本確保型

- 定期預金
- 保険

元本保証なので
資産が減る可能性はないが、
増えもしない

元本変動型

投資信託
・国内株式型
・外国株式型
・国内債券型
・外国債券型
・バランス型
など

運用状況によって受取額が変わる。
元本より減る可能性も
増える可能性もある

iDeCoの対象外

その他

- 株式
- 債券
- ETF

左記の商品は選択できない
（投資信託を利用することで
間接的に投資可能）

ポイント

✓ どちらのタイプにもメリット・デメリットがある
✓ 投資信託は自分の投資方針に合わせて選択

Q25 運用商品として保険や定期預金を選んだら意味がない？

Answer 元本保証型の商品でも利用するメリットはあります。

掛金の所得控除メリットは同様に受けられる

iDeCoでは、運用商品に元本変動型の投資信託を選ぶのが基本です。元本保証型の定期預金や保険は、資産が減るリスクがない一方でリターンは望めません。老後資産を増やしたいなら投資信託を選ぶことが必須条件ともいえます。

ただ、定期預金や保険を選ぶとiDeCoをする意味はないのかというと、そんなことはありません。

たとえば、35歳～65歳まで、月1万円を定期預金（利率0・002％）で積み立てたとしてシミュレーションすると、積立総額360万円に対して利息分がたった1000円程度という計算に。超低金利の今、銀行でお金を積み立ててもお金が増えないのは明らかです。

その一方で、**iDeCoの掛金がすべて所得控除の対象になるというメリットは、運用商品が元本保証型でも変動型でも変わりません**。先ほどと同じ条件で積み立てた場合、所得税と住民税の節税分だけで、トータル54万円分もお得になるという試算結果になりました。

つまり、定期預金などの元本保証型を選んだとしても、iDeCoを利用するメリットは十分あるということです。ただし、積立期間が短い場合など、状況によっては支払う手数料のほうが高くなることもあり得るので注意が必要です。

最初から投資するのが不安であれば、**まずは定期預金から始めて、あとから投資信託に変更することも可能**です。あるいは、定期預金1本に絞らずに「定期預金50％、投資信託50％」といった組み合わせ方もできます。自分に合ったバランスで運用商品を選んでいきましょう。

●iDeCoで定期預金を選ぶと…

〈 35歳〜65歳まで年収400万円の会社員が定期預金（年利0.002%）で運用した場合 〉

BAD 運用益のメリットはほとんどない

月1万円を定期預金で積立
（1万円×30年間＝積立元本360万円）
30年後 ↓
約360万1000円

たった1000円しか増えない…

GOOD 拠出（積立時）の節税効果は十分！

所得税の軽減額…年6000円
住民税の軽減額…年1万2000円
30年後 ↓
約54万円

30年間で54万円も節税できる！

CHECK

バブル期の定期預金利率はすごかった！

バブル期の1980年代には定期預金の利率が年6%程度もあり、預金しているだけでお金がどんどん増えました。それが今や年0・002%まで低下し、まったく増えない状況に。こうした金利の変化から、早くから投資を始めてお金を増やす工夫が必要になっているのです。

ポイント

- ✓ 定期預金で長期間積み立てても利息はわずか
- ✓ 掛金の所得控除の恩恵は十分に受けられる

Q26 積立サイクルはどのように決めればいい？

iDeCo編
3-⑪

Answer 毎月定額を基本に、ボーナス時の増額や一括にしても。

給与のもらい方や運用商品に合わせて決める

　ｉＤｅＣｏの非課税枠は、働き方などによって年額で上限が設定されています。一般的な会社員は年27万6000円が上限なので、均等に割れば月2万3000円です。基本的には、この上限の範囲内で同額を毎月積み立てる「毎月定額」の設定をするのがおすすめですが、これ以外の積立サイクルを設定しても構いません。

　毎月の給与が少な目でボーナスは多いという場合、毎月の積立額は少なくして、ボーナス時に増額することもできます。また、年1回まとめて積み立てることも可能。ｉＤｅＣｏでは1回積み立てるごとに105円の手数料を支払わなければなりませんが、それが1回分で済むという隠れたメリットもあります。

　ただし、どんな積立サイクルでも**12月に必ず引き落としをすることがルール化されている**ため、「4月に一括で積み立てる」といったことはできません。最低掛金額も月当たり5000円必要なので、年1回で指定する場合、少なくとも6万円をまとめて積み立てる形になります。

　積立頻度が少ないと、ドル・コスト平均法が効かなくなる点にも注意が必要。投資信託で運用する場合は、手数料が安くなっても、それ以外のメリットは薄まってしまうのです。その点、元本確保型（定期預金・保険）で運用する場合は、そのあたりを気にしなくてよいので、年1回にまとめて拠出してもよいでしょう。

　積立サイクルは加入時の申込書で設定しますが、**定額積立以外で申し込む場合は追加の書類を提出する**必要があります（P109参照）。

●会社員で月2万3000円（年27万6000円）を積み立てる場合

①一番ノーマルな「毎月定額」 → 月2万3000円ずつ積み立てる

②毎月上限額まで掛金を出せない人 → ボーナス月に増額して枠を使い切る

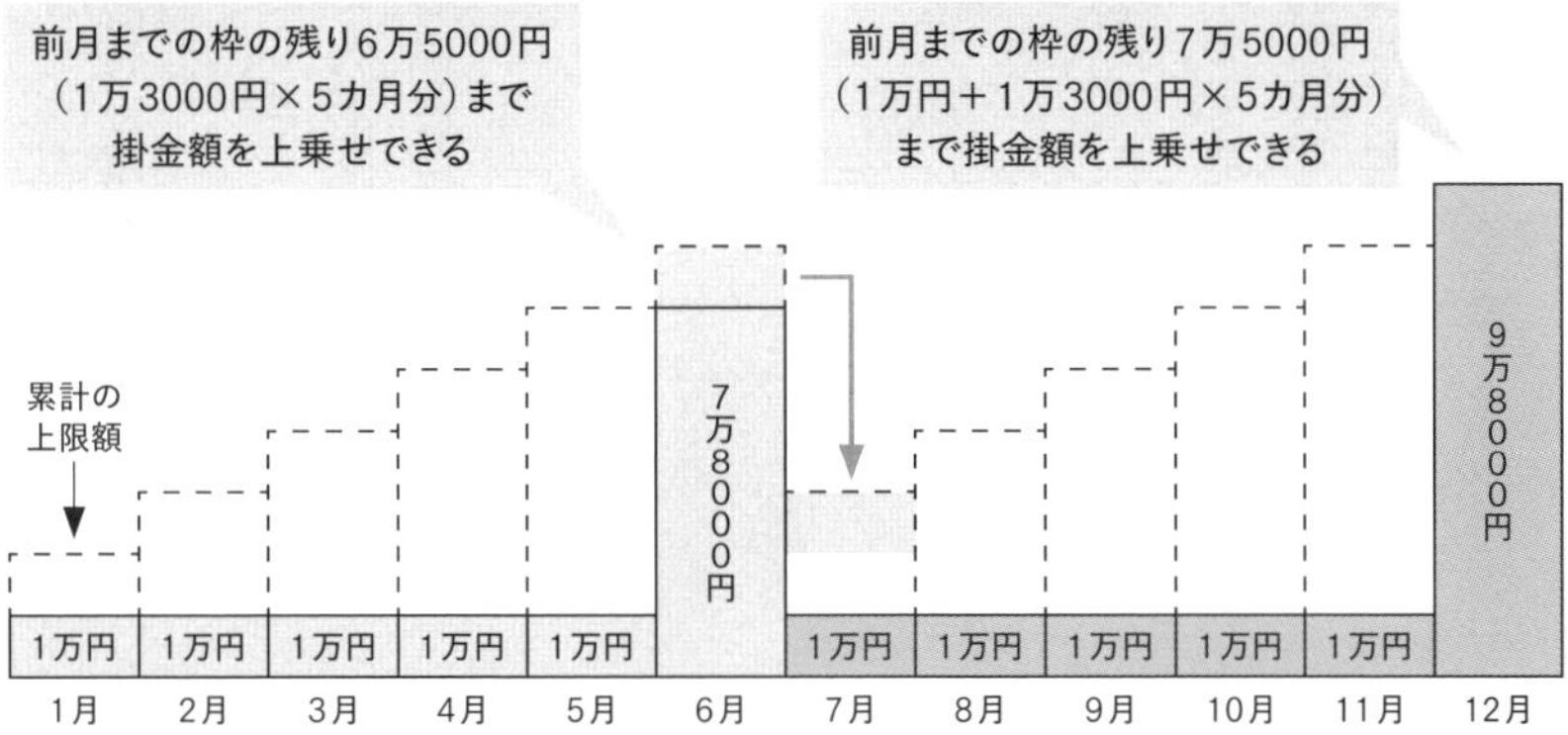

③手数料を節約したい人 → まとめて1年分を支払い 年1133円お得に

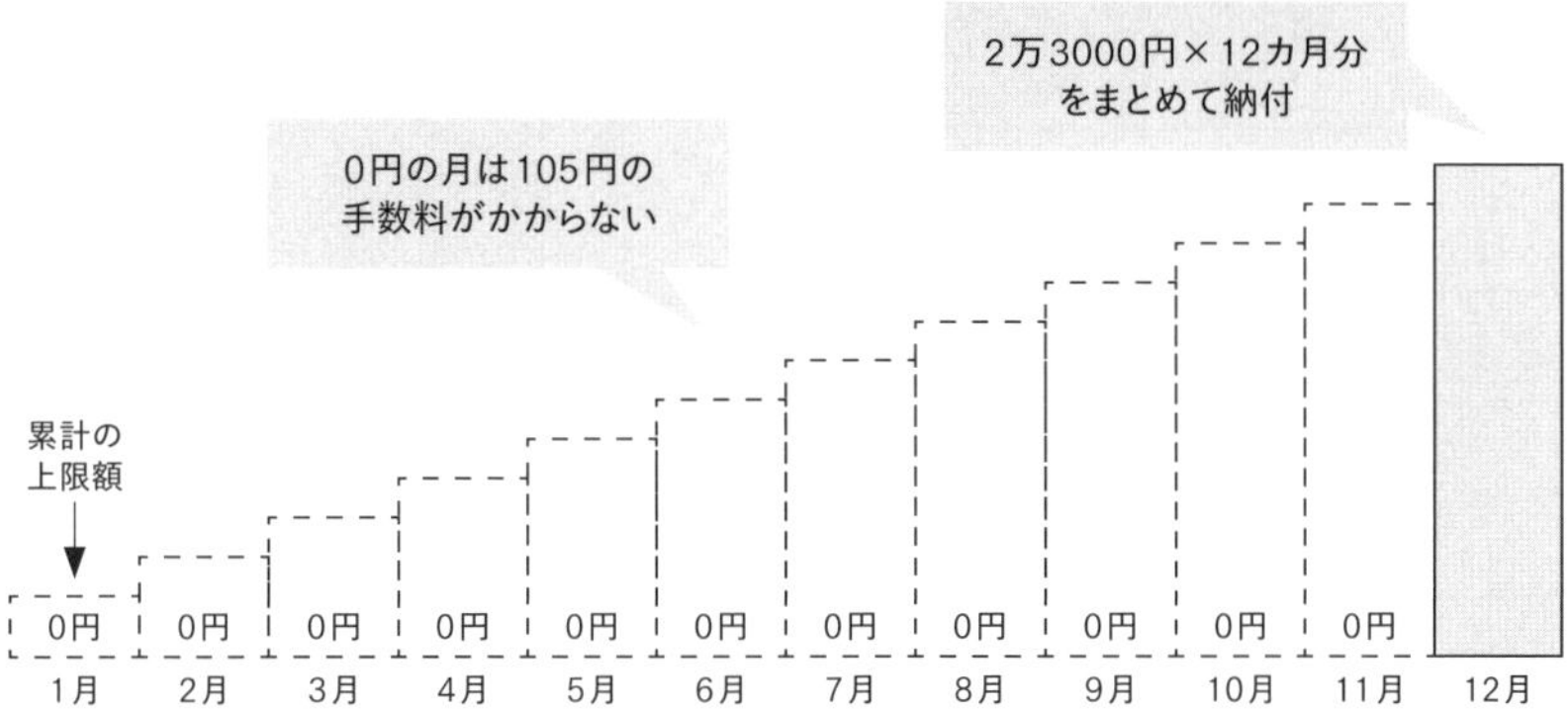

ポイント

- ✓ 毎月定額を基本に、自分に合った方法で積立
- ✓ 月5000円×12カ月分＝年6万円は積立が必須

Q27 iDeCoの口座はどのように開設するの？

Answer 加入申出書などを提出して審査を通ると開設できます。

iDeCo口座開設の流れを確認しよう

iDeCoの制度や投資に関する情報収集をして金融機関を選んだら、金融機関のホームページやコールセンターなどから加入に必要な申込書類を取り寄せます。その際、国民年金保険の被保険者区分（第1号～第3号）を伝えましょう。

ちなみに**iDeCoでは、つみたてNISAと違って証券総合口座や投資信託口座などの開設は必須ではありません**。必要があれば一緒に申し込むようにしましょう。

書類のうち、メインの「個人型年金加入申出書」と、掛金の引き落とし口座を記入する「預金口座振替依頼書兼自動払込利用申込書」は、必ず提出する必要があります。また、会社員や公務員の場合、勤め先に「事業主の証明書」を記入してもらう必要があります（事業主の証明書は2024年12月に廃止見込み）。定額積立ではなく一括やランダムの積立を希望する場合は、「加入者掛金額変更届」も併せて提出します。

必要事項を記入したら、金融機関に書類を提出します。すると、国民年金基金連合会の加入者資格の審査にかけられます。**提出から口座開設までは書類に不備がなかったとしても1～2カ月ほどかかる**ので、気長に待ちましょう。

審査を通過すると国民年金基金連合会から「個人型年金加入確認通知書」が、記録関連運営管理機関から口座のログインに必要な情報が記載されたお知らせが届きます。

口座開設のお知らせは金融機関からではなく記録関連運営管理機関から届くので注意を。届いた書類を見ながら初期設定に進みましょう。

●iDeCo口座開設の流れ

1　iDeCoに関する情報収集

・本書やWEBサイトなどで情報収集する
・自分がいくらまで拠出できるか上限をチェック
・勤め先に企業型DCなどの確認

↓

2　iDeCo口座を開設する金融機関を選ぶ

・1人1口座なので手数料や運用商品を確認して選択

↓

3　加入申し込みに必要な書類を取り寄せる

・受付窓口となる金融機関のホームページ、
コールセンター、店舗窓口などから申込書類を取り寄せる。
その際、被保険者区分を伝える

↓

4　申込書類を作成し郵送する　P106で詳しく解説

・提出書類に必要事項や記録関連運営管理機関から書類が届く
・不備があると差し戻されるので記入漏れや書類の添付漏れなどに注意

↓ ← 国民年金基金連合会で加入資格の審査が行われる（1～2カ月）

5　加入確認通知書等を受領する

・国民年金基金連合会での加入資格の審査後、書類が届く
（記録関連運営管理機関：JIS&T、SBIベネフィット・システムズなど）

↓

6　初期設定をする

・書類提出時に配分指定をしていなければ、ホームページや
コールセンターから初回の配分指定を行う。これをしないままでいると、
金融機関が提示する指定運用方法で運用がスタートしてしまう

ポイント

✓ 会社員は「事業主の証明書」の提出が必要
✓ 審査に時間がかかるので早めに準備を

iDeCo加入時に提出する書類の記入方法

資料提供：楽天証券

加入時に必要なもの

- iDeCo加入書類（金融機関から取り寄せる）
- 年金手帳（基礎年金番号がわかればOK）
- マイナンバーカード・運転免許証などの個人情報確認書類
- 掛金を引き落とす銀行口座の情報
- 金融機関の届出印（ネットバンクの場合は不要）

事前に確認すること・考えておくこと

- 勤め先の企業年金（DC、DB）の加入状況
- 掛金額の上限の範囲内でいくら積み立てるか（月5000円以上）
- 積立サイクル（毎月定額かそれ以外か）
- 掛金の納付方法（自分で支払うか給与天引きか）

会社員は勤め先に記入してもらう書類あり

提出書類は被保険者区分などによって変わりますが、「個人型年金加入申出書」と「預金口座振替依頼書兼自動払込利用申込書」は全員必須。会社員は「事業主の証明書」も必要で、会社に書いてもらう部分があります。定額以外で積み立てる場合は、その届け出も必要です。

加入書類に記入ミスがあると出し直しが必要になり、積立開始時期が遅くなるので、念入りにチェックして提出しましょう。

●個人型年金加入申出書（第2号被保険者用）

全員必須

❶申出者本人
申出者本人が記入。基礎年金番号は年金手帳などで確認。市区町村コードは記入不要

❷被保険者の種別
該当するものにレ点をつける

❸掛金の納付方法
事業主払込（給料天引き）にしたい場合は会社への確認が必要

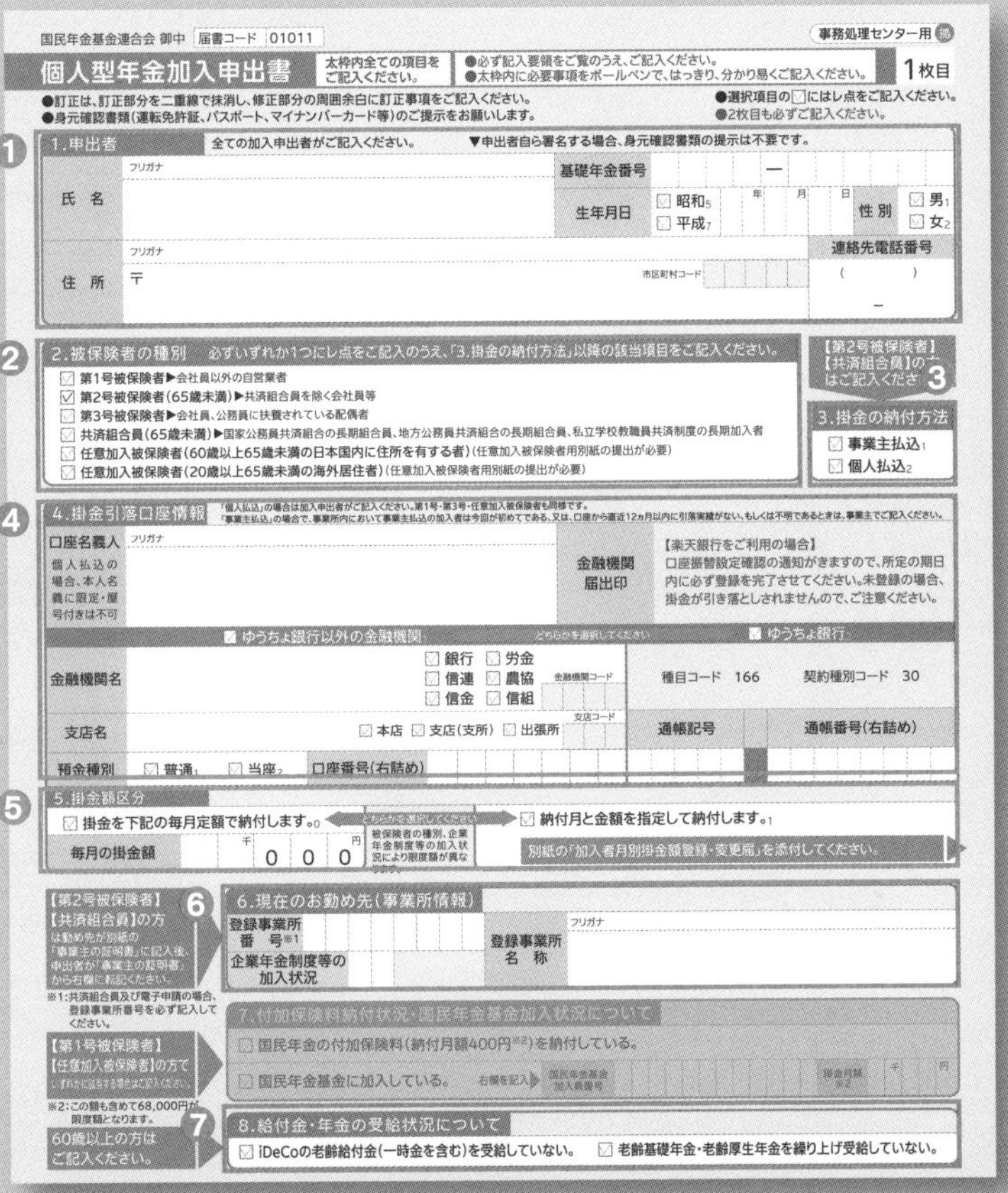
国民年金基金連合会 御中　届書コード 01011　事務処理センター用
個人型年金加入申出書　太枠内全ての項目をご記入ください。
●必ず記入要領をご覧のうえ、ご記入ください。
●太枠内に必要事項をボールペンで、はっきり、分かり易くご記入ください。
1枚目
●訂正は、訂正部分を二重線で抹消し、修正部分の周囲余白に訂正事項をご記入ください。
●身元確認書類（運転免許証、パスポート、マイナンバーカード等）のご提示をお願いします。
●選択項目の☐にはレ点をご記入ください。
●2枚目も必ずご記入ください。

❶ 1.申出者　全ての加入申出者がご記入ください。　▼申出者自ら署名する場合、身元確認書類の提示は不要です。
氏名（フリガナ）　基礎年金番号　生年月日 ☐昭和5 ☐平成7 年 月 日　性別 ☐男1 ☐女2
住所（フリガナ）〒　市区町村コード　連絡先電話番号 （　　） －

❷ 2.被保険者の種別　必ずいずれか1つにレ点をご記入のうえ、「3.掛金の納付方法」以降の該当項目をご記入ください。
☐ 第1号被保険者▶会社員以外の自営業者
☑ 第2号被保険者（65歳未満）▶共済組合員を除く会社員等
☐ 第3号被保険者▶会社員、公務員に扶養されている配偶者
☐ 共済組合員（65歳未満）▶国家公務員共済組合の長期組合員、地方公務員共済組合の長期組合員、私立学校教職員共済制度の長期加入者
☐ 任意加入被保険者（60歳以上65歳未満の日本国内に住所を有する者）（任意加入被保険者用別紙の提出が必要）
☐ 任意加入被保険者（20歳以上65歳未満の海外居住者）（任意加入被保険者用別紙の提出が必要）

【第2号被保険者】【共済組合員】の方はご記入ください ❸
3.掛金の納付方法　☐事業主払込1　☐個人払込2

❹ 4.掛金引落口座情報　「個人払込」の場合は加入申出者がご記入ください。第1号・第3号・任意加入被保険者も同様です。「事業主払込」の場合で、事業所内において事業主払込の加入者は今回が初めてである、又は、口座から直近12カ月以内に引落実績がない、もしくは不明であるときは、事業主でご記入ください。
口座名義人（フリガナ）　個人払込の場合、本人名義に限定・屋号付きは不可
金融機関届出印
【楽天銀行をご利用の場合】口座振替設定確認の通知がきますので、所定の期日内に必ず登録を完了させてください。未登録の場合、掛金が引き落としされませんので、ご注意ください。
■ゆうちょ銀行以外の金融機関　どちらかを選択してください　■ゆうちょ銀行
金融機関名　☐銀行 ☐労金 ☐信連 ☐農協 ☐信金 ☐信組　金融機関コード
種目コード 166　契約種別コード 30
支店名　☐本店 ☐支店（支所） ☐出張所　支店コード
通帳記号　通帳番号（右詰め）
預金種別　☐普通1 ☐当座2　口座番号（右詰め）

❺ 5.掛金額区分
☐ 掛金を下記の毎月定額で納付します。0　どちらかを選択してください　☐ 納付月と金額を指定して納付します。1
毎月の掛金額　千 0 0 0 円　被保険者の種別、企業年金制度等の加入状況により限度額が異なります。
別紙の「加入者月別掛金額登録・変更届」を添付してください。

【第2号被保険者】【共済組合員】の方は勤め先が別紙の「事業主の証明書」に記入後、申出者が「事業主の証明書」から右欄に転記ください。❻
6.現在のお勤め先（事業所情報）
登録事業所番号※1　企業年金制度等の加入状況　登録事業所名称（フリガナ）
※1：共済組合員及び電子申請の場合、登録事業所番号を必ず記入してください。

【第1号被保険者】【任意加入被保険者】の方でいずれかに該当する場合はご記入ください。
7.付加保険料納付状況・国民年金基金加入状況について
☐ 国民年金の付加保険料（納付月額400円※2）を納付している。
☐ 国民年金基金に加入している。　右欄を記入▶　国民年金基金加入員番号　掛金月額※2　千　円
※2：この額も含めて68,000円が限度額となります。

60歳以上の方はご記入ください。❼
8.給付金・年金の受給状況について
☐ iDeCoの老齢給付金（一時金を含む）を受給していない。　☐ 老齢基礎年金・老齢厚生年金を繰り上げ受給していない。

❹掛金引落口座情報
個人払込なら本人が、給与から天引きの場合は事業主が記入。金融機関コード・支店コードは記入不要。利用不可の金融機関でないか要確認（外国銀行、一部の信託銀行やネットバンクなど）

❺掛金額区分
毎月定額なら「毎月定額で納付します」にレ点を入れて金額を記入。それ以外なら「納付月と金額を指定します」にレ点を入れる

❻現在のお勤め先（事業所の情報）
勤め先に記入してもらった「事業主の証明書」から転記

❼給付金・年金の受給状況について
60歳以上の人は記入

申出者（加入希望者）が全員記入する書類。被保険者区分によって形式が変わる。掛金の納め方（自分／会社）や企業年金の加入状況は勤め先に確認しよう。掛金を毎月定額以外で支払う場合、掛金額を設定するための書類（P109）も提出。

●事業主の証明書

「申出者」欄は加入者本人が記入、「事業主」に関連する欄は勤め先に記入してもらう。

会社員は必須

❶申出者の情報
氏名、基礎年金番号を記入、掛金の納付方法を選択する

❷掛金額区分
毎月定額かそれ以外かを指定し、金額を記入する

❸企業型確定拠出年金の加入状況
該当する場合はレ点

❹事業主の署名等
事業所名称（社名、代表者）や所在地などを記入する

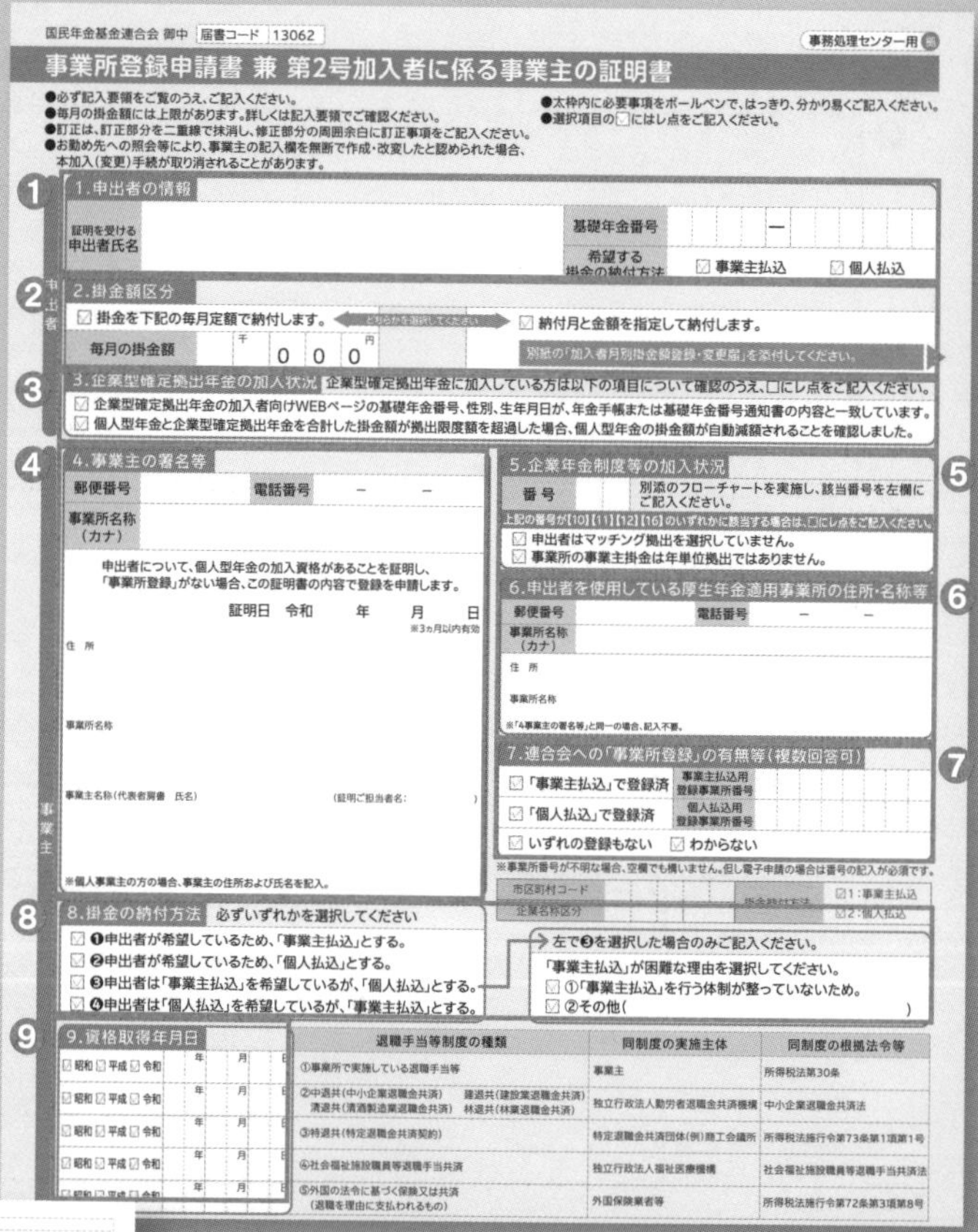

国民年金基金連合会 御中　届書コード　13062　　事務処理センター用

事業所登録申請書 兼 第2号加入者に係る事業主の証明書

●必ず記入要領をご覧のうえ、ご記入ください。
●毎月の掛金額には上限があります。詳しくは記入要領でご確認ください。
●訂正は、訂正部分を二重線で抹消し、修正部分の周囲余白に訂正事項をご記入ください。
●お勤め先への照会等により、事業主の記入欄を無断で作成・改変したと認められた場合、本加入（変更）手続が取り消されることがあります。
●太枠内に必要事項をボールペンで、はっきり、分かり易くご記入ください。
●選択項目の☑にはレ点をご記入ください。

申出者

❶ 1.申出者の情報
証明を受ける申出者氏名　　基礎年金番号　　—
希望する掛金の納付方法　☑事業主払込　☑個人払込

❷ 2.掛金額区分
☑掛金を下記の毎月定額で納付します。　☑納付月と金額を指定して納付します。
毎月の掛金額　千　0 0 0 円
別紙の「加入者月別掛金額登録・変更届」を添付してください。

❸ 3.企業型確定拠出年金の加入状況　企業型確定拠出年金に加入している方は以下の項目について確認のうえ、□にレ点をご記入ください。
☑企業型確定拠出年金の加入者向けWEBページの基礎年金番号、性別、生年月日が、年金手帳または基礎年金番号通知書の内容と一致しています。
☑個人型年金と企業型確定拠出年金を合計した掛金額が拠出限度額を超過した場合、個人型年金の掛金額が自動減額されることを確認しました。

事業主

❹ 4.事業主の署名等
郵便番号　　電話番号　－　－
事業所名称（カナ）
申出者について、個人型年金の加入資格があることを証明し、「事業所登録」がない場合、この証明書の内容で登録を申請します。
証明日　令和　年　月　日
※3ヵ月以内有効
住所
事業所名称
事業主名称（代表者肩書　氏名）　（証明ご担当者名：　）
※個人事業主の方の場合、事業主の住所および氏名を記入。

❺ 5.企業年金制度等の加入状況
番号　別添のフローチャートを実施し、該当番号を左欄にご記入ください。
上記の番号が【10】【11】【12】【16】のいずれかに該当する場合は、□にレ点をご記入ください。
☑申出者はマッチング拠出を選択していません。
☑事業所の事業主掛金は年単位拠出ではありません。

❻ 6.申出者を使用している厚生年金適用事業所の住所・名称等
郵便番号　　電話番号　－　－
事業所名称（カナ）
住所
事業所名称
※「4事業主の署名等」と同一の場合、記入不要。

❼ 7.連合会への「事業所登録」の有無等（複数回答可）
☑「事業主払込」で登録済　事業主払込用登録事業所番号
☑「個人払込」で登録済　個人払込用登録事業所番号
☑いずれの登録もない　☑わからない
※事業所番号が不明な場合、空欄でも構いません。但し電子申請の場合は番号の記入が必須です。

市区町村コード　企業名称区分　掛金納付方法　☑1：事業主払込　☑2：個人払込

❽ 8.掛金の納付方法　必ずいずれかを選択してください
☑❶申出者が希望しているため、「事業主払込」とする。
☑❷申出者が希望しているため、「個人払込」とする。
☑❸申出者は「事業主払込」を希望しているが、「個人払込」とする。
☑❹申出者は「個人払込」を希望しているが、「事業主払込」とする。

→左で❸を選択した場合のみご記入ください。
「事業主払込」が困難な理由を選択してください。
☑①「事業主払込」を行う体制が整っていないため。
☑②その他（　）

❾ 9.資格取得年月日
☑昭和 ☑平成 ☑令和　年　月　日（×5）

退職手当等制度の種類	同制度の実施主体	同制度の根拠法令等
①事業所で実施している退職手当等	事業主	所得税法第30条
②中退共（中小企業退職金共済）　建退共（建設業退職金共済）　清退共（清酒製造業退職金共済）　林退共（林業退職金共済）	独立行政法人勤労者退職金共済機構	中小企業退職金共済法
③特退共（特定退職金共済契約）	特定退職金共済団体(例)商工会議所	所得税法施行令第73条第1項第1号
④社会福祉施設職員等退職手当共済	独立行政法人福祉医療機構	社会福祉施設職員等退職手当共済法
⑤外国の法令に基づく保険又は共済（退職を理由に支払われるもの）	外国保険業者等	所得税法施行令第72条第3項第8号

❺企業年金制度等の加入状況
別紙フローチャートを基に該当する番号を記入する

❻申出者を使用している厚生年金適用事務所の住所・名称等
「事業主の署名等」と同一の場合、記入不要

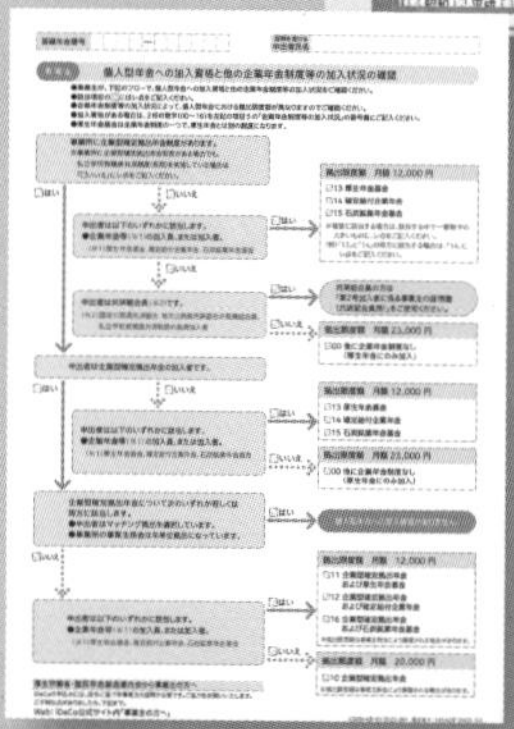

〈フローチャート〉

❼連合会への「事業所登録」の有無等
該当する項目にチェックし、登録済の場合、登録事業所番号を記入（不明な場合空欄）

❽掛金の納付方法
該当する項目にチェック。③に該当する場合は右側の選択肢にレ点

❾資格取得年月日
申出者に現時点で資格がある場合のみ記入

会社員など第2号被保険者の場合は、この書類が必要。申出者と勤め先の担当者が記入する箇所がある。事業主の証明書にフローチャートが添付してあるので、それも一緒に担当者に渡そう。

●加入者月別掛金額登録・変更届

定額以外で積立する場合は必須

国民年金基金連合会 御中　　事務処理センター用

加入者月別掛金額登録・変更届

●必ず記入要領をご覧のうえ、ご記入ください。
●太枠内に必要事項をボールペンで、はっきり、分かり易くご記入ください。
●訂正は、訂正部分を二重線で抹消し、修正部分の周囲余白に訂正事項をご記入のうえ、訂正印を押印してください。
●この帳票は、掛金の納付月と金額を指定する場合にご提出いただく書類です。
●生年月日の年号に☑レ点をご記入ください。

❶ 1.申出者　▼加入者自ら署名する場合、押印は不要です。

氏名	フリガナ	印	印	基礎年金番号	—
				生年月日	☑昭和5 ☑平成7　年　月　日

●毎月払いのほか、特定の月にまとめて納付することも可能です。
●掛金額の変更は、年1回に限り行えます。
●掛金納付は60歳到達月までとなります。60歳到達月以降の掛金の納付はできません。
例えば、10月に60歳を迎えた方が、年1回9月分で納付(10/26引落)する場合、当年の拠出ができますが、年1回11月分で納付(12/26引落)する場合は、拠出ができません。
●拠出限度額に満たなかった掛金額の差額分を繰り越すことは、年内に限り可能です。当年の差額分を翌年に繰り越すことはできません。

「納付済」欄について
●既に納付済みの月については、通帳等をご確認のうえ、納付した掛金額をご記入ください。
※なんらかの理由により、掛金の納付がなされていない場合も、本来納付する予定だった掛金額をご記入ください。

「掛金額」欄について
●掛金額の記入は、掛金額の変更を希望する月以降から記入してください。
●申出をした月以降で、掛金を拠出しない月には「0」をご記入ください。

❷ 2.当年の掛金額の指定
当年【令和　　年】

引落日	納付済	掛金額
1月26日引落(前年12月分)	円	円
2月26日引落(1月分)	円	円
3月26日引落(2月分)	円	円
❸ 4月26日引落(3月分)	円	円
❹ 5月26日引落(4月分)	円	円
❺ 6月26日引落(5月分)	円	円
7月26日引落(6月分)	円	円
8月26日引落(7月分)	円	円
9月26日引落(8月分)	円	円
10月26日引落(9月分)	円	円
11月26日引落(10月分)	円	円
❻ 12月26日引落(11月分)	円	円
❼ 合計		円

3.翌年以降の掛金額の指定
翌年【令和　　年】以降

引落日	掛金額
1月26日引落(前年12月分)	円
2月26日引落(1月分)	円
3月26日引落(2月分)	円
4月26日引落(3月分)	円
5月26日引落(4月分)	円
6月26日引落(5月分)	円
7月26日引落(6月分)	円
8月26日引落(7月分)	円
9月26日引落(8月分)	円
10月26日引落(9月分)	円
11月26日引落(10月分)	円
12月26日引落(11月分)	円
合計	円

受付金融機関に申出をした月の翌々月からの反映となります。
(26日が土日・祝日の場合は翌営業日に引落されます)
6月受付 → 引落日 8月26日

掛金を毎月定額以外で支払う場合は、この書類が必要。「0(ゼロ)」を書いたり、12月26日には必ず引き落とし額を記入するなどルールがあるので要確認。加入後に変更したい場合もこの書類を提出する(右側の記入欄を使用)。

❶申出者
申出者本人が記入する

❷当年の掛金額の設定
加入申出書を提出した月の翌々月が初回引き落とし月となるので、その月が属する年を記入する

❸加入申出をした翌月に「0(ゼロ)」を記入する

❹加入申出をした翌々月以降で掛金拠出を希望する月に金額を記入する

❺拠出しない月は「0(ゼロ)」を記入する

❻12月26日引き落とし(11月分の掛金)は必ず5000円以上記入
※ルール上必須

❼合計
年間の掛金合計額を記入。上限を超えた設定は不可

●預金口座振替依頼書兼自動払込利用申込書

全員必須

御中

預金口座振替依頼書　兼　自動払込利用申込書　太枠内全ての項目をご記入ください。　2枚目

私が支払うべき個人型年金の掛金を、収納企業の指定する日に下記名義の口座から口座振替の方法により支払うこととしたいので、下記の預金口座振替規定を確約のうえ依頼します。　収　加

❶ 1.申出者　全ての加入申出者がご記入ください。

氏名(自署)	フリガナ	
住所	フリガナ 〒	連絡先電話番号

記入内容の誤り、不備等や、印鑑相違、押印不鮮明等の場合、再度提出をお願いすることになります。その場合、掛金の引落しができませんので、ご提出の前に今一度、記入内容、届出印の押印状態をご確認ください。
(※引落せなかった掛金を後日、改めて納付することはできませんので、ご注意ください。)

「1.申出者」、「4.掛金引落口座情報」いずれも全ての項目をご記入ください。
※氏名の記入漏れが多くなっています。ご確認ください。

❷ 4.掛金引落口座情報

口座名義人	フリガナ	金融機関届出印	印
金融機関名	☑銀行 ☑労金 ☑信連 ☑農協 ☑信金 ☑信組　金融機関コード	☑ゆうちょ銀行	ゆうちょ銀行の自動払込利用の場合は、自動払込み規定が適用されます。 種目コード 166　契約種別コード 30
支店名	☑本店 ☑支店(支所) ☑出張所　支店コード	通帳記号	通帳番号(右詰め)
預金種別	☑普通1 ☑当座2　口座番号(右詰め)		

❶申出者
申出者の氏名・住所・電話番号を記入

❷掛金引落口座情報
届出印のない金融機関を利用する場合は欄外に「印鑑なし口座」と記入

加入申出書に書いた口座情報をこちらの書類にも記入する。給与天引きで掛金を支払う場合は会社の担当者に記入してもらおう。

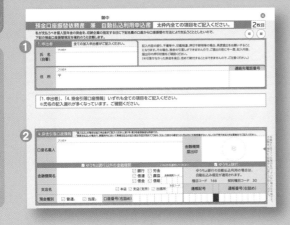

Q28 口座開設をしたあとにする「配分指定」って何？

iDeCo編
3-⑬

Answer 掛金の範囲内で購入する商品とその割合を決めることです。

運用商品を選んで割合で振り分けよう

iDeCoの口座が開設できたら、手元に届いた書類を見て管理画面にログインしましょう。証券総合口座などを持っている（開設した）場合は、そこからiDeCoの管理画面を開くことができます。持っていなければ記録関連運営管理機関のサイトにログインして作業することになります。

まず、最初にするのが「配分指定」です。**配分指定とはどの商品を買うか決め、掛金の範囲内で割り振りをする**こと。4カ月間など長く放置すると、金融機関が指定した商品で運用がスタートしてしまうので、早めに作業しましょう。

積立サイクルが「毎月定額」、掛金が「2万3000円」の例で見ていきましょう（左ページ図）。まず、投資信託Aを50％、投資信託Bを30％、投資信託Cを20％というように、商品とその割合を指定します。すると、投資信託Aを1万1500円分、投資信託Bを6900円分、投資信託Cを4600円分、毎月自動で積立・運用していくことができます。

「これが正解」という配分はないので、自分の投資方針に合わせて決める必要があります。リターンを重視したいなら、株式型の投資信託を多めに。元本をできるだけ減らしたくない人は、定期預金や債券型の投資信託を中心に。リスクを抑えつつ、ある程度のリターンを狙いたい人は、株式型と債券型の投資信託を半々にしてもよいでしょう。

配分と聞くと、複数の組み合わせが必須のように感じますが、もちろん1本×100％で設定しても構いません。幅広い分散投資ができるバランス型1本を選択するのも1つの手です。

●掛金をどう振り分けるか考える

〈 毎月の掛金2万3000円を 3つの投資信託に分けて投資したい場合 〉

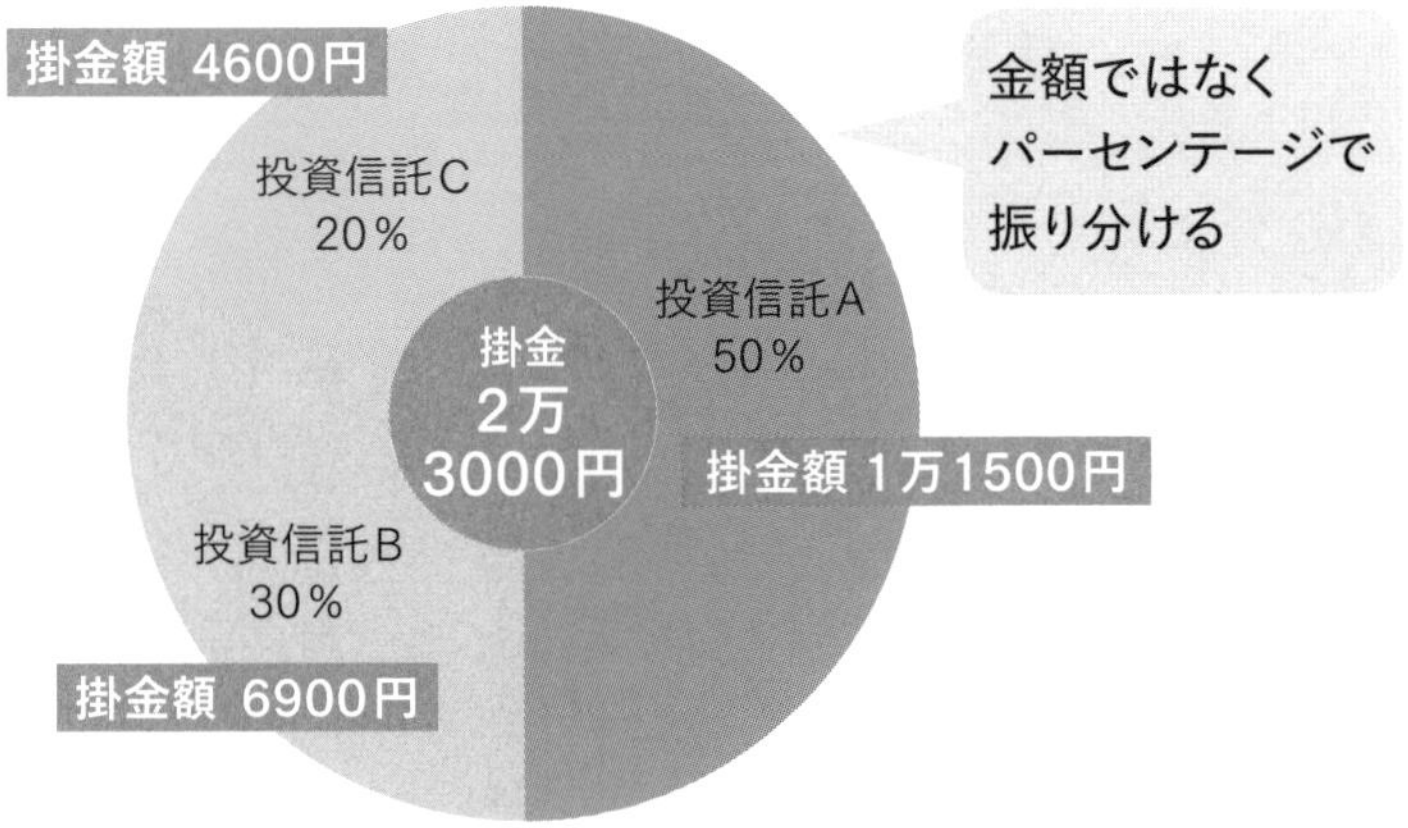

●配分指定の画面イメージ【楽天証券（JIS&T社）の場合】

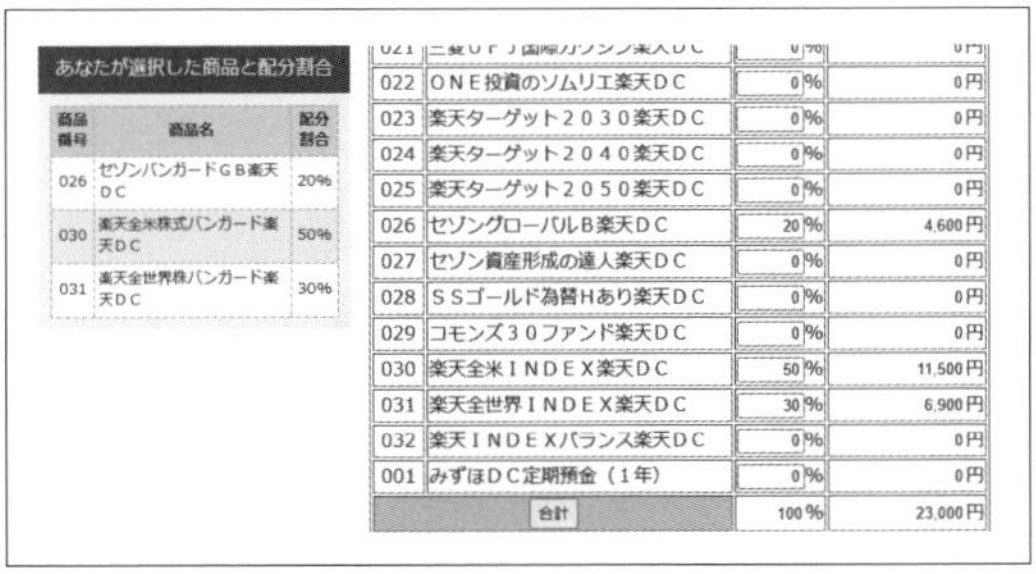

あなたが選択した商品と配分割合

商品番号	商品名	配分割合
026	セゾンバンガードＧＢ楽天ＤＣ	20%
030	楽天全米株式バンガード楽天ＤＣ	50%
031	楽天全世界株バンガード楽天ＤＣ	30%

021	三菱ＵＦＪ国際[illegible]楽天ＤＣ	0%	0円
022	ＯＮＥ投資のソムリエ楽天ＤＣ	0%	0円
023	楽天ターゲット２０３０楽天ＤＣ	0%	0円
024	楽天ターゲット２０４０楽天ＤＣ	0%	0円
025	楽天ターゲット２０５０楽天ＤＣ	0%	0円
026	セゾングローバルＢ楽天ＤＣ	20%	4,600円
027	セゾン資産形成の達人楽天ＤＣ	0%	0円
028	ＳＳゴールド為替Ｈあり楽天ＤＣ	0%	0円
029	コモンズ３０ファンド楽天ＤＣ	0%	0円
030	楽天全米ＩＮＤＥＸ楽天ＤＣ	50%	11,500円
031	楽天全世界ＩＮＤＥＸ楽天ＤＣ	30%	6,900円
032	楽天ＩＮＤＥＸバランス楽天ＤＣ	0%	0円
001	みずほＤＣ定期預金（１年）	0%	0円
合計		100%	23,000円

商品選びの際はP134からのケーススタディ、P148からの投資信託セレクションも参考に！

ポイント

- ✓ 口座開設ができたら必ず配分指定を行う
- ✓ リスク・リターンなどを考慮して組み合わせる

Q29 iDeCoの運用が始まったらどうしたらいい？

Answer 3カ月〜半年に1度程度、運用状況をチェックしましょう。

短期の動きは気にし過ぎずたまにメンテナンスを

積立投資のメリットは、一度設定したあとはある程度ほったらかしにできること。毎日運用成績をチェックする必要はありません。見過ぎてしまうと、「マイナスだけど売った方がいいのか」、「この運用商品で大丈夫なのか」など、余計な不安やストレスを抱えることにつながります。

長期投資では下がる時もあれば上がる時もあります。自分の投資方針に合った商品をきちんと選んだのであれば、気にし過ぎないことが大切です。相場下落のニュースを目にしても、「下がっているからドル・コスト平均法の効果でたくさん買えているな」と、落ち着いて構えましょう。

とはいえ、「10年ほったらかしたまま」、「定年まで一度もチェックしなかった」というのも考えもの。選んだ商品や配分で受け取れる資産は変わってくるので、**3カ月〜半年に1度は管理サイトにログインして、どれぐらいのリターン（運用利回り）を得られているかチェック**しましょう。

複数の投資信託を組み合わせている場合、銘柄によってリターンが変わってきているはず。リターンの伸びが鈍ければ、その商品の成長性をリサーチし、必要があればその商品の割合を下げ、ほかのものを上げるといった調整をすることもできます。

30代から40代、40代から50代になるなど年齢の変化、あるいは転職による収入の変化、結婚や出産での**ライフステージの変化があったときは、しっかりメンテナンスをするタイミング**。積極的な投資、あるいは安定重視の投資に切り替えるなど、改めて確認しましょう。

●評価損益や利回りはサイトから確認できる

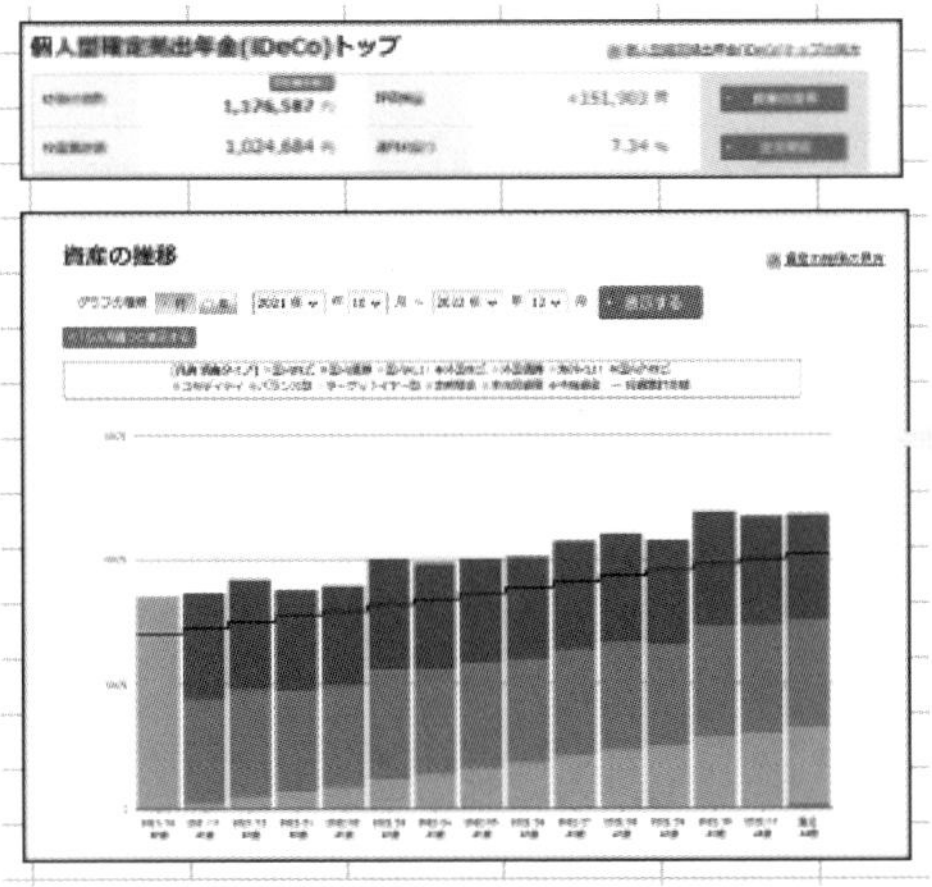

iDeCoの管理画面では、自分の資産状況を直近1カ月から遡って確認できる

●1年に1回「取引状況のお知らせ」が届く

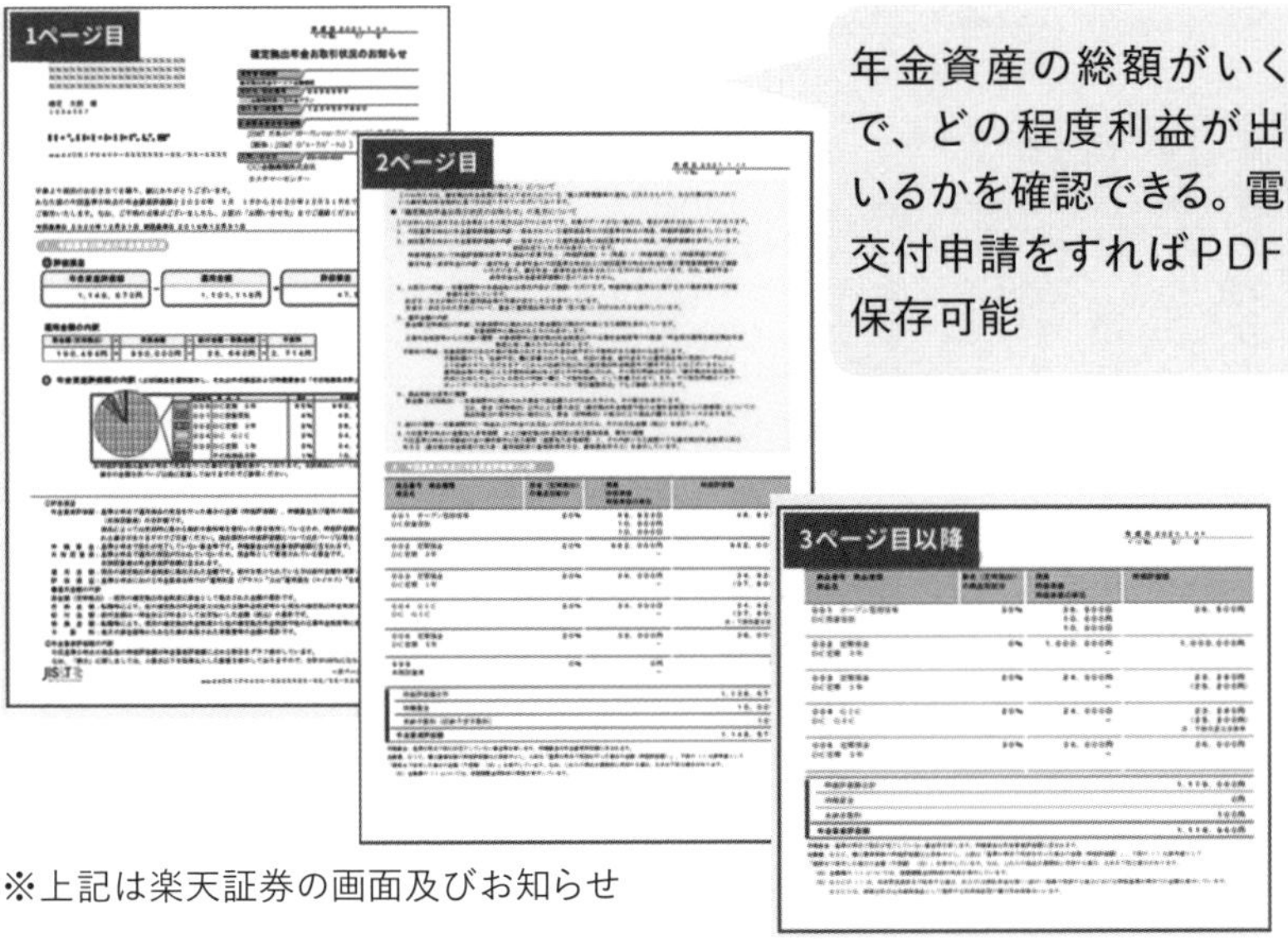

年金資産の総額がいくらで、どの程度利益が出ているかを確認できる。電子交付申請をすればPDFで保存可能

※上記は楽天証券の画面及びお知らせ

ポイント

- ✓ 長期の積立投資で「気にし過ぎ」は逆に良くない
- ✓ ライフステージの変わり目にはきちんと見直す

Q30 配分の変更や運用商品の入れ替えはできる？

iDeCo編
3-⑮

Answer いつでもできますが、注意点があります。

配分変更・スイッチング（買い替え）で調整できる

年齢や収入、ライフステージ、市況が変化すると、iDeCoで運用している商品の配分や商品自体を変えたくなることがあるかもしれません。

また、長く運用しているとリターンに差が出るので、当初組み合わせた資産バランスが崩れてきます。その時は、値上がりして割合が増えた商品の一部を売却し、値下がりして割合が減った商品を買い増すといった調整をすれば、元の配分に戻すことができます。

運用商品を変えずに配分だけを見直すことを「配分変更」といい、**運用している資産の一部を売却してほかの商品に買い替えることを「スイッチング」**といいます。

左ページ上の図が配分変更の例。現在の配分から運用商品AとBの割合を10%減らし、Cの割合を10%増加。商品Eを新たに10%組み込みました。

その下の図は、スイッチングの例です。運用商品CとDは、現在は利益が出ているものの、今後値下がりの懸念があることから、利益の出ているタイミングで売却。商品Cのすべて（15万円）、Dの一部（20万円分）を売却。そのお金で、元本確保型の定期預金Eを35万円分購入して、より安定的な配分にしました。

こうした**配分変更やスイッチングは簡単にできますが、複利効果やリスク分散といったせっかくのiDeCoの強みが薄れる可能性もあります**。また、手数料はかかりませんが、売却時に信託財産留保額、購入時に手数料がかかることも。そのため、頻繁に変えるのではなく、長期的な視点で様子を見ながら行うとよいでしょう。

●配分変更やスイッチングで調整できる

配分変更の例　元のバランスに近づけるため投資信託A、Bの配分を10%ずつ減らしCは10%増加。さらにEを新たに追加

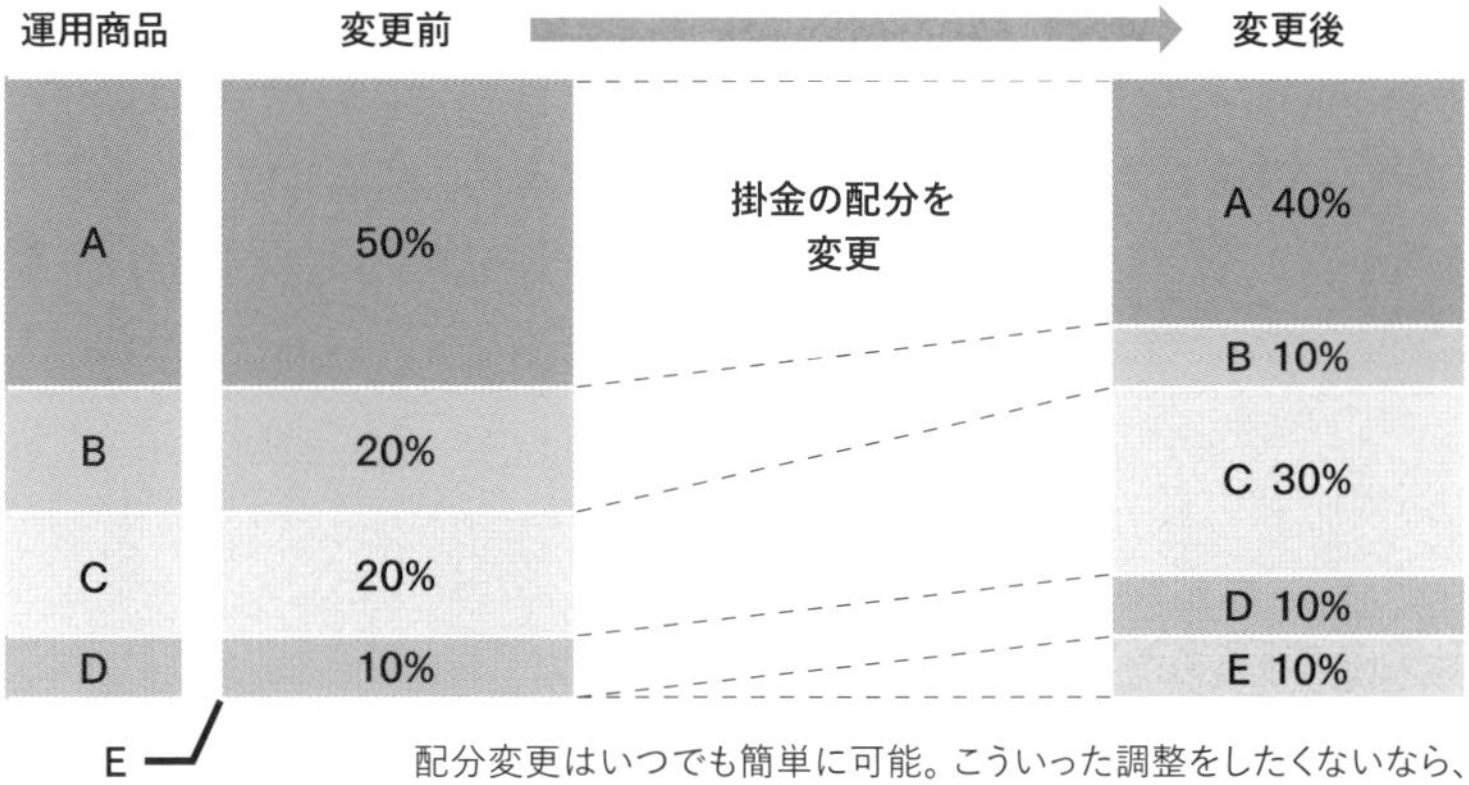

配分変更はいつでも簡単に可能。こういった調整をしたくないなら、投資先や資産割合などを自動で整えてくれるバランス型も選択肢に

スイッチングの例　利益が出ている投資信託Cを15万円（全額）、投資信託Dを20万円分売却し、定期預金Eを35万円分購入した

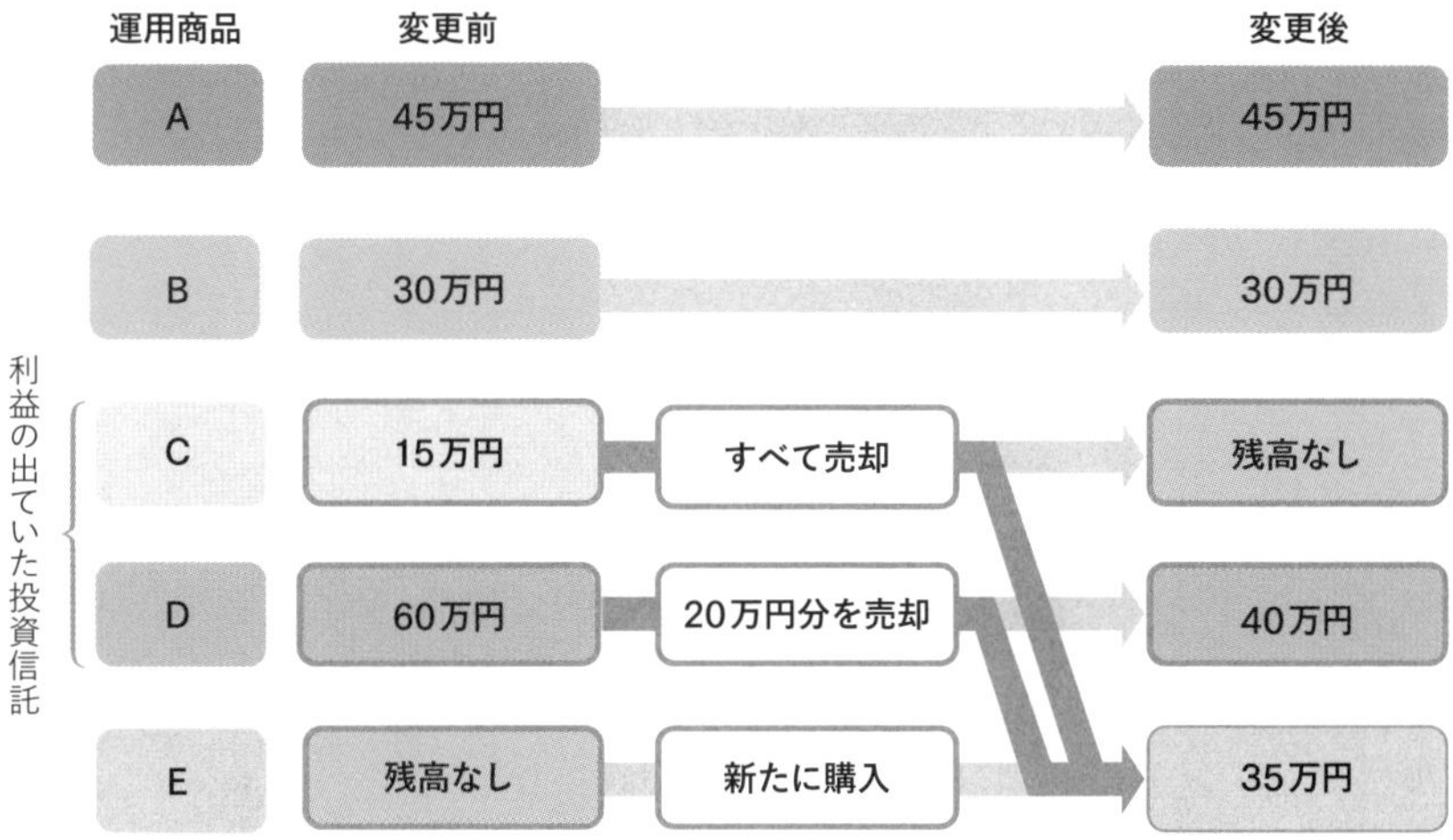

売却しても原則60歳までは引き出せないが、大きく利益が出たタイミングで確定することはできる！

ポイント

- ✓ 配分変更やスイッチングはサイト上ですぐ可能
- ✓ 頻繁に変えると長期投資の強みが薄まる

Q31 iDeCoは年末調整や確定申告は必要？

iDeCo編
3-⑯

Answer 所得控除を受けるためにどちらか必ず行いましょう。

手続きを忘れると還付を受けられないので注意

掛金の全額が所得控除の対象になるという恩恵を受けるためには、年末調整や確定申告で「小規模企業共済等掛金控除」を受ける手続きが欠かせません。

毎年10月末頃、国民年金基金連合会から「小規模企業共済掛金払込証明書」が届きます。これは、iDeCoの加入者が1年間支払った（12月末までに払う予定額を含む）掛金を証明する書類です。申告時に必要なのでなくさないよう保管しましょう。

会社員や公務員（第2号被保険者）は、基本的に年末調整時に申請します。11月下旬～12月上旬に勤め先で年末調整の用紙（給与所得者の保険料控除申告書）を受け取ったら、「確定拠出年金法に規定する個人型年金加入者掛金」と「合計（控除額）」欄にiDeCoの掛金額を記入し、小規模企業共済等掛金払込証明書も添付して会社に提出します。

ちなみにiDeCoの掛金を給与天引きで拠出している人は、給与計算時に控除されているため年末調整時の手続きは不要。証明書も送付されません。

自営業者など第1号被保険者は年末調整がないので、確定申告で手続きを行います。確定申告書の第一表と第二表の「小規模企業共済等掛金控除」の欄にiDeCoの掛金額を記入しましょう。こちらも小規模企業共済掛金払込証明書を添付し、2月16日～3月15日までの申告期間内に税務署に提出すれば申請完了です。

専業主婦などの第3号被保険者は、最初から所得税も住民税も納めていませんので、拠出時のメリットの対象外（P95参照）。どちらの対応も不要です。

●年末調整の場合

（給与所得者の保険料控除申告書）

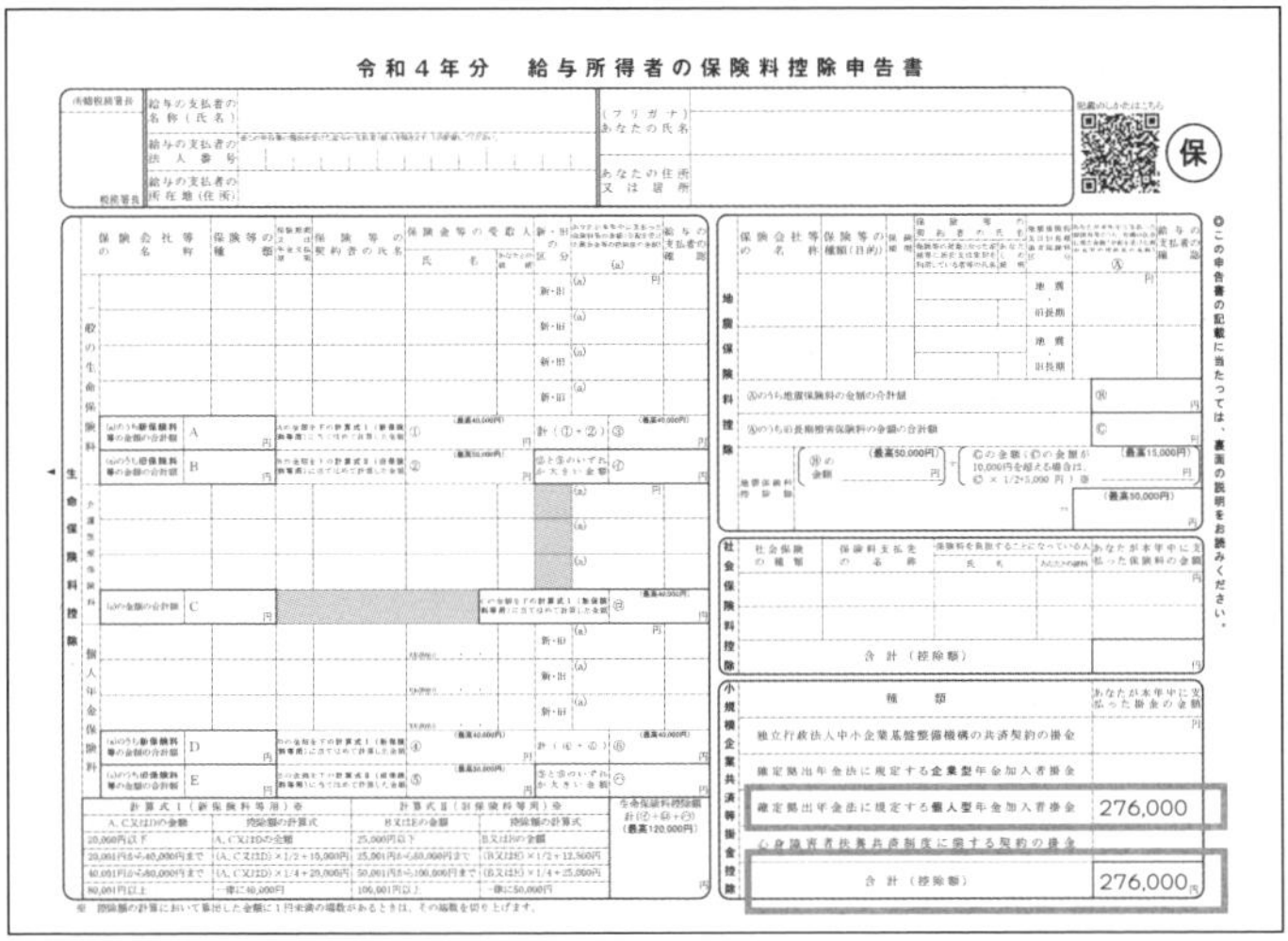
令和４年分　給与所得者の保険料控除申告書

種類	あなたが本年中に支払った掛金の金額
独立行政法人中小企業基盤整備機構の共済契約の掛金	
確定給付企業年金法に規定する企業型年金加入者掛金	
確定拠出年金法に規定する個人型年金加入者掛金	276,000
心身障害者扶養共済制度に関する契約の掛金	
合計（控除額）	276,000円

ここに1年間の払込合計額を記入し、証明書の原本を添付して勤務先に提出する

●確定申告の場合

（第一表）

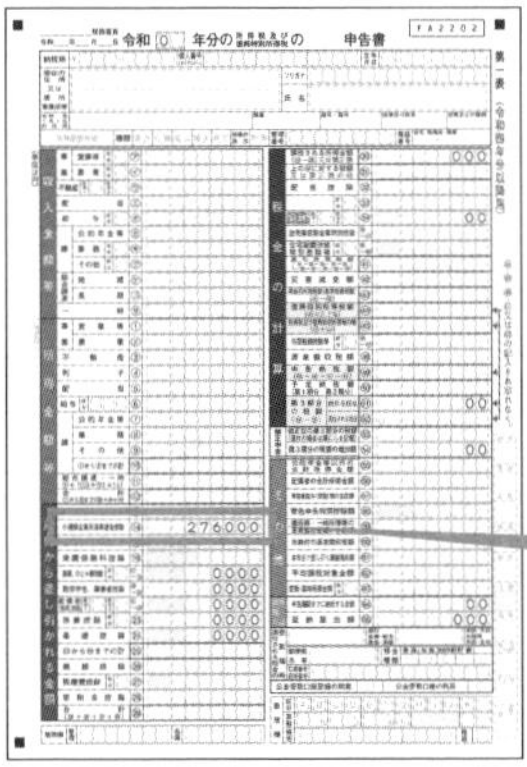
小規模企業共済等掛金控除　276000

（第二表）

FA2302

⑬⑭社会保険料控除　小規模企業共済等掛金控除	保険料等の種類	支払保険料等の計	うち年末調整等以外
	個人型確定拠出年金	276,000円	276,000円

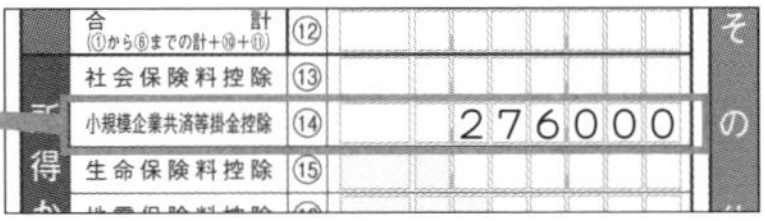

合計 ①から⑥までの計＋⑩＋⑪	⑫	
社会保険料控除	⑬	
小規模企業共済等掛金控除	⑭	276000
生命保険料控除	⑮	

第一表・第二表の「小規模企業共済等掛金控除」欄に記入する

ポイント

- ✓ 控除の申請をしないと税金は戻ってこない
- ✓ 小規模企業共済掛金払込証明書はなくさない

Q32 掛金額の変更や積立の停止を行うにはどうする？

iDeCo編
3-⑰

Answer 専用の書類に記入して金融機関に依頼しましょう。

変更や停止の手続きは紙ベースで時間がかかる

ｉＤｅＣｏの加入申込時に掛金額を設定しますが、月５０００円以上～非課税枠の上限額の範囲内であれば、後から変更することができます。ただし、変更は1月～12月の間で1回のみ。**WEB上（管理画面）で変えることはできず、書面での申請が必要**です。

変更の手続きをする際は、金融機関のｉＤｅＣｏ専用ダイヤルに電話するなどして「加入者掛金額変更届」を取り寄せます。毎月定額の積立の場合はこの書面のみですが、納付と金額を自由に指定したい場合は「加入者月別掛金額登録・変更届」も必要です（Ｐ１０９参照）。

また、ｉＤｅＣｏは原則として解約はできませんが、積立の停止はできます。手続きを行う場合、「加入者資格喪失届」を金融機関から取り寄せましょう。国外に転居した、第3号被保険者になったという場合は変更届以外にも添付書類が必要です（届出に記載あり）。毎月の拠出が厳しいなど、それ以外の理由であれば添付書類は不要です。

注意したいのは、積立を止めても運用は続くので、口座管理手数料が引かれ続けるということ。加入期間にもカウントされないため、受取時の退職所得控除の枠が小さくなるというデメリットもあります。

下限である月５０００円の拠出をすれば、掛金の所得控除も受けられ、運用時の手数料もムダにはなりません。運用指図者になるという選択よりも、掛金額を引き下げるという選択をおすすめします。

用語解説

運用指図者▼掛金の拠出を行わず運用の指図のみを行う人の事。毎月掛金を拠出しながら運用する人は加入者と呼ぶ。

●掛金額を変更したい時は「掛金額変更届」を提出

加入者掛金額変更届
（第2号被保険者用）

この届出書は第2号被保険者（会社員、共済組合員の方）のためのものです。
第1号被保険者、第3号被保険者、任意加入被保険者の方は使用できません。

国民年金基金連合会

04091

ご記入の際は、必ず「記入要領」をご参照ください。

楽天証券株式会社

掛金額は月5000円～
上限額の間で変更できる

注意

1年に1回しか変更できない

●掛金の拠出をストップしたい時は「資格喪失届」を提出

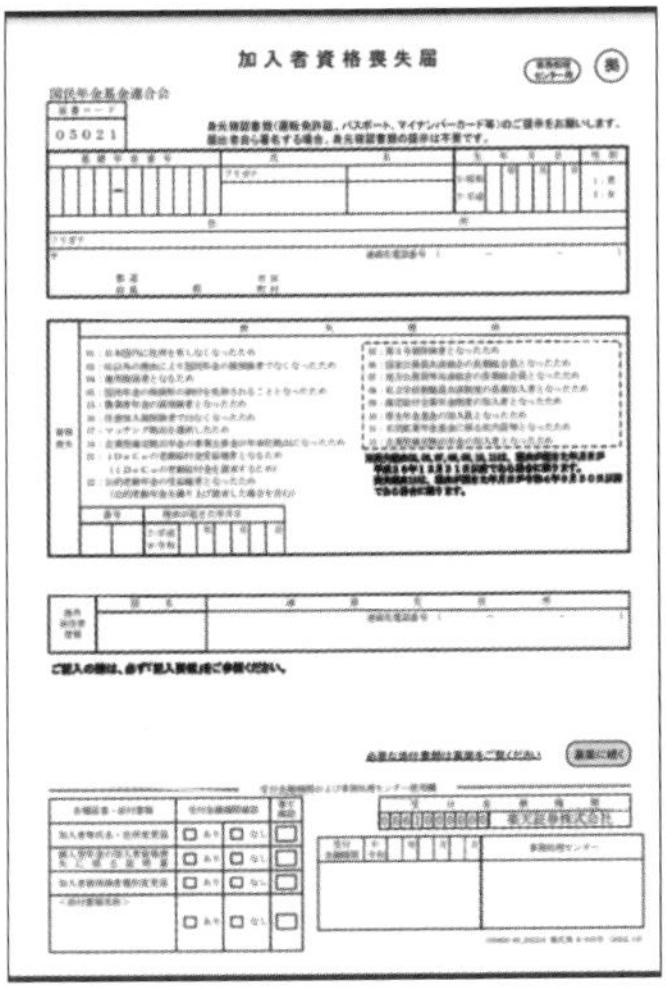
加入者資格喪失届

国民年金基金連合会

03021

ご記入の際は、必ず「記入要領」をご参照ください。

楽天証券株式会社

積立は届け出をすると、ストップできる。積立を止めると「運用指図者」となる

注意

解約はできず運用は続くため手数料がかかり続ける

申請書はコールセンター経由で取り寄せたりオンライン上からダウンロードするなどして、書面を窓口の金融機関に提出する。変更内容にもよるが、手続きには1カ月以上かかることが多いので早めの対応が必要。

ポイント

- ✓ **拠出額の変更は年1回なので早めの手続きを**
- ✓ **積立を止める（運用指図者になる）とデメリットも**

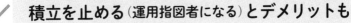

Q33 iDeCoって最終的にどうやって受け取るの？

iDeCo編
3-⑱

Answer 満期になると書類が届くので、給付請求を行いましょう。

満期が近づいたら受け取り方を考えよう

iDeCoで積立・運用したお金は、満期になると老齢給付金として受け取ることができます。原則60歳以降から受け取れますが、60歳時点で加入期間が10年に満たない人は後ろ倒しになるので注意しましょう（P94参照）。

「受取時期がわからなくなりそう」と心配になるかもしれませんが、給付金を受け取れる年齢になると記録関連運営管理機関から書類一式が届くので安心です。記入して給付請求を行うと、裁定が行われます。問題なければ給付金裁定結果通知書が届き、その後、指定口座に給付金が振り込まれるという流れになります。**この給付書類を受け取るには正しい名前・住所が登録されている必要があります**。iDeCoの加入期間中に結婚したり引越しした時は、加入した金融機関のiDeCoの窓口に連絡するなどして書類を入手し、名前・住所変更を忘れずに行いましょう。

受け取り方は、左ページの図のように、一括、年金（分割）、その2つの併用から選択できます。**受け取り方によって対象になる税制優遇メリットが変わる**ので、P92も参考にして、受け取り方を考えましょう。

満期を迎えても積立は65歳まで（今後69歳まで延長の見込み）、運用は75歳まで継続できます。長く続けて資産を増やしたり、受け取りのタイミングで暴落があった場合などは、年金で少しずつ受け取りながら運用を続けて回復を待つという手もあります。

お金はつくるだけではなく目的のために使ってこそ意味のあるものです。状況に応じて有利な受け取り方を選択するとよいでしょう。

●iDeCoの給付金の受け取り方の例

一時金として受け取る

ケース1 60歳になった時点で、一時金受け取り

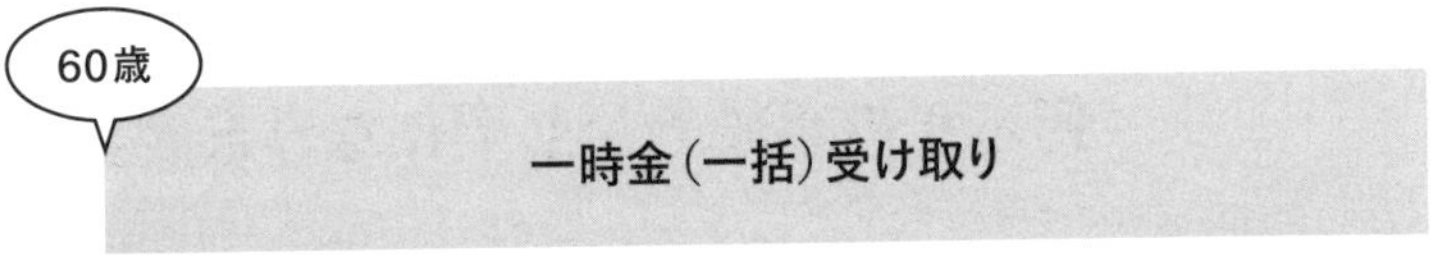

年金として受け取る

ケース2 65歳まで働くつもりなので、
年金の受け取りは65歳から

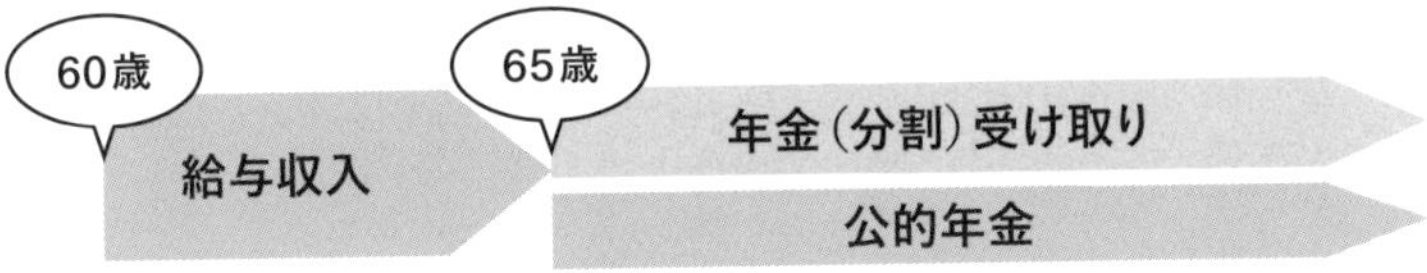

ケース3 60歳から年金の受け取りを始めて
公的年金支給までの無収入期間をカバー

一時金と年金を組み合わせて受け取る

ケース4 60歳で年金の受け取りを開始すると同時に、
一部のお金をまとめて受け取る

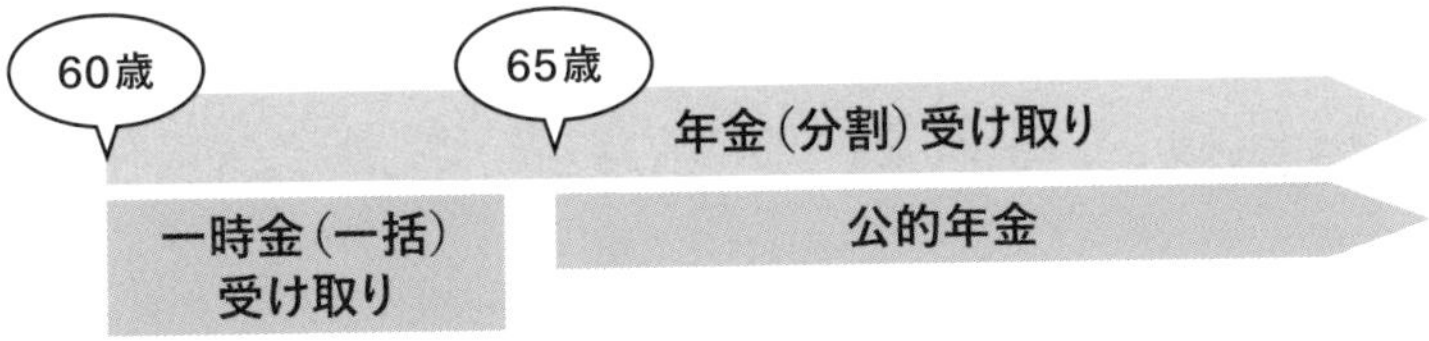

ポイント

- ✓ 給付金を受け取るタイミングでお知らせが来る
- ✓ 使い道や控除面などを考えて受け取ろう

Q34 転職する時は何か手続きが必要なの？

Answer 仕事が変わる場合は、何らかの手続きが必要になります。

企業型DCや確定給付企業年金の有無を確認

転職してもiDeCoでつくった資金は持ち運びができます。ただし、手続きは元の勤務先と転職先に応じてさまざま。例として、左ページの会社員Aさんのパターンを見てみましょう。

企業型確定拠出年金（DC）や確定給付企業年金（DB）がない会社に転職する場合、iDeCoはそのまま継続できますが、「加入者登録事業所変更届」や「事業主の証明書」を金融機関に提出する必要があります。

転職先に企業型DCがある場合、iDeCoの資産を企業型DCに移すか、iDeCoも併用するかのどちらかになります。企業型DCとiDeCoを合わせて月5万5000円が掛金の上限で、そのうちiDeCoの上限は月2万円です。

ただし、この場合、マッチング拠出を利用する場合はiDeCoが使えない、確定給付企業年金（DB）も合わせて利用する場合は金額が変わるなど、条件が複雑なので、勤め先と金融機関の両方に確認を取るとよいでしょう。

確定給付企業年金（DB）がある会社に転職する場合、iDeCoの資産を移すことができる場合もあります。併用をする場合、iDeCoの掛金は月1万2000円までとなります。

独立して自営業者になる場合、iDeCoを継続できますが「加入者被保険者種別変更届」の提出が必要。掛金の上限は月6万8000円にアップします。

このように、**転職時には「何もしなくていい」というケースはありません**。忘れずに手続きを進めましょう。

用語解説

マッチング拠出▼会社が拠出する掛金に加えて、加入者本人が掛金を上乗せして拠出すること。導入しているかは会社によって変わる。

●転職先の条件によって掛金の上限などは変わる

企業年金のない会社に転職

iDeCoの掛金（上限）
月2万3000円

提出書類
・加入者登録事業所変更届
・事業主の証明書

企業型DCのある会社に転職

iDeCoの掛金（上限）
月2万円
（企業型DCとの合計月5万5000円まで）

提出書類
・加入者登録事業所変更届
・事業主の証明書
・加入者掛金額変更届

iDeCo加入中のAさん

iDeCoの掛金（上限）
月2万3000円
（企業年金などなし）

転職すると……

確定給付企業年金（DB）のある会社に転職

iDeCoの掛金（上限）
月1万2000円
（企業型DCとの合計月5万5000円まで）

提出書類
・加入者登録事業所変更届
・事業主の証明書
・加入者掛金額変更届

自営業者になる

iDeCoの掛金（上限）
月6万8000円

提出書類
・加入者登録事業所変更届
・加入者掛金額変更届

企業型DC、DBに加入している場合、2024年12月からは下記のように拠出上限が月2万円（企業型DCとDBの合計5万5000円まで）に変わります。

加入状況	2024年11月まで	2024年12月〜
①企業型DCのみに加入	2万円 （企業型DCとの合計が5万5000円	2万円 （企業型DC＋DBの合計5万5000円まで）
②企業型DCとDBに加入	1万2000円 （企業型DCとの合計が2万7500円	
③DBのみに加入	1万2000円	

ポイント

- ✓ 勤め先が変わる時は金融機関への届け出が必須
- ✓ 新旧の勤め先と金融機関に確認を取るとスムーズ

Column4

ふるさと納税で投資資金を確保する

食費、旅行代などをお得に節約！

うーん、投資資金を用意するのも
大変だなぁ。節約も限界があるし、
今の職場で仕事を覚えたいから、
転職で収入アップも難しいし…。

ふるさと納税はやっていますか？
食費がだいぶ浮きますよ。

なんだか難しそうでやっていません…(汗)

ふるさと納税は、好きな自治体に
納税すると実質2000円の自己負担で
返礼品が受け取れる制度です。
会社員なら、ワンストップ特例を使えば
確定申告も不要。やらなくては損ですよ！

ネットショッピングの感覚で簡単に
できるから、私はしっかり活用中！
お米や野菜、旅行券なんかを
もらってます。

やると節税になるんでしょうか？

ふるさと納税は本来納めるべき税金を
好きな地域に支払うという制度なので
節税とは違うんです。でも、
自己負担額以上の返礼品がもらえるので、
お得なことは間違いありません。

食費が浮けば、その分つみたてNISAや
iDeCoにお金が回せますね。
視点を変えるといろいろ方法が
あるんだなぁ。すぐにやってみます！

第4章

投資実践編

つみたてNISAとiDeCoのことが分かったら
あとは実践あるのみ！
具体的な投資術を
年代別でわかりやすく解説します。

Q35 現金と投資の割合は、どのように考えればいい？

投資実践編
4-①

Answer 「100－年齢」の理論を使って考えてみましょう。

若いうちは投資比率を多くしてもOK

現金と投資の割合をどうするかは悩ましいところです。そこで、年齢を基にしたシンプルな投資比率のルールをご紹介します。

計算式は「100－年齢」。20歳なら80％まで、30歳なら70％まで、40歳なら60％と、年を取るごとに投資比率が減っていきます。この時、「50歳なら50％の投資比率が望ましい」のではなく、「多くても50％に留める」と考えてください。

今20代、30代であれば、「生活を守るお金」はしっかりキープしたうえで、現金比率よりも投資比率をかなり大きくし、投資で資産を増やすことに集中してもよいでしょう。

もちろん、収入、現時点での資産状況、家族構成、老後に働く予定があるかなどでも変わってくるので、これが絶対ルールではありません。あくまで1つの目安です。

つみたてNISAとiDeCoで投資できるのは、現時点で一般的な会社員だと2つの制度を合わせて年67万6000円（年40万円＋年27万6000円）。これが、2024年のつみたてNISA拡充後は147万6000円までアップし、さらに成長枠としてプラス240万円を非課税で投資できるようになります。

このように非課税投資枠はぐっと大きくなりますが、年を取るごとに現金比率を上げて投資比率を下げるというルールは忘れずに。必要に応じて毎月継続している積立額を少なくするなどの見直しも行いましょう。

長生き時代とはいえ、寿命は人それぞれ。**公的年金をもらえる時期が見えてきたら運用は守りを重視**して、資産をどう使い切るかも考えるようにしましょう。

●年齢ごとの投資比率の計算式

100 − 年齢 ＝ 投資比率

20歳なら 100 − 20 ＝ 投資比率80%
30歳なら 100 − 30 ＝ 投資比率70%
40歳なら 100 − 40 ＝ 投資比率60%
50歳なら 100 − 50 ＝ 投資比率50%
60歳なら 100 − 60 ＝ 投資比率40%

↓

**年齢が上がるごとに投資比率を
下げるのが基本ルール**

市場が下落しても
回復する時間がたっぷりある

定年が近づいてきたら
投資比率とポートフォリオを
しっかり見直し

70歳を過ぎたら不確定な
投資に足を突っ込まず
使うことにシフト

ポイント

- ✓ 年を取るごとに投資比率は減らしていく
- ✓ 老後はつくった資産をどう使い切るか考える

Q36 投資をするにあたって意識すべきことは？

投資実践編
4-②

Answer 自分のリスク許容度に合った投資を行うことです。

損失に対する耐性がどれぐらいあるか把握しよう

投資は元本保証がないので、損をするかもしれないという不安がゼロになることはないでしょう。しかし、そのレベルには差があり、相場が荒れてもまったく動じない人がいたり、逆にすごく動揺してしまう人がいたりします。

それは「リスク許容度」が違うからです。**リスク許容度は「運用で資産が減った時に、どれぐらいなら受け入れられるか」**の度合いを表します。

そもそも投資におけるリスクは危険という意味ではなく、リターンの不確実性（ブレ）を指します。リスクとリターンは相関関係であり、リターンのブレが大きい場合、多くの利益を得られる可能性があるものの、多くの損失が発生する可能性もあるということです。

リスク許容度は、一般的に年齢、収入、持っている資産、投資経験、性格などで判断します。当然、年齢は若いけれど資産は慎重に増やしたいなど、項目ごとにバランスは変わります。

自分のリスク許容度に合わない投資は、ストレスに耐えられず不利なタイミングで損切りをしてしまったり、資産運用を途中で止めてしまうといったことを引き起こしかねません。

積立投資では投資期間が長くなるほどリスクが減り、複利効果で資産も増えていくので、投資の中断はそういったメリットを失うことにつながります。

そうならないよう、自分のリスク許容度を把握しておくことが大切です。**リスク許容度が低いタイプであれば安定的な投資を、高いタイプであれば積極的な投資をする**といったように、投資戦略に活かすようにしましょう。

●リスク許容度のチェックポイント

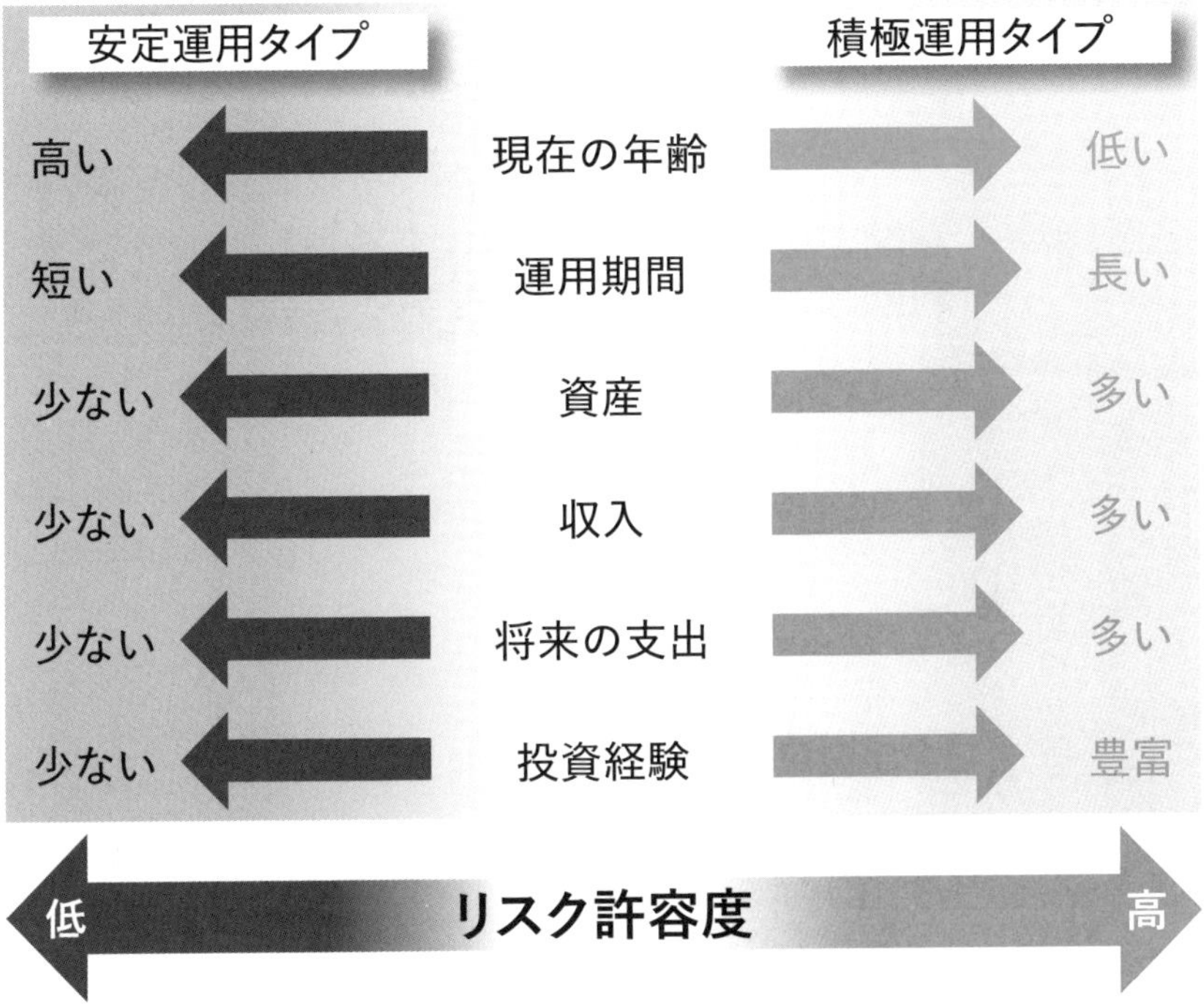

●金融資産のリスク別分類

安定型資産	流動性資産（普段使うお金）	普通預金など
	安全資産（元本保証のお金）	定期預金、国債など
積極型・リスク性資産（増やすお金）		株式、外国債券、それらを組み込んだ投資信託など

リスク許容度に応じて金融資産をどう持つかバランスを考えよう

ポイント

- ✓ **リスクとはリターンの不確実性（ブレ）を指す**
- ✓ **リスク許容度を理解して投資戦略を立てる**

Q37 目標金額を達成するにはいくら積み立てればいい？

投資実践編
4-③

Answer 期間と金額から逆算できますが、利回りによって変わります。

目標をはっきりさせて実現までの道筋をつくる

子どもの大学の入学資金、マイホームの頭金など、資産づくりの目標はさまざまです。この時に、いくら積み立てると達成できるのか把握できると、家計管理がしやすく、投資へのモチベーションも上がります。

積立額は、「目標達成までの期間」、「目標額」、「利回り」の3つから計算できます。たとえば、1000万円を15年で貯めたいという場合、利回り年3％で毎月4万4000円の積立が必要です。逆に、月の余裕資金からどれくらい資産がつくられるかを計算することもできます。

1つ注意したいのが、実際の利回りによって結果は変わること。投資信託の積立では「利回り年3％」を目安にしていることが多いですが、実際に3％で運用できる保証はありません。

とはいえ、3％より高い利回りで運用できれば、予定より早く目標達成できることになります。**利回りについては上下に幅を持たせて考えておくとよい**でしょう。高めの想定利回りに期待し過ぎず、低い方で考えておけば安心です。

左ページの上図で一例を出していますが、自分のケースを試したい場合は、野村証券や楽天証券などがサイト上で提供しているマネーシミュレーターを使うのがおすすめです。想定利回り、目標金額、積立期間を入力すれば、毎月の積立額を簡単に確認できます。

その金額を積み立てることが厳しそうであれば、期間を延ばしたり、目標額を少し下げるなどの工夫も必要です。家計をやりくりして積立額を捻出するという方法もあるでしょう。目標を明確にするため、まずは自分で計算してみましょう。

●1000万円をつくるために必要な毎月の積立額

期間		5年	10年	15年	20年	25年	30年
利回り	2%	15万9000円	7万5000円	4万8000円	3万4000円	2万6000円	2万円
	3%	15万5000円	7万2000円	4万4000円	3万1000円	2万3000円	1万7000円
	4%	15万1000円	6万8000円	4万1000円	2万7000円	2万円	1万5000円
	5%	14万7000円	6万5000円	3万8000円	2万5000円	1万7000円	1万2000円
	6%	14万4000円	6万2000円	3万5000円	2万2000円	1万5000円	1万円

●月3万円積み立てた場合につくれる資産

期間		5年	10年	15年	20年	25年	30年
利回り	2%	189.1万円	397.8万円	628.2万円	882.7万円	1163.6万円	1473.8万円
	3%	193.7万円	418.3万円	678.7万円	980.6万円	1330.5万円	1736.1万円
	4%	198.5万円	440.1万円	734.0万円	1091.5万円	1526.5万円	2055.8万円
	5%	203.4万円	463.1万円	794.5万円	1217.4万円	1757.2万円	2446.1万円
	6%	208.5万円	487.4万円	860.7万円	1360.3万円	2028.9万円	2923.5万円

家計を考慮して適切な目標を立てることが大切
利回りは幅を持たせて計算しよう

●利回りの違いと資産増加の関係

同じ元本でも
利回り2%と6%では
30年後に2倍の差が付く

月3万円を運用した場合

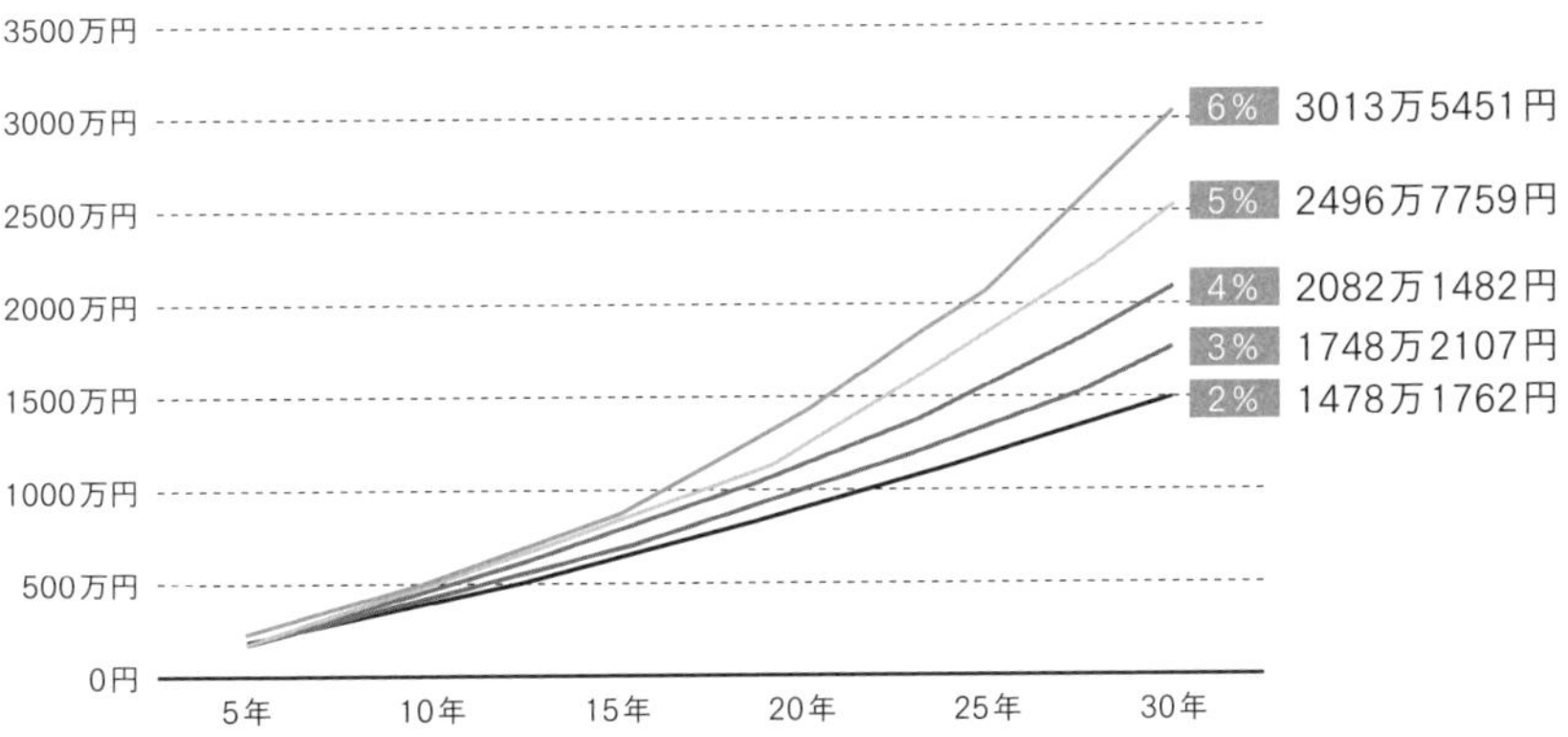

ポイント

- ✓ 必要な積立額は期間、目標額、利回りから逆算
- ✓ 複数パターンの想定利回りで計算する

Q38 自分に合った資産配分はどう決めればいい？

投資実践編
4-④

Answer まずは投資戦略に基づいたポートフォリオを組んでみましょう。

安定運用・積極運用では選ぶ投資信託が変わる

ポートフォリオとは、保有している投資商品の一覧や組み合わせのこと。分散効果を得るためには、タイプの異なるさまざまな銘柄を組み合わせることが大切です。

ポートフォリオを組む前に、まず自分のリスク許容度、目標額、期間などを確認します。それに合わせて**利益より安定性を重視するのか、リスクを取っても利益を狙うのか投資戦略を考えましょう**。

投資信託は、「株式型」と「債券型」で得られる利益が変わります。ベースになるのは、利益が狙える株式型。国内株式よりも外国株式のほうがハイリスク・ハイリターンで、外国株式の中には先進国株式型、全世界株式型、米国株式型などがあり、リスク・リターンも変わってきます。停滞する日本経済を考慮すれば、国内株式の優先順位は高くはならないでしょう。

一方、債券をポートフォリオに組み込むと、投資に安定感が生まれます。ちなみに、私たちが納めている年金保険料の一部は年金積立金として年金積立金管理運用独立行政法人（ＧＰＩＦ）によって運用されています。そのポートフォリオが、左図の安定運用タイプと同じ、各資産25％ずつの配分です。

このことからも、**定年が近づいてきた人、投資期間が短く資産が減るリスクを抑えたい人などは、債券を組み込むようにしましょう**。

投資信託の分類についてはP40〜41でおさらいを。P134からは、つみたてＮＩＳＡとｉＤｅＣｏの年代別の組み合わせ方について解説しますので、そちらも併せて参考にしてください。

●運用方針の基本の考え方

元本確保タイプ

お金は増えない

安定運用タイプ

ゆるやかに
資産を増やしたい

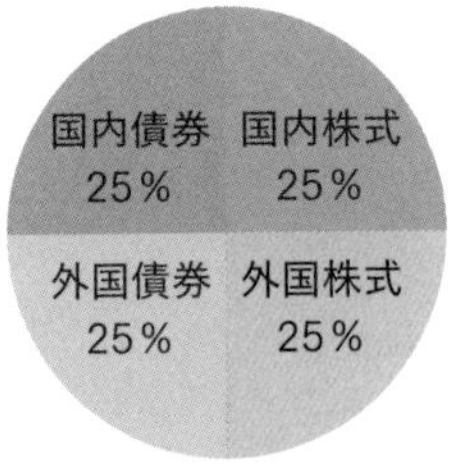

リスク低めで
堅実なリターン
・債券型
・バランス型　など

積極運用タイプ

積極的にお金を
増やしたい

国内株式を
組み込んで
もよい

リスク高めで
大きなリターン
・先進国株式型
・全世界株式型
・米国株式型　など

ポイント

- ✓ 分散効果やリスク・リターンを考えて選択する
- ✓ 投資信託の特徴を理解したうえで組み合わせる

年代別　家族構成別

ケーススタディで学ぶ つみたてNISA & iDeCoの活用法

投資実践編
具体的な投資例

年代	運用の考え方	投資信託のタイプ
20代	つみたてNISAを優先。若さ（投資期間の長さ）はリスク分散効果の最大の味方なので、多少リスクを取った投資をしてもOK	株式型中心
30代	結婚・出産などでライフステージが変わることも多い時期。支出が多ければできる範囲で投資を。夫婦で制度を使えばお得感倍増	株式型中心
40代	教育費や住宅ローンで支出が多くなりがちだが、iDeCoを5000円程度でもいいので積み立て、自分たちの老後資金の準備を	株式型中心
50代	子どもが独立したら投資額をアップ。手持ち資産によって安全投資にどの程度シフトするか決める	バランス型など
60代以降	退職金の一部をつみたてNISAに回して運用してもよい。公的年金をもらえる60代後半からは資産を使い切る方法も考え始める	バランス型など

攻め
守り

年代・ライフステージごとの投資方法を考えよう

つみたてNISAとiDeCoを使ってどう投資するかは、左の表のように年代などによって異なり、ライフステージやその変化に応じて見直していく必要があります。

投資信託選びの中心にしたいのは、株式型／インデックス型の投資信託で、とりわけアメリカに投資する比率が高いタイプ。**世界経済の中心であるアメリカの成長に乗ることが、資産を増やす近道**です。

たとえば、日本・新興国も含んだ世界中を網羅する「全世界株式型」や欧米メインの「先進国株式型」。どちらのタイプもアメリカ企業の比率が6割以上と高く、1国に集中しないので分散

●投資信託の構成イメージ

先進国株式型 構成比率例

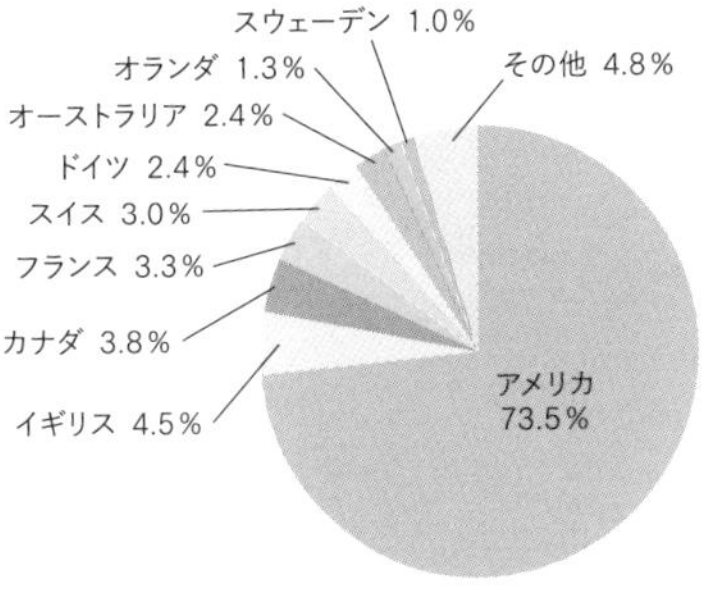

全世界株式型 構成比率例

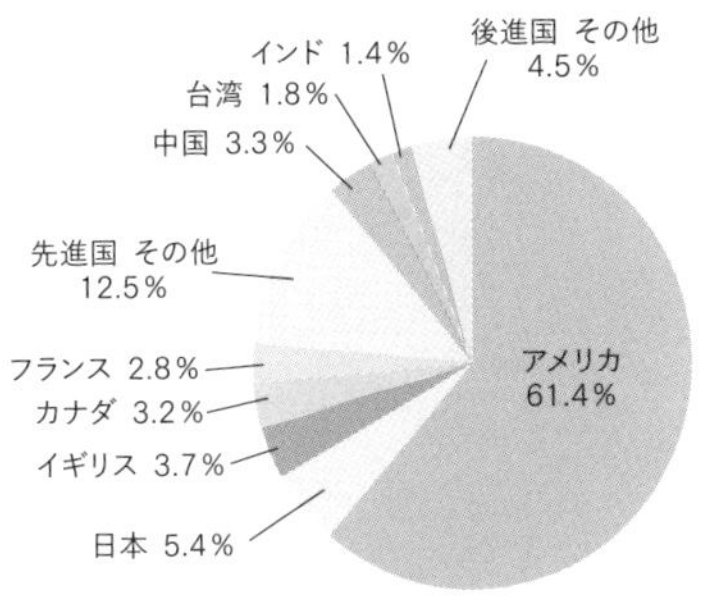

バランス型の割合例

4資産均等型

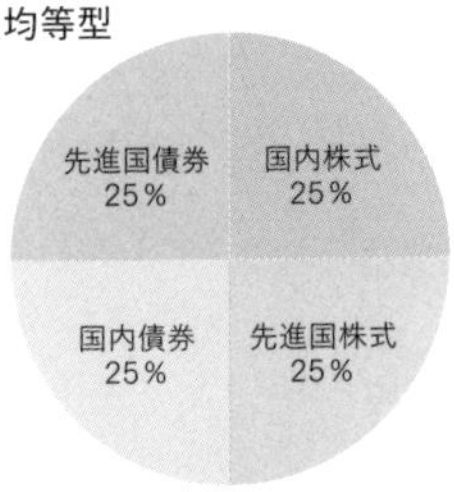

8資産均等型

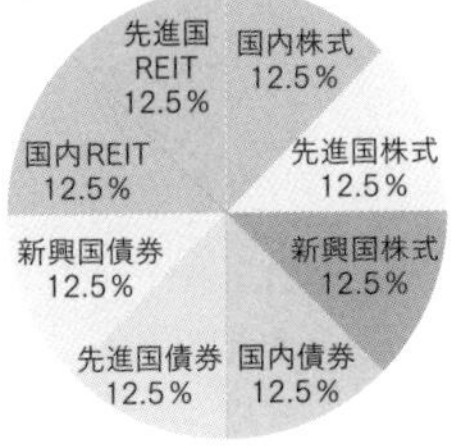

S&P500 組入上位銘柄例

	銘柄	比率
1	アップル	6.7%
2	マイクロソフト	5.9%
3	アマゾン	3.5%
4	アルファベットA	2.1%
5	アルファベットC	2.0%
6	テスラ	1.7%
7	エヌビディア	1.6%
8	バークシャー・ハサウェイB	1.5%
9	メタ・プラットフォームズA	1.3%
10	ユナイテッドヘルスグループ	1.1%

※データは2023年1月時点

効果もあります。より積極的にしたければ、S&P500など米国株式だけに投資するタイプもあります。

安定投資なら、さまざまな資産や国に1本で投資するバランス型を選ぶと簡単です。注目したいのは4資産均等型や8資産均等型。4資産均等型は国内外の先進国株式・債券で構成されており、8資産均等型はそれに加えて新興国株式・債券や国内外のREITなどが組み込まれています。

これらを踏まえ、P136からは年代・家族構成別のポートフォリオ例を6ケースご紹介していきます。

20代・独身・会社員

若さを活かして積極運用する

結婚資金など
先々のために
お金を貯めたいし、
スキルアップのために
自己投資もしたい！

Aさん
●25歳／独身／会社員
●賃貸アパート暮らし
●年収320万円

投資と自己投資にどう資金を回すかバランスを考える

20代の最大の強みは、運用期間が長く取れること。65歳の定年まで30年以上の長期運用が可能です。収入はまだ上がる前という人も多いかもしれませんが、積立額は先々増やせても時間だけは取り戻せませんから、そのメリットを有効活用しましょう。

Aさんの例では、月3万円を投資に回す想定ですが、年収を考えるとかなりの節約生活が必要。目標の資産・期間をもとに、家計のやりくりを考えなくてはなりません。

同時に、**自己投資にもお金を使い、将来の収入を増やす準備をするのも大切な時期**です。そのため、月1万円など少額から始めて、昇給や転職のタイミングで積立額を増やす方法もあります。

この先、結婚、出産などさまざまなライフイベントがあることも想定されるので、柔軟に活用できるつみたてNISAを優先しましょう。**時間にはマイナスを取り戻すパワーがあるので、インデックス型の外国株式で積極投資。投資期間に合わせてバランス型やアクティブ型を組み込むのもあり**でしょう。iDeCoは、資金に余裕ができてから始めても問題ありません。

CASE 1

資産状況

現在の貯蓄額：50万円　**投資に回せる余裕資金：月3万円**

月3万円の積立でつくれる資産

期間		15年後	20年後	25年後	30年後	35年後
想定利回り	2%	628.2万円	882.7万円	1163.6万円	1473.8万円	1816.2万円
	3%	678.7万円	980.6万円	1330.5万円	1736.1万円	2206.4万円
	4%	734.0万円	1091.5万円	1526.5万円	2055.8万円	2699.7万円
	5%	794.5万円	1217.4万円	1757.2万円	2446.1万円	3325.4万円
	6%	860.7万円	1360.3万円	2028.9万円	2923.5万円	4120.8万円

月3万円コツコツ積み立てれば
60歳で2000万円到達も可能

ポートフォリオ例

つみたてNISA 3万円

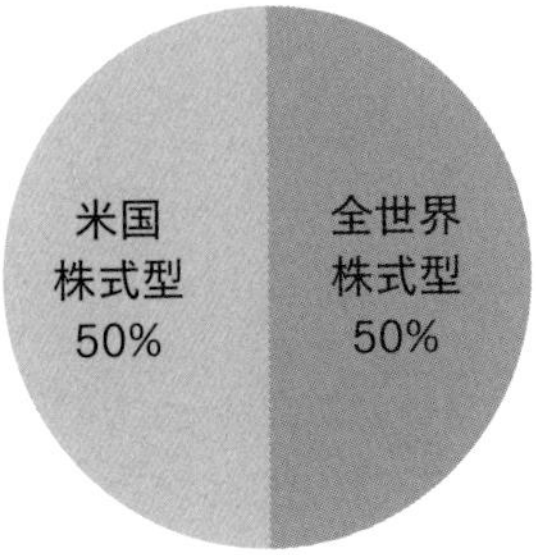

20代・独身のポイント

- 余裕資金が少ないうちは、つみたてNISAに重点を置く。
- 基本的にはハイリスク・ハイリターンの配分。10年以内に一部引き出す可能性が高い場合、バランス型（債券）を入れて下落リスクを減らす方法もある。

30代・DINKs・自営業／会社員

投資方針を分けてリスクを分散する

家を買ったり
海外旅行に行ったり、
夫婦でしたいことが
たくさん！

Bさん夫婦
- 夫婦ともに32歳
- 夫 自営業、妻 会社員
- 賃貸マンション暮らし
- 世帯年収650万円

自営業者はiDeCoで公的年金の不足に備える

子どもがいないDINKs世帯は、日本の共働き世帯の約3割。2人分の収入があり教育費などの支出がないので、家計に余裕があることも多いでしょう。

Bさん夫婦の場合、生活費を月30万円として考えれば、積立額を月10万円より多くすることも難しくはありません。このままいけば30年後にはかなりの資産になりますが、人生には家を買うなど大きな支出もあれば、収入が減るなど資産が縮小するタイミングもあります。コンスタントに月10万円投資できると思わず、**余裕がある時には多めに。現金比率も考えて調整しましょう**。

2024年の非課税枠拡大後を想定して、夫はつみたてNISAを月5万円（それまでは上限まで使う）。自営業だとiDeCoは月6万8000円まで使えます。公的年金が手薄なので、年齢が上がるごとに1万円から始め、年齢が上がるごとに増額していきましょう。会社員の妻は、つみたてNISAを使ってこちらも拡大後は月4万円。**夫婦で投資方針を分けて、夫は積極型、妻はやや安定型なスタイルを取ると、下落のリスクにも対応できます**。

CASE 2

資産状況

現在の貯蓄額：200万円　**投資に回せる余裕資金：月10万円**

月10万円の積立でつくれる資産

期間		10年後	15年後	20年後	25年後	30年後
想定利回り	2%	1326万円	2094.2万円	2942.3万円	3878.7万円	4912.6万円
	3%	1394.5万円	2262.4万円	3268.5万円	4434.9万円	5787.1万円
	4%	1467万円	2446.6万円	3638.4万円	5088.5万円	6852.7万円
	5%	1543.6万円	2648.2万円	4058万円	5857.3万円	8153.8万円
	6%	1624.7万円	2869.1万円	4534.4万円	6762.9万円	9745.1万円

家購入の頭金などで切り崩しても、
かなり余裕がありそう

ポートフォリオ例

夫

つみたてNISA 5万円

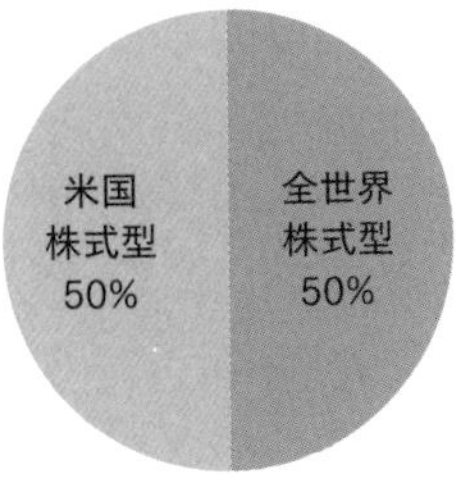

iDeCo 1万円

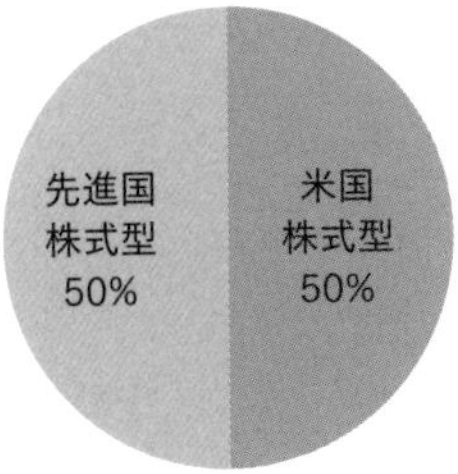

妻

つみたてNISA 4万円

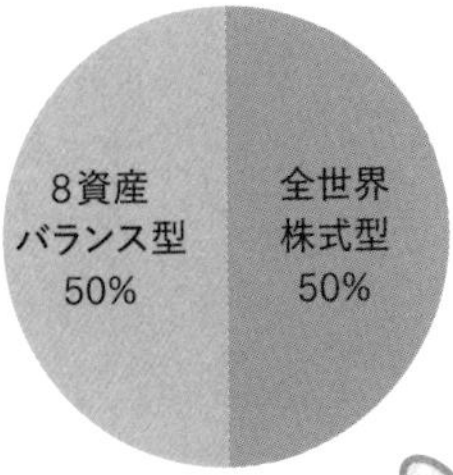

30代・DINKsのポイント

- 投資額が多ければ資産増加のスピードは速いが、下落リスクへの備えも必要。銀行貯金にもお金を回したうえで投資資金を決めること。
- 夫は厚生年金がない分、iDeCoの掛金も早めに用意。
- 夫は積極投資、妻はやや安定投資と投資方針を分ける。

支出減と収入アップで投資資金を捻出する

子どもが生まれて
家計に変化が。
節約や収入アップが
必要そう。

Cさん夫婦
- 夫36歳、妻35歳、子1歳
- 夫婦とも会社員
（妻は時短勤務）
- マイホーム購入予定
- 世帯年収６８０万円

子育て時期は出来る範囲で積立を継続しよう

子どもが生まれると、支出がぐっと増えます。選ぶ学校にもよりますが、高校まで公立に通う場合は２６０万円程度、大学では４００万円程度かかるといわれています。

そう考えると、子どもが小さいうちはお金の貯め時。しかし、家を買うには住宅価格の10～20％の頭金が必要。その後はローン返済も始まります。**投資にお金を回すには、節約をして家計をスリム化することは必須**です。妻がパートや時短であればフルタイム勤務に切り替え、夫は転職をするなど、収入アップの道筋も考えたいところです。

Cさん夫婦の場合、ひとまず夫の枠でつみたてＮＩＳＡとｉＤｅＣｏを利用。つみたてＮＩＳＡ（２０２４年以降）は4万５０００円で、マイホームの頭金として解約することも想定して、**先進国株式型＋バランス型で積極と安定の中間をキープ**します。

ｉＤｅＣｏは月５０００円から始めて、拠出時のメリットを享受。仮にこのまま65歳まで続けたとすると、25万円以上が戻ってきます。全世界株式型を選んで、世界中の経済成長に乗って長期で増やしていきましょう。

CASE 3

資産状況

現在の貯蓄額：300万円　**投資に回せる余裕資金：月5万円**

月5万円の積立でつくれる資産

期間		10年後	15年後	20年後	25年後	30年後
想定利回り	2%	663万円	1047.1万円	1471.2万円	1939.4万円	2456.3万円
	3%	697.2万円	1131.2万円	1634.3万円	2217.5万円	2893.6万円
	4%	733.5万円	1223.3万円	1819.2万円	2544.2万円	3426.4万円
	5%	771.8万円	1324.1万円	2029万円	2928.7万円	4076.9万円
	6%	812.4万円	1434.6万円	2267.2万円	3381.4万円	4872.6万円

家計管理と収入アップなどで
積立をキープしたい

ポートフォリオ例

つみたてNISA 4.5万円

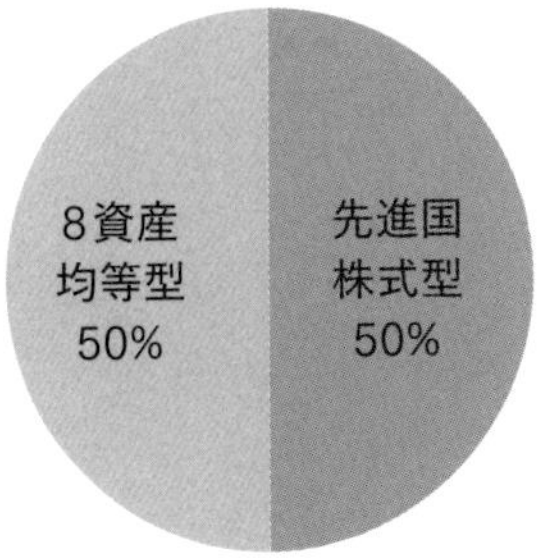

iDeCo 5000円

30代・子ども1人のポイント

- 子どもが小さく支出が少ないうちに資産づくりをする。
- 積立が厳しくなってきたら減らしてもOK。少額でも止めずに継続すること。
- つみたてNISAの非課税枠拡大をしっかり活用。妻の収入に余裕が出てきたら自分でも積立する。

40代・子ども2人・会社員

教育資金と老後資金両方に目を向ける

子ども2人の
大学資金がとにかく
心配！ 自分たちの
老後資金も気になり
始めました。

Dさん夫婦
- 夫45歳、妻42歳
  子12歳・15歳
- 夫婦とも会社員
- マイホーム購入済
- 世帯年収850万円

もっともお金がかかる時期 子どもの資金は確実に確保

子どもが中学生～高校生になる世帯は、子どもの成長に合わせて食費や雑費がアップ。塾代など教育費の負担も増え、大学費用を準備する目途も立てなければなりません。

Dさん夫婦の場合、二馬力で働いているので世帯収入は少なくありませんが、支出が多い時期なので月7万5000円をコンスタントに捻出するには努力と我慢が必要。**お金の使い道に優先順位をつけ、積立額を調整**しましょう。

大学費用は児童手当で半分用意するのが基本。残りについては、絶対に減らしてはならないお金ですから、下落リスクを避けるため定期預金などで確保しておくと安全です。

40代の運用は、手持ち資産や運用方針、老後計画などで選ぶ商品も変わってきます。つみたてNISAが恒久化して非課税投資期間が延びるので、40代であればDさん夫婦のように**米国比率高めでバランス型を少し加えるなど、比較的積極的なスタイルを取ってもOK**。老後が気になり始める時期なので、夫だけでなく妻もiDeCoをフル活用し、税制優遇メリットを享受しながら老後資金づくりに取りかかりましょう。

CASE 4

資産状況

現在の貯蓄額：400万円　　**投資に回せる余裕資金：月7.5万円**

月7.5万円の積立でつくれる資産

期間		5年後	10年後	15年後	20年後
想定利回り	2%	472.6万円	994.5万円	1570.6万円	2206.7万円
	3%	484.4万円	1045.9万円	1696.8万円	2451.4万円
	4%	496.3万円	1100.2万円	1834.9万円	2728.8万円
	5%	508.6万円	1157.7万円	1986.2万円	3043.5万円
	6%	521.1万円	1218.6万円	2151.8万円	3400.8万円

65歳まで20年あるので、
高利回りを狙った投資方針でもよい

ポートフォリオ例

夫

つみたてNISA 2.9万円

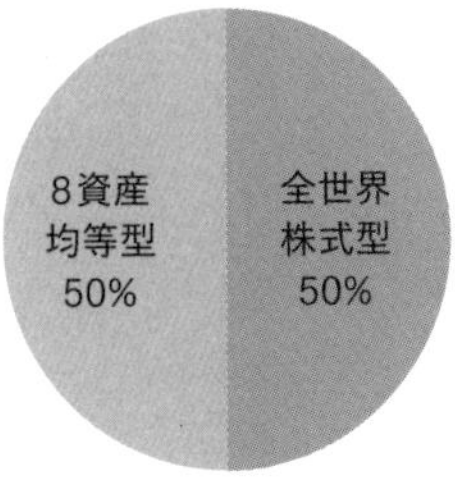

iDeCo 2.3万円

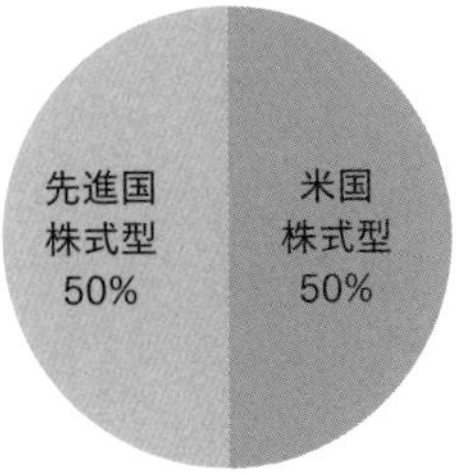

妻

iDeCo 2.3万円

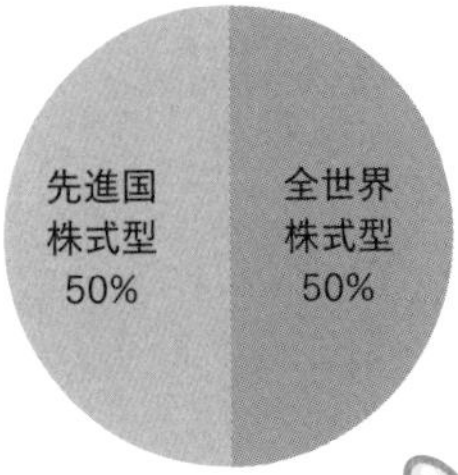

40代・子ども2人のポイント

- 大学費用は1人400万円が目安。児童手当を使わず200万円、残りの200万円を定期預金などで確保。
- 支出が多い時期だが、ここで投資資金を確保しておくことで老後にゆとりができる。
- 米国比率高めでiDeCoもフル活用。

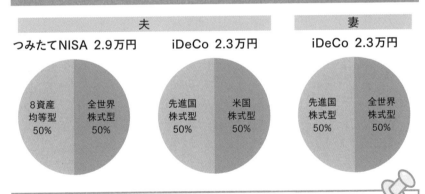

40代・独身・会社員

何事にも対応できる資金を確保する

結婚、親の介護、
マイホーム購入…
どんなことにも
対応できるように
しておきたい。

Eさん
- 45歳独身
- 会社員
- 賃貸マンション暮らし
- 年収400万円

ライフイベントと老後の両方に向けた投資を実践

40代の4～5人に1人は未婚です。収入も上がってくる時期で、20代、30代でしっかり貯金をしていれば、手持ち資金がそれなりに貯まっている人も多いでしょう。給料をどう使うかも自分次第なので、投資に回すお金がつくりやすい環境にあるといえます。

Eさんの場合、コンスタントに投資に回せるお金は月4万円ですが、500万円の貯蓄があります。こういった人は、**定期預金に入れていてもお金は増えないので、つみたてNISAの非課税投資枠が拡大したら、貯蓄の一部を投資に回すとよい**でしょう。

ただし、この先、結婚したり、親の介護をしたり、家を購入するなど、さまざまなライフイベントが起きることが考えられます。そのため、現金と投資の比率には注意をすることが大切です。

独身の場合、老後への備えは特にしっかりしておきたいもの。投資はiDeCoを優先にするのが王道ですが、どんなことにも対応できるよう、引き出しやすいつみたてNISAの比重を上げてみても。数年後など具体的に使う時期が見えているなら、バランス型でリスクに備えましょう。

CASE 5

資産状況

現在の貯蓄額：500万円　**投資に回せる余裕資金：月4万円**

月4万円の積立でつくれる資産

期間		5年後	10年後	15年後	20年後
想定利回り	2%	252.1万円	530.4万円	837.7万円	1176.9万円
	3%	258.3万円	557.8万円	905万円	1307.4万円
	4%	264.7万円	586.8万円	978.6万円	1455.4万円
	5%	271.3万円	617.5万円	1059.3万円	1623.2万円
	6%	277.9万円	649.9万円	1147.6万円	1813.8万円

貯蓄からも投資にお金を
回せば資産増加スピードアップ

ポートフォリオ例

つみたてNISA1.7万円

iDeCo 2.3万円

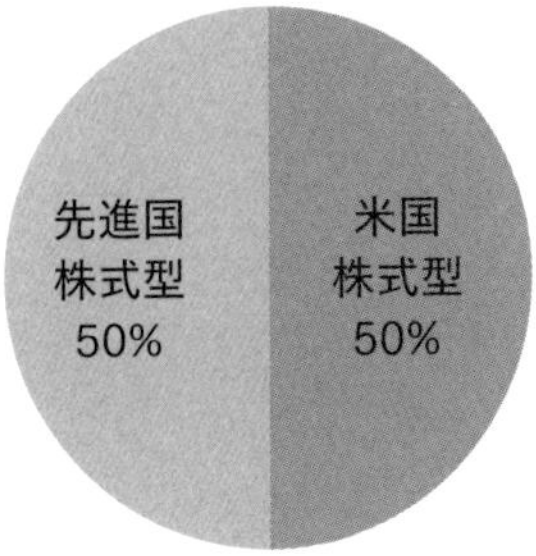

40代・独身のポイント

- 投資に回す金額の調整がしやすいのは独身ならでは。
- 貯蓄の一部も投資に回す。
- ライフイベントと老後の両方を考慮して配分を考える。途中引き出しを考慮し、つみたてNISAはバランス型。65歳まで続ける前提で、運用期間20年以上のiDeCoは積極運用。

夫婦フルパワーで老後資金をつくる

子どもが巣立って
ひと段落。ここから
老後資金をつくって
悠々自適に
暮らしたい！

Ｆさん夫婦
- 夫婦ともに50歳
- 夫 会社員、妻 パート
- マイホーム購入済
- 世帯年収６００万円

ローリスクの運用が基本 一部売却・利益確定も検討

50代は定年後の生活について具体的に考えるようになる時期。子どもが大学を卒業するなどして、家計に余裕ができたら、その時が老後資金の最大の貯め時です。家計を見直して、投資の資金づくりに励みましょう。

この年代は安定重視が基本なので、Ｆさん夫婦のケースでは、債券が組み込まれていて、簡単に国際分散投資ができるバランス型だけで構成。夫婦ともにｉＤｅＣｏでは4資産均等型を選択しました。

夫はつみたてＮＩＳＡも利用。非課税期間が無期限になることを考慮し、4資産よりもリターンが狙える8資産均等型を選択しています。

とはいえ、年齢が上がるほど安定運用へのシフトが必要になるので、徐々に4資産均等型の比率を増やすなどの調整も必要。運用で一定の利益が出ていたら、一部商品を売却して利益確定することも考えましょう。

60歳で退職金を受け取った場合は、一部をつみたてＮＩＳＡの資金に充てるのもよいでしょう。その場合は、資産が減らないことを重視して投資信託を選び、投資と現金の比率にも注意しましょう。

CASE 6

資産状況

現在の貯蓄額：800万円　**投資に回せる余裕資金：月12万円**

月12万円の積立でつくれる資産

期間		5年後	10年後	15年後
想定利回り	2%	756.2万円	1591.2万円	2513万円
	3%	775万円	1673.4万円	2714.9万円
	4%	794.1万円	1760.4万円	2935.9万円
	5%	813.8万円	1852.4万円	3177.9万円
	6%	833.8万円	1949.7万円	3442.9万円

貯蓄はそのままキープ。
投資で増やせば老後は安泰

ポートフォリオ例

夫

つみたてNISA 7.4万円

iDeCo 2.3万円

妻

iDeCo 2.3万円

50代・夫婦のポイント

- 50代は老後資金づくりのラストスパート時期。
- iDeCoは夫婦でフル活用し、バランス型など債券を含む投資信託で安定運用。
- 退職金は住宅ローンの返済に充てるほか、つみたてNISAの運用に回すのも◎。
- 利益が出ているタイミングで売却を検討してもよい。

特別付録

つみたてNISA・iDeCo 投資信託セレクション

今、注目の投資信託はコレ!

**たくさんある投資信託の中から
5本ずつピックアップ。迷った時には
ぜひ参考にしてください。**

【商品データの見方】

基準価額	…投資信託の値段（1日1回更新）
信託報酬	…投資信託の保有時にかかる手数料。低いほうがよい
純資産総額	…投資信託の規模を表す。数字が大きいほうがよい
リターン	…運用成績がわかるもの。数字が大きいほうがよい

※データは2023年1月時点

【ベンチマーク】

CRSP USトータル・マーケット・インデックス
米国株式市場の大型株から小型株までを対象

FTSEグローバル・オールキャップ・インデックス
世界中の大中小型株約9000銘柄で構成

MSCIエマージング・マーケット・インデックス
新興諸国市場20カ国以上の大型株と中型株を対象

MSCIオール・カントリー・ワールド・インデックス
全世界（日本を含む先進国・新興国）の株式で構成

MSCIコクサイ・インデックス
日本を除く先進国22カ国に上場する大・中型株で構成

S&P500指数
米国の全主要業種を代表する500銘柄で構成

合成指数
いくつかの指標を合成した指数

つみたてNISA 1位

全世界株式　インデックス型

MSCIオール・カントリー・ワールド・インデックス

eMAXIS Slim 全世界株式（オール・カントリー）

三菱UFJ国際投信

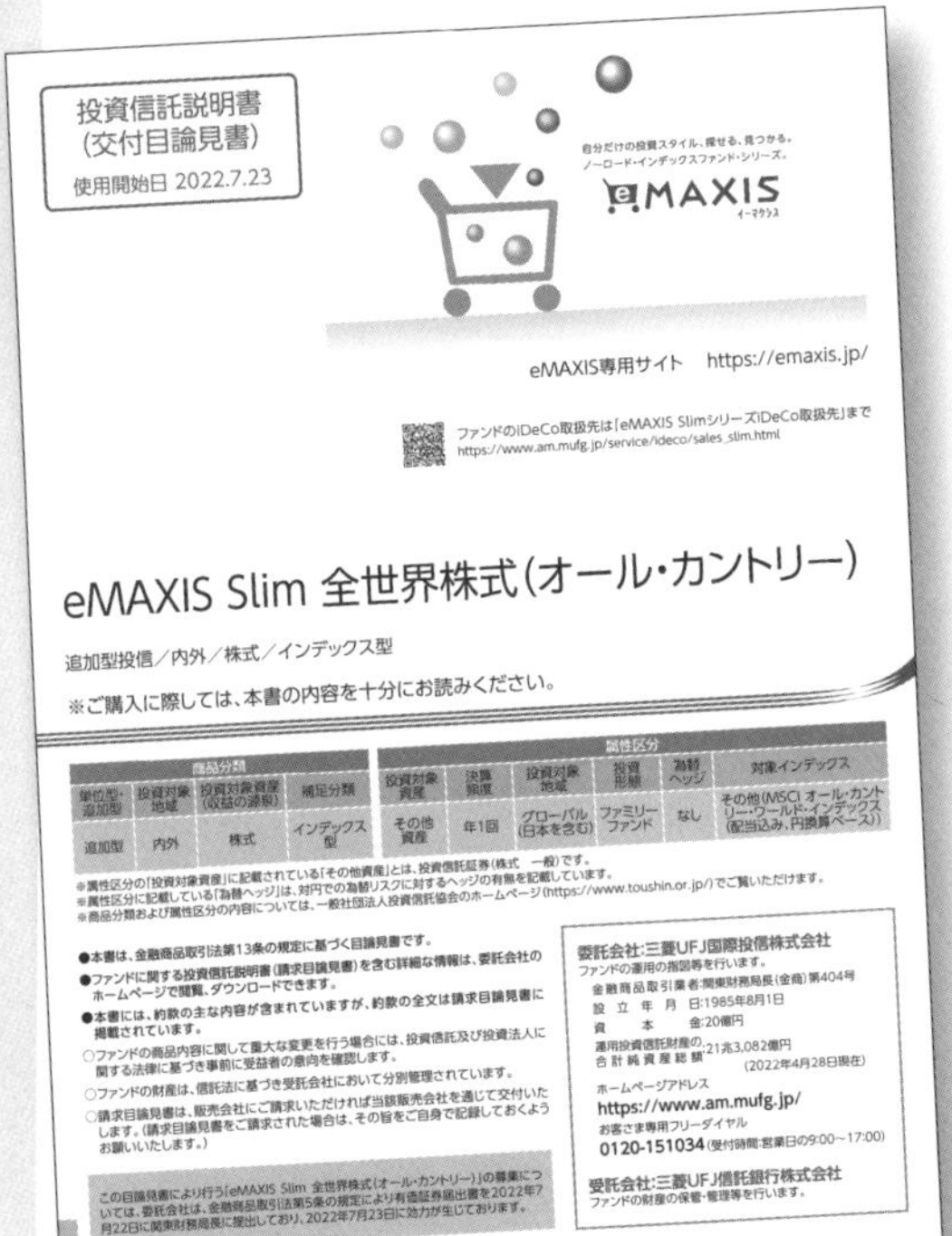

投資信託説明書
（交付目論見書）
使用開始日 2022.7.23

自分だけの投資スタイル、探せる、見つかる。
ノーロード・インデックスファンド・シリーズ。
eMAXIS イーマクシス

eMAXIS専用サイト　https://emaxis.jp/

ファンドのiDeCo取扱先は「eMAXIS SlimシリーズiDeCo取扱先」まで
https://www.am.mufg.jp/service/ideco/sales_slim.html

eMAXIS Slim 全世界株式（オール・カントリー）

追加型投信／内外／株式／インデックス型

※ご購入に際しては、本書の内容を十分にお読みください。

商品分類				属性区分					
単位型・追加型	投資対象地域	投資対象資産（収益の源泉）	補足分類	投資対象資産	決算頻度	投資対象地域	投資形態	為替ヘッジ	対象インデックス
追加型	内外	株式	インデックス型	その他資産	年1回	グローバル（日本を含む）	ファミリーファンド	なし	その他（MSCI オール・カントリー・ワールド・インデックス（配当込み、円換算ベース））

※属性区分の「投資対象資産」に記載されている「その他資産」とは、投資信託証券（株式　一般）です。
※属性区分に記載している「為替ヘッジ」は、対円での為替リスクに対するヘッジの有無を記載しています。
※商品分類および属性区分の内容については、一般社団法人投資信託協会のホームページ（https://www.toushin.or.jp/）でご覧いただけます。

●本書は、金融商品取引法第13条の規定に基づく目論見書です。
●ファンドに関する投資信託説明書（請求目論見書）を含む詳細な情報は、委託会社のホームページで閲覧、ダウンロードできます。
●本書には、約款の主な内容が含まれていますが、約款の全文は請求目論見書に掲載されています。
○ファンドの商品内容に関して重大な変更を行う場合には、投資信託及び投資法人に関する法律に基づき事前に受益者の意向を確認します。
○ファンドの財産は、信託法に基づき受託会社において分別管理されています。
○請求目論見書は、販売会社にご請求いただければ当該販売会社を通じて交付いたします。（請求目論見書をご請求された場合は、その旨をご自身で記録しておくようお願いいたします。）

この目論見書により行う「eMAXIS Slim 全世界株式（オール・カントリー）」の募集については、委託会社は、金融商品取引法第5条の規定により有価証券届出書を2022年7月22日に関東財務局長に提出しており、2022年7月23日に効力が生じております。

委託会社：三菱UFJ国際投信株式会社
ファンドの運用の指図等を行います。
金融商品取引業者：関東財務局長（金商）第404号
設立年月日：1985年8月1日
資本金：20億円
運用投資信託財産の合計純資産総額：21兆3,082億円（2022年4月28日現在）
ホームページアドレス
https://www.am.mufg.jp/
お客さま専用フリーダイヤル
0120-151034（受付時間：営業日の9:00～17:00）

受託会社：三菱UFJ信託銀行株式会社
ファンドの財産の保管・管理等を行います。

MUFG 三菱UFJ国際投信

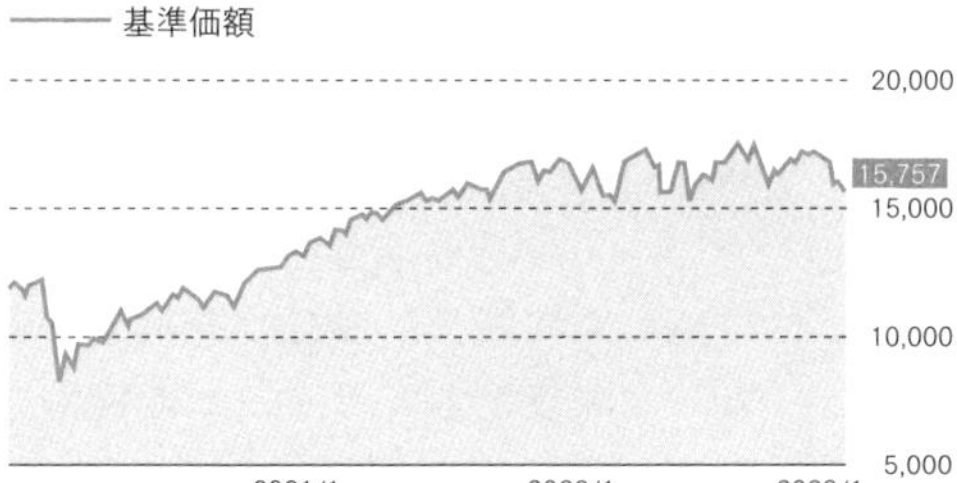

DATA

基準価額
1万5757円

信託報酬
0.11%

純資産総額
7642億8200万円

リターン（1年）
3.98%

リターン（3年）
14.42%

リターン（5年）
―

「オルカン」の愛称で大人気のファンド

これ1本で日本を含む先進国・新興国に分散投資するのと同等の効果があり、大切な資産をローコストで安全に運用することができる。投資信託ブロガーが選ぶ「ファンドオブザイヤー」でも連続1位に選ばれるなど、個人投資家の評価も高い。

つみたてNISA
2位

複合資産　バランス型

ベンチマークなし

セゾン・グローバルバランスファンド

セゾン投信

投資信託説明書(交付目論見書)
使用開始日　2022年9月10日

セゾン・
グローバル
バランスファンド

追加型投信／内外／資産複合
(分配金再投資専用)

ご購入に際しては、本書の内容を十分にお読みください。

委託会社〔ファンドの運用の指図を行います。〕
セゾン投信株式会社
金融商品取引業者：関東財務局長(金商)第349号
設立年月日：2006年6月12日
資本金：10億円
運用する投資信託財産の合計純資産総額：5,123億円
(2022年6月末日現在)

受託会社〔ファンドの財産の保管および管理を行います。〕
野村信託銀行株式会社

本書は、金融商品取引法（昭和23年法律第25号）第13条の規定に基づく目論見書です。
・ファンドに関する投資信託説明書(請求目論見書)を含む詳細な情報は委託会社のホームページで閲覧できます。
・本書には投資信託約款(以下「約款」といいます。)の主な内容が含まれておりますが、約款の全文は投資信託説明書(請求目論見書)に添付されております。
・ファンドの販売会社、ファンドの基準価額、その他ご不明な点は下記の照会先までお問い合わせください。

当ファンドは2022年9月10日付で「セゾン・バンガード・グローバルバランスファンド」から「セゾン・グローバルバランスファンド」へ名称変更しました。

委託会社の照会先
■ ホームページアドレス
https://www.saison-am.co.jp/
■ セゾン投信お客さま窓口
03-3988-8668
営業時間　9:00-17:00
(土日祝日、年末年始を除く)

セゾン投信

DATA

基準価額
1万8368円
信託報酬
0.56%
純資産総額
3186億3400万円
リターン（1年）
2.68%
リターン（3年）
8.50%
リターン（5年）
6.27%

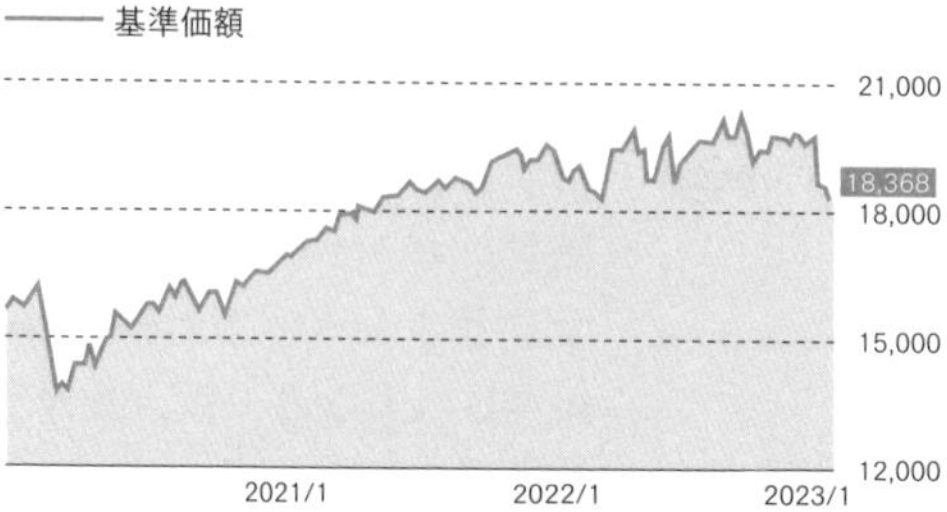

バランス型投資信託の王道商品として人気

投資対象は国内外の株式と債券。これ1本で世界30カ国以上の株式と10カ国以上の債券に分散投資が可能。原則として株式と債券へ半分ずつ分配して投資。リスクを抑えながら安定したリターンの獲得を目指す。

つみたてNISA 3位

複合資産　バランス型

合成指数

eMAXIS Slim バランス（8資産均等型）

三菱UFJ国際投信

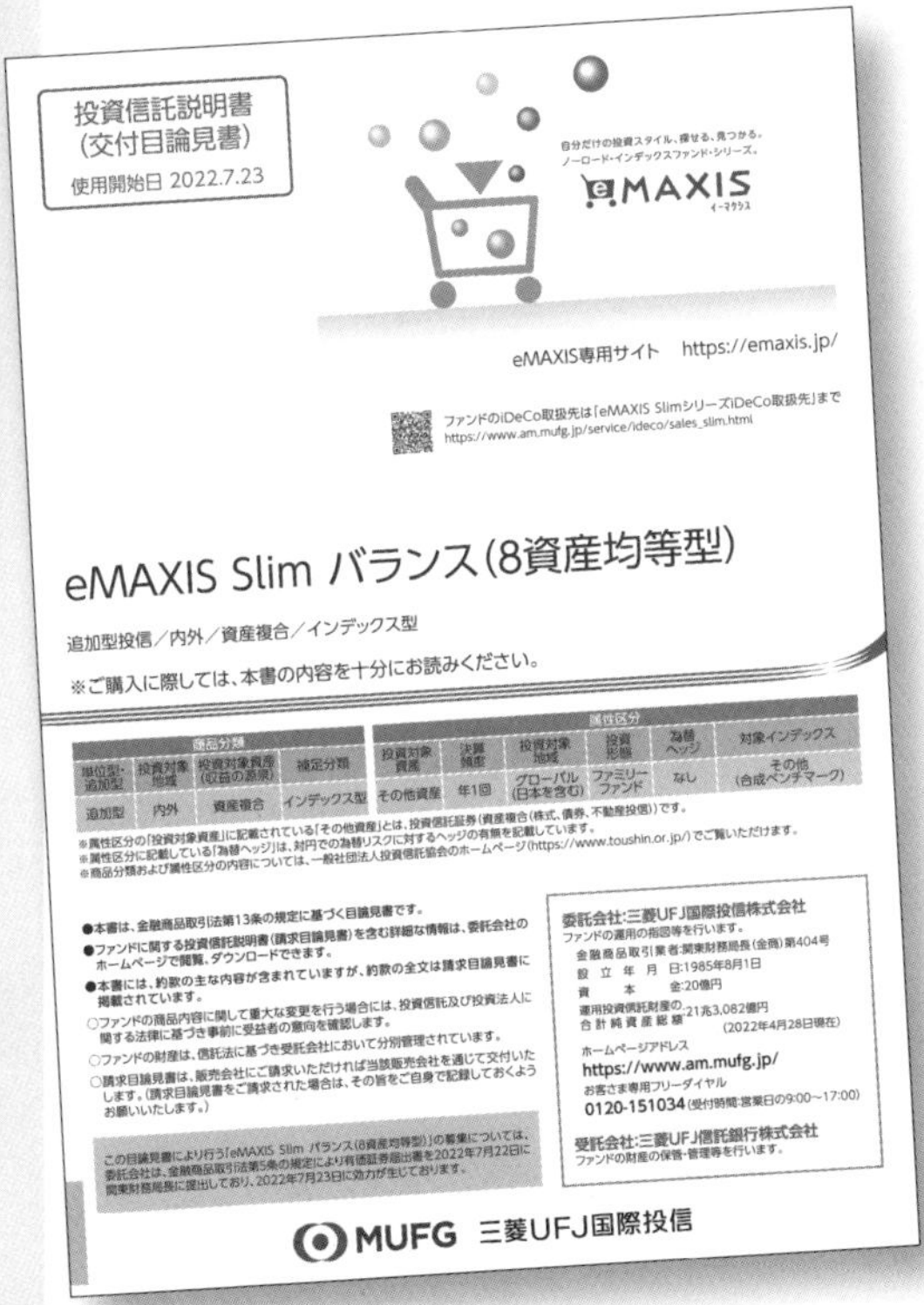

投資信託説明書
(交付目論見書)
使用開始日 2022.7.23

自分だけの投資スタイル、探せる、見つかる。
ノーロード・インデックスファンド・シリーズ。
eMAXIS イーマクシス

eMAXIS専用サイト　https://emaxis.jp/

ファンドのiDeCo取扱先は「eMAXIS SlimシリーズiDeCo取扱先」まで
https://www.am.mufg.jp/service/ideco/sales_slim.html

eMAXIS Slim バランス(8資産均等型)

追加型投信／内外／資産複合／インデックス型

※ご購入に際しては、本書の内容を十分にお読みください。

商品分類				属性区分					
単位型・追加型	投資対象地域	投資対象資産(収益の源泉)	補足分類	投資対象資産	決算頻度	投資対象地域	投資形態	為替ヘッジ	対象インデックス
追加型	内外	資産複合	インデックス型	その他資産	年1回	グローバル(日本を含む)	ファミリーファンド	なし	その他(合成ベンチマーク)

※属性区分の「投資対象資産」に記載されている「その他資産」とは、投資信託証券(資産複合(株式、債券、不動産投信))です。
※属性区分に記載している「為替ヘッジ」は、対円での為替リスクに対するヘッジの有無を記載しています。
※商品分類および属性区分の内容については、一般社団法人投資信託協会のホームページ(https://www.toushin.or.jp/)でご覧いただけます。

●本書は、金融商品取引法第13条の規定に基づく目論見書です。
●ファンドに関する投資信託説明書(請求目論見書)を含む詳細な情報は、委託会社のホームページで閲覧、ダウンロードできます。
●本書には、約款の主な内容が含まれていますが、約款の全文は請求目論見書に掲載されています。
○ファンドの商品内容に関して重大な変更を行う場合には、投資信託及び投資法人に関する法律に基づき事前に受益者の意向を確認します。
○ファンドの財産は、信託法に基づき受託会社において分別管理されています。
○請求目論見書は、販売会社にご請求いただければ当該販売会社を通じて交付いたします。(請求目論見書をご請求された場合は、その旨をご自身で記録しておくようお願いいたします。)

この目論見書により行う「eMAXIS Slim バランス(8資産均等型)」の募集については、委託会社は、金融商品取引法第5条の規定により有価証券届出書を2022年7月22日に関東財務局長に提出しており、2022年7月23日に効力が生じております。

委託会社:三菱UFJ国際投信株式会社
ファンドの運用の指図等を行います。
金融商品取引業者:関東財務局長(金商)第404号
設立年月日:1985年8月1日
資本金:20億円
運用投資信託財産の合計純資産総額:21兆3,082億円 (2022年4月28日現在)
ホームページアドレス
https://www.am.mufg.jp/
お客さま専用フリーダイヤル
0120-151034(受付時間:営業日の9:00～17:00)

受託会社:三菱UFJ信託銀行株式会社
ファンドの財産の保管・管理等を行います。

MUFG 三菱UFJ国際投信

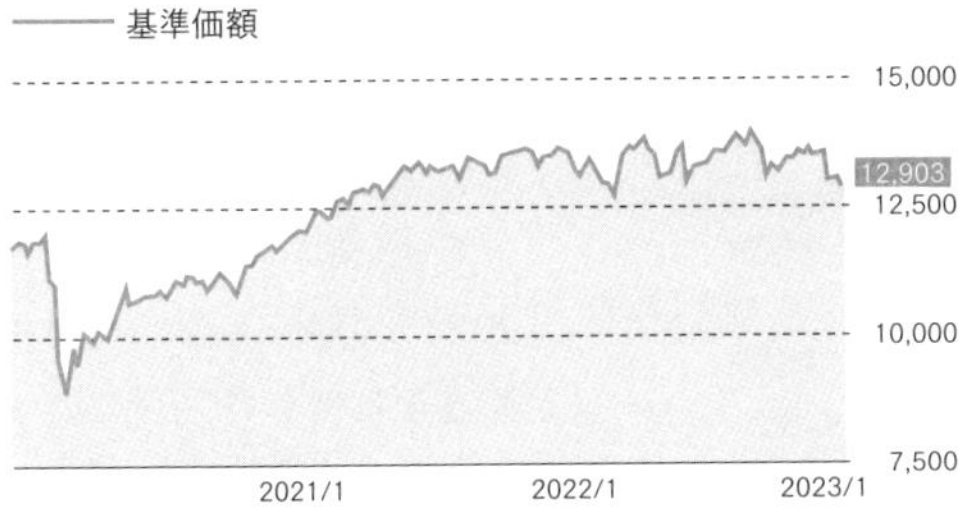

DATA

基準価額
1万2903円
信託報酬
0.15%
純資産総額
1653億8500万円
リターン（1年）
2.11%
リターン（3年）
5.68%
リターン（5年）
5.13%

バランス型の中でもリターンを狙えるタイプ

国内株式、国内債券、先進国株式、先進国債券、新興国株式、新興国債券、国内REIT、先進国REITの8資産に12.5%ずつ投資するバランス型。海外・株式比率が高いのでリターンを狙いたい人向き。

つみたてNISA 4位

米国株式　インデックス型

CRSP USトータル・マーケット・インデックス

楽天・全米株式インデックス・ファンド

楽天投信投資顧問

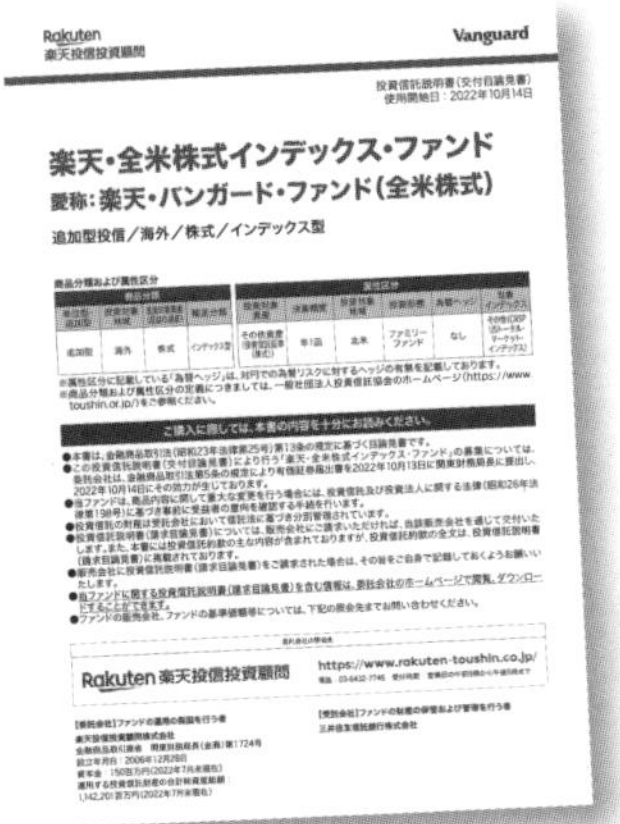
Rakuten 楽天投信投資顧問　Vanguard

投資信託説明書(交付目論見書)
使用開始日：2022年10月14日

楽天・全米株式インデックス・ファンド
愛称：楽天・バンガード・ファンド(全米株式)

追加型投信／海外／株式／インデックス型

ご購入に際しては、本書の内容を十分にお読みください。

Rakuten 楽天投信投資顧問　https://www.rakuten-toushin.co.jp/

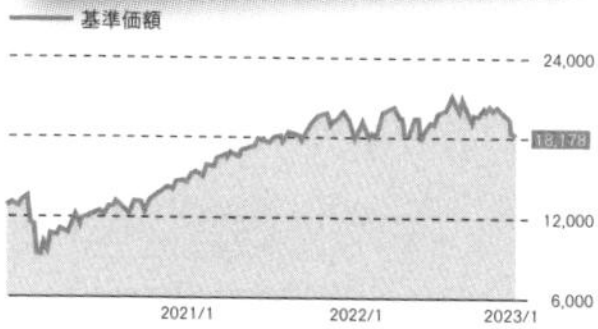

DATA

基準価額
1万8178円

信託報酬
0.16%

純資産総額
7043億700万円

リターン（1年）
2.49%

リターン（3年）
17.37%

リターン（5年）
14.09%

米国株式市場銘柄のほぼ100%を網羅

主要な投資対象はバンガード・トータル・ストック・マーケットETF（VTI）。大型株から小型株まで、米国株式市場銘柄のほぼ100%を網羅。全米の株式に分散投資したのと同じ効果を得ることができる。

つみたてNISA 5位

ベンチマークなし　複合資産　バランス型

LOSA長期保有型国際分散インデックスファンド

PayPayアセットマネジメント

投資信託説明書
(交付目論見書)
2022年8月30日

LOSA
Lifestyles Of Smart Aging

LOSA 長期保有型国際分散インデックスファンド
愛称：LOSA 投資の王道

PayPay アセットマネジメント株式会社

みずほ信託銀行株式会社

PayPay アセットマネジメント株式会社

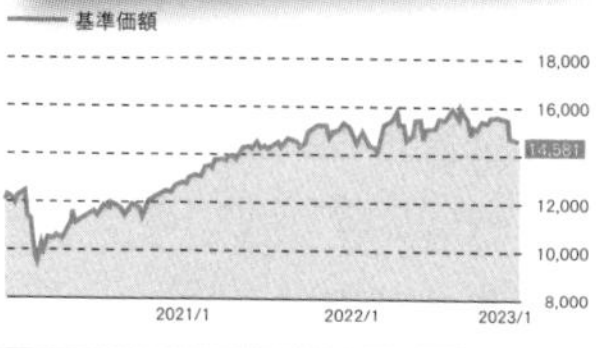

DATA

基準価額
1万4581円

信託報酬
0.61%

純資産総額
98億3800万円

リターン（1年）
4.53%

リターン（3年）
9.66%

リターン（5年）
6.99%

商品設計がシンプルでわかりやすい

株式55％、債券35％、REIT10％に投資するバランス型ファンド。簡単に世界各国の資産に分散投資できる。「R&Iファンド大賞2021」のNISA部門で最優秀賞を獲得した注目のファンドだ。

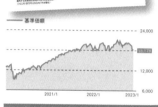

iDeCo 1位

先進国株式　インデックス型

MSCIコクサイ・インデックス

eMAXIS Slim 先進国株式インデックス

三菱UFJ国際投信

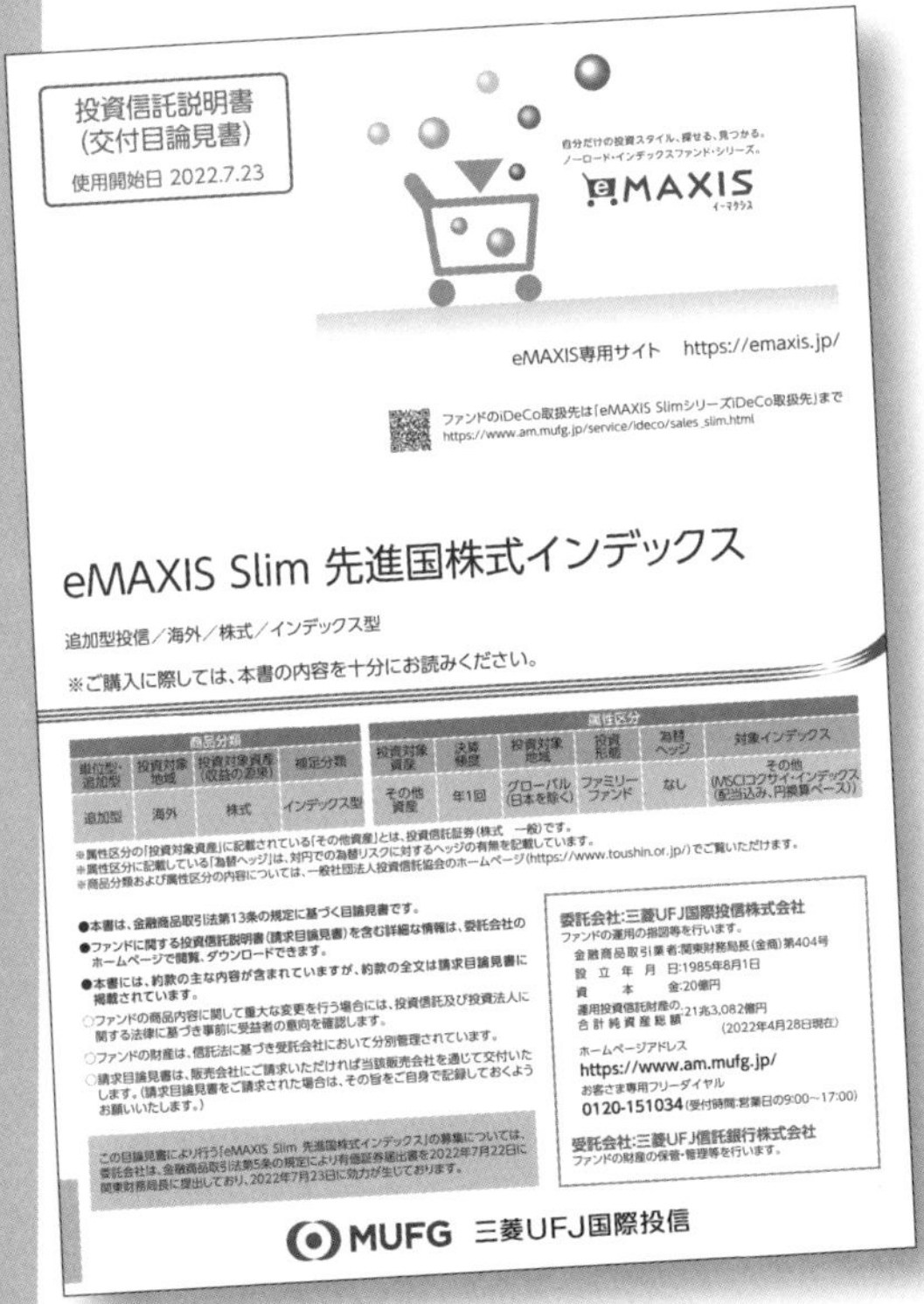

投資信託説明書
(交付目論見書)
使用開始日 2022.7.23

自分だけの投資スタイル、探せる、見つかる。
ノーロード・インデックスファンド・シリーズ。
eMAXIS イーマクシス

eMAXIS専用サイト　https://emaxis.jp/

ファンドのiDeCo取扱先は「eMAXIS Slimシリーズ iDeCo取扱先」まで
https://www.am.mufg.jp/service/ideco/sales_slim.html

eMAXIS Slim 先進国株式インデックス

追加型投信／海外／株式／インデックス型

※ご購入に際しては、本書の内容を十分にお読みください。

商品分類				属性区分					
単位型・追加型	投資対象地域	投資対象資産(収益の源泉)	補足分類	投資対象資産	決算頻度	投資対象地域	投資形態	為替ヘッジ	対象インデックス
追加型	海外	株式	インデックス型	その他資産	年1回	グローバル(日本を除く)	ファミリーファンド	なし	その他(MSCIコクサイ・インデックス(配当込み、円換算ベース))

※属性区分の「投資対象資産」に記載されている「その他資産」とは、投資信託証券(株式　一般)です。
※属性区分に記載している「為替ヘッジ」は、対円での為替リスクに対するヘッジの有無を記載しています。
※商品分類および属性区分の内容については、一般社団法人投資信託協会のホームページ(https://www.toushin.or.jp/)でご覧いただけます。

●本書は、金融商品取引法第13条の規定に基づく目論見書です。
●ファンドに関する投資信託説明書(請求目論見書)を含む詳細な情報は、委託会社のホームページで閲覧、ダウンロードできます。
●本書には、約款の主な内容が含まれていますが、約款の全文は請求目論見書に掲載されています。
○ファンドの商品内容に関して重大な変更を行う場合には、投資信託及び投資法人に関する法律に基づき事前に受益者の意向を確認します。
○ファンドの財産は、信託法に基づき受託会社において分別管理されています。
○請求目論見書は、販売会社にご請求いただければ当該販売会社を通じて交付いたします。(請求目論見書をご請求された場合は、その旨をご自身で記録しておくようお願いいたします。)

この目論見書により行う「eMAXIS Slim 先進国株式インデックス」の募集については、委託会社は、金融商品取引法第5条の規定により有価証券届出書を2022年7月22日に関東財務局長に提出しており、2022年7月23日に効力が生じております。

委託会社:三菱UFJ国際投信株式会社
ファンドの運用の指図等を行います。
金融商品取引業者:関東財務局長(金商)第404号
設立年月日:1985年8月1日
資本金:20億円
運用投資信託財産の合計純資産総額:21兆3,082億円
(2022年4月28日現在)
ホームページアドレス
https://www.am.mufg.jp/
お客さま専用フリーダイヤル
0120-151034(受付時間:営業日の9:00~17:00)
受託会社:三菱UFJ信託銀行株式会社
ファンドの財産の保管・管理等を行います。

MUFG 三菱UFJ国際投信

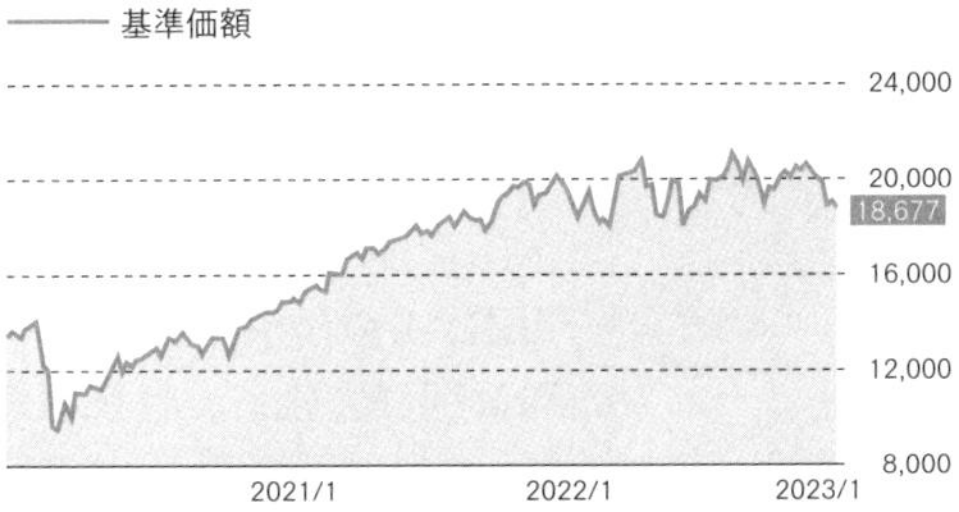

DATA

項目	値
基準価額	1万8677円
信託報酬	0.10%
純資産総額	3626億6300万円
リターン（1年）	4.88%
リターン（3年）	16.11%
リターン（5年）	12.44%

日本を除く先進国株式に投資できる定番ファンド

業界最低水準の運用コストを目指す「eMAXIS Slim 」シリーズ。米国や欧州など日本を除く先進国に投資。米国が約7割と大半で国内株式や新興国株式を含まない、着実な成長が期待できる1本。リターンも優秀だ。

iDeCo
2位

全世界株式　インデックス型

FTSEグローバル・
オールキャップ・インデックス

SBI・全世界株式 インデックス・ファンド

SBIアセットマネジメント

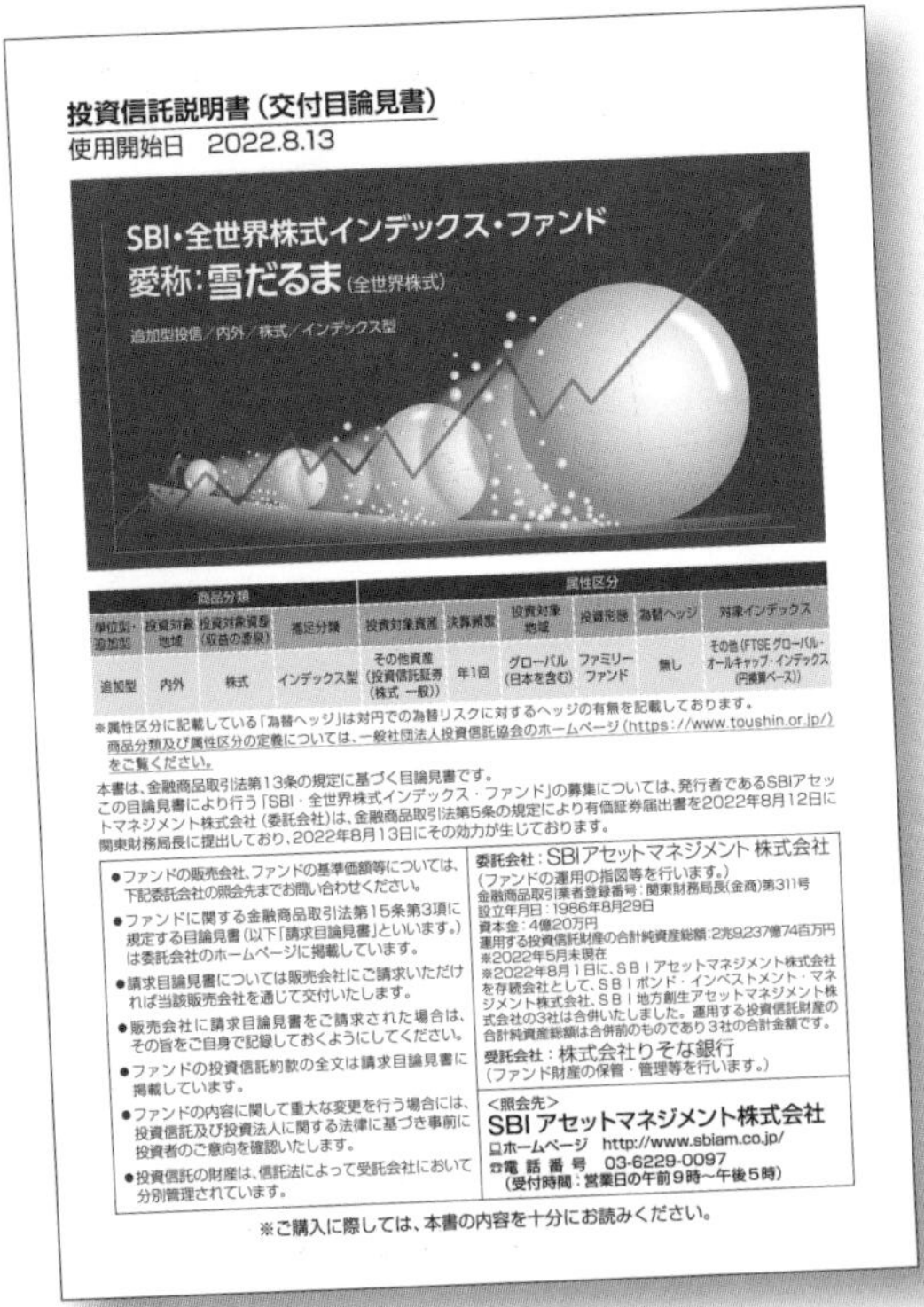

投資信託説明書（交付目論見書）
使用開始日　2022.8.13

SBI・全世界株式インデックス・ファンド
愛称：雪だるま（全世界株式）

追加型投信／内外／株式／インデックス型

商品分類				属性区分					
単位型・追加型	投資対象地域	投資対象資産（収益の源泉）	補足分類	投資対象資産	決算頻度	投資対象地域	投資形態	為替ヘッジ	対象インデックス
追加型	内外	株式	インデックス型	その他資産（投資信託証券（株式 一般））	年1回	グローバル（日本を含む）	ファミリーファンド	無し	その他（FTSEグローバル・オールキャップ・インデックス（円換算ベース））

※属性区分に記載している「為替ヘッジ」は対円での為替リスクに対するヘッジの有無を記載しております。
商品分類及び属性区分の定義については、一般社団法人投資信託協会のホームページ（https://www.toushin.or.jp/）をご覧ください。

本書は、金融商品取引法第13条の規定に基づく目論見書です。
この目論見書により行う「SBI・全世界株式インデックス・ファンド」の募集については、発行者であるSBIアセットマネジメント株式会社（委託会社）は、金融商品取引法第5条の規定により有価証券届出書を2022年8月12日に関東財務局長に提出しており、2022年8月13日にその効力が生じております。

- ファンドの販売会社、ファンドの基準価額等については、下記委託会社の照会先までお問い合わせください。
- ファンドに関する金融商品取引法第15条第3項に規定する目論見書（以下「請求目論見書」といいます。）は委託会社のホームページに掲載しています。
- 請求目論見書については販売会社にご請求いただければ当該販売会社を通じて交付いたします。
- 販売会社に請求目論見書をご請求された場合は、その旨をご自身で記録しておくようにしてください。
- ファンドの投資信託約款の全文は請求目論見書に掲載しています。
- ファンドの内容に関して重大な変更を行う場合には、投資信託及び投資法人に関する法律に基づき事前に投資者のご意向を確認いたします。
- 投資信託の財産は、信託法によって受託会社において分別管理されています。

委託会社：SBIアセットマネジメント 株式会社
（ファンドの運用の指図等を行います。）
金融商品取引業者登録番号：関東財務局長(金商)第311号
設立年月日：1986年8月29日
資本金：4億20万円
運用する投資信託財産の合計純資産総額：2兆9,237億74百万円
※2022年5月末現在
※2022年8月1日に、ＳＢＩアセットマネジメント株式会社を存続会社として、ＳＢＩボンド・インベストメント・マネジメント株式会社、ＳＢＩ地方創生アセットマネジメント株式会社の3社は合併いたしました。運用する投資信託財産の合計純資産総額は合併前のものであり３社の合計金額です。
受託会社：株式会社りそな銀行
（ファンド財産の保管・管理等を行います。）

<照会先>
SBI アセットマネジメント株式会社
ホームページ　http://www.sbiam.co.jp/
電 話 番 号　03-6229-0097
（受付時間：営業日の午前9時～午後5時）

※ご購入に際しては、本書の内容を十分にお読みください。

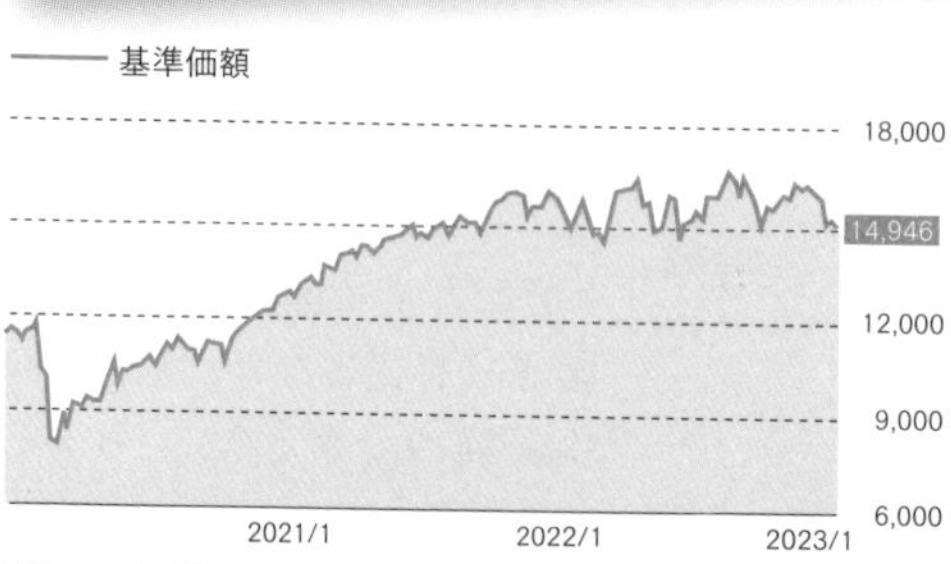

DATA

項目	値
基準価額	1万4946円
信託報酬	0.11%
純資産総額	784億5800万円
リターン（1年）	4.03%
リターン（3年）	13.96%
リターン（5年）	―

低コストで全世界に分散投資できる

愛称は「雪だるま」。グローバル株式インデックスマザーファンドを通じて、全世界の株式に分散投資。最も比率の高い米国のほか、日本、欧州の先進国、中国やインドといった新興国にも投資。信託報酬の低さが光る。

iDeCo 3位

複合資産　アクティブ型

ベンチマークなし

セゾン資産形成の達人ファンド

セゾン投信

投資信託説明書（交付目論見書）
使用開始日　2022年9月10日

セゾン
資産形成の
達人ファンド

追加型投信／内外／資産複合
（分配金再投資専用）

ご購入に際しては、本書の内容を十分にお読みください。

委託会社［ファンドの運用の指図を行います。］
セゾン投信株式会社
金融商品取引業者：関東財務局長（金商）第349号
設立年月日：2006年6月12日
資本金：10億円
運用する投資信託財産の合計純資産総額：5,123億円
（2022年6月末日現在）

受託会社［ファンドの財産の保管および管理を行います。］
野村信託銀行株式会社

本書は、金融商品取引法（昭和23年法律第25号）第13条の規定に基づく目論見書です。

・ファンドに関する投資信託説明書（請求目論見書）を含む詳細な情報は委託会社のホームページで閲覧できます。

・本書には投資信託約款（以下「約款」といいます。）の主な内容が含まれておりますが、約款の全文は投資信託説明書（請求目論見書）に添付されております。

・ファンドの販売会社、ファンドの基準価額、その他ご不明な点は下記の照会先までお問い合わせください。

委託会社の照会先
■ホームページアドレス
https://www.saison-am.co.jp/
■セゾン投信お客さま窓口
03-3988-8668
営業時間　9：00-17：00（土日祝日、年末年始を除く）

SAISON セゾン投信

DATA

基準価額	2万9820円
信託報酬	1.34%
純資産総額	2068億3800万円
リターン（1年）	−0.73%
リターン（3年）	11.57%
リターン（5年）	8.90%

注目度の高いアクティブ型の投資信託

複数のファンドを通して世界各国の株式へ分散投資する。アクティブ型なので信託報酬がやや高めではあるが、設定以来10年以上安定した運用成績を維持している。長期的な資産形成を目指している人向けの1本。

iDeCo 4位

米国株式　インデックス型

S&P500指数

eMAXIS Slim米国株式（S&P500）

三菱UFJ国際投信

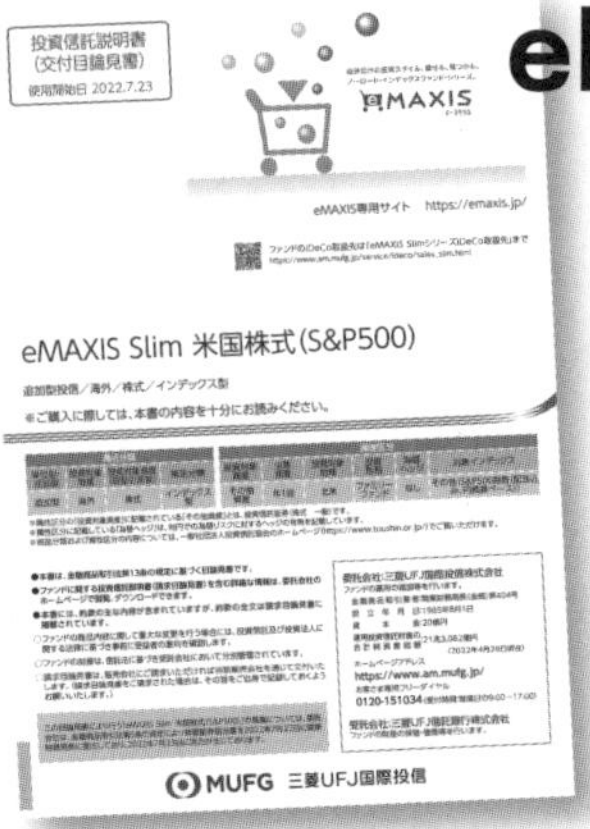

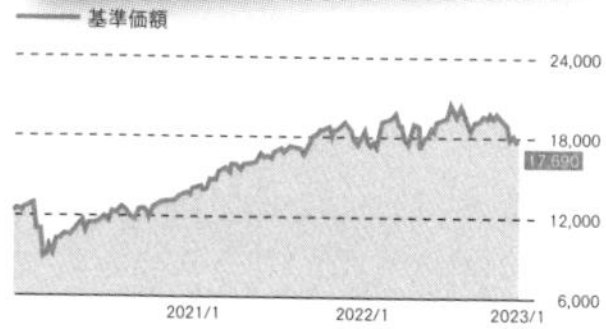

DATA
基準価額
1万7690円
信託報酬
0.10%
純資産総額
1兆5687億5200万円
リターン（1年）
5.14%
リターン（3年）
18.28%
リターン（5年）
―

アメリカ経済成長の波に乗って運用できる

米国の主要産業を代表する約500社に投資。四半期ごとに銘柄を入れ替えているため、常に成長性の高い企業で構成されていて、これ1本でアメリカ株式全体への投資と同等のパフォーマンスが期待できる。

iDeCo 5位

新興国株式　インデックス型

MSCIエマージング・マーケット・インデックス

インデックスファンド海外新興国（エマージング）株式

日興アセットマネジメント

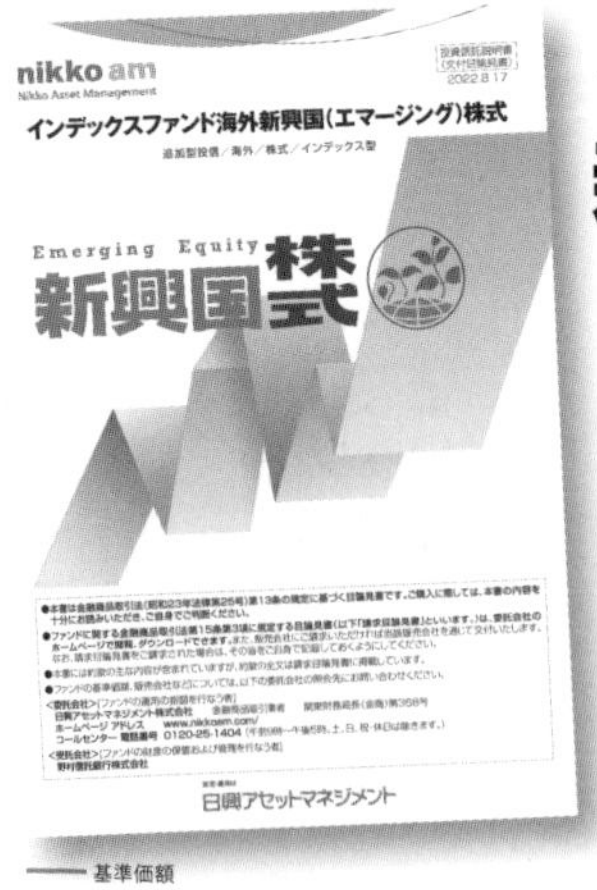

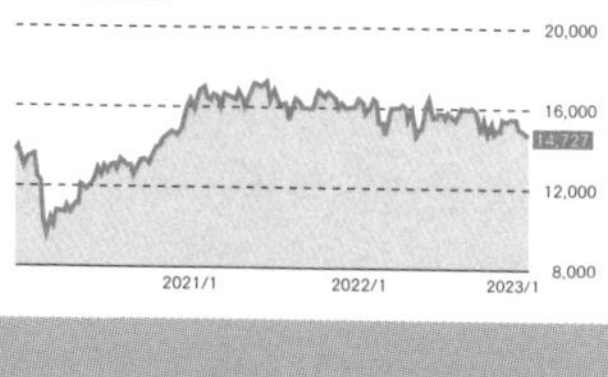

DATA
基準価額
1万4727円
信託報酬
0.37%
純資産総額
361億800万円
リターン（1年）
−2.56%
リターン（3年）
6.59%
リターン（5年）
2.39%

大きな成長に期待して組み込むのもアリ

愛称は「DCインデックス海外新興国株式」。エマージング（経済が発展途上にある国や地域）市場に投資するタイプで、比較的ハイリスク・ハイリターンなので、ポートフォリオの一部として活用するとよい。

おわりに

「つみたてＮＩＳＡ」と「ｉＤｅＣｏ」という２つの非課税制度について詳しく説明させていただきましたが、皆さん、少しは積立投資を身近に感じていただけるようになったでしょうか？

投資を始めようと思っても、今までに聞いたことのない言葉がたくさん出てくるので、最初はとっつきにくいと思います。証券会社に口座を開くこと一つをとっても、選択肢のどれを選んでいいのか迷ったり、マイナンバーがわからなくて探すところから始めたりと、行く手を阻むハードルが次々出てくると思います。私も事務手続きがとても苦手で、一歩つまずくと後回しにしてしまいがちです。

でも、いつまでもそうやって後回しにしていたら、将来、その時の自分を後悔する日がやってくることもまた間違いありません。

ちょっと面倒くさい、ちょっとむずかしいことを乗り越えると、結構うれしいものです。今年の年末には、「つみたてＮＩＳＡ」や「ｉＤｅＣｏ」を始めることができた自分を誉める日がくるよう、皆さん、今からぜひ行動してみてください。

つまずいた時には、本書を開けば、きっとどこかに答えはみつかるはずです！　レッツ！トライ!!

２０２３年１月　酒井　富士子

INDEX

あ行

か行

さ行

酒井富士子

……さかい・ふじこ……

経済ジャーナリスト／金融メディア専門の編集プロダクション・株式会社回遊舎 代表取締役。日経ホーム出版社（現日経BP社）にて『日経ウーマン』『日経マネー』副編集長を歴任。リクルートの『赤すぐ』副編集長を経て、2003年から現職。「お金のことを誰よりもわかりやすく発信」をモットーに、暮らしに役立つ最新情報を解説する。著書に『キーワードでまるごとわかる お金の教科書』（学研プラス）、『おひとりさまの終活準備BOOK』（三笠書房）など多数。

執筆協力／株式会社回遊舎（及川二弓）
イラスト／いしいあきひと
alysantwanet-stock.adobe.com
hisa-nishiya-stock.adobe.com
natsumi-stock.adobe.com
stas111-stock.adobe.com
tackgalichstudio-stock.adobe.com
tokumiyanuts-stock.adobe.com
ブックデザイン＆本文図解／長久雅行
校正／青山典裕

知識ゼロからわかる「超入門」
一問一答 Q&Aで疑問スッキリ！
つみたてNISA&iDeCoの始め方

2023年3月25日 初版発行

著者 酒井富士子
発行所 株式会社二見書房
東京都千代田区神田三崎町2-18-11
電話 03（3515）2311［営業］
03（3515）2313［編集］
振替 00170-4-2639
印刷 株式会社 堀内印刷所
製本 株式会社 村上製本所

落丁・乱丁本はお取替えいたします。
定価は、カバーに表示してあります。

ISBN978-4-576-23025-2
https://www.futami.co.jp